This is a simplified Chinese translation of the following title published by Cambridge University Press:

Law as a Means to an End: Threat to the Rule of Law
(ISBN 978-0-521-68967-0)
© Brian Z. Tamanaha 2006

This simplified Chinese translation for the People's Republic of China (excluding Hong Kong, Macau and Taiwan) is published by arrangement with the Press Syndicate of the University of Cambridge, Cambridge, United Kingdom.

© Peking University Press 2016

This simplified Chinese translation is authorized for sale in the People's Republic of China (excluding Hong Kong, Macau and Taiwan) only. Unauthorised export of this simplified Chinese translation is a violation of the Copyright Act. No part of this publication may be reproduced or distributed by any means, or stored in a database or retrieval system, without the prior written permission of Cambridge University Press and Peking University Press.

Copies of this book sold without a Cambridge University Press sticker on the cover are unauthorized and illegal.

本书封面贴有Cambridge University Press防伪标签，无标签者不得销售。

法律今典译丛

Law as a Means to an End
Threat to the Rule of Law

法律工具主义
对法治的危害

〔美〕布赖恩·Z.塔玛纳哈（Brian Z.Tamanaha） 著
陈 虎 杨 洁 译

北京大学出版社
PEKING UNIVERSITY PRESS

著作权合同登记号　图字:01-2011-4141

图书在版编目(CIP)数据

法律工具主义:对法治的危害/(美)塔玛纳哈(Tamanaha,B.)著;陈虎,杨洁译. —北京:北京大学出版社,2016.8
（法律今典译丛）
ISBN 978-7-301-26812-4

Ⅰ. ①法… Ⅱ. ①塔… ②陈… ③杨… Ⅲ. ①法律—研究—美国 Ⅳ. ①D971.2

中国版本图书馆 CIP 数据核字(2016)第 009940 号

书　　　名	法律工具主义：对法治的危害 FALU GONGJU ZHUYI: DUI FAZHI DE WEIHAI
著作责任者	〔美〕布赖恩·Z.塔玛纳哈（Brian Z. Tamanaha）著 陈　虎　杨　洁译
责 任 编 辑	王琳琳　李　昭
标 准 书 号	ISBN 978-7-301-26812-4
出 版 发 行	北京大学出版社
地　　　址	北京市海淀区成府路 205 号　100871
网　　　址	http://www.pup.cn
新 浪 微 博	@北京大学出版社　@北大出版社法律图书
电 子 邮 箱	编辑部 law@pup.cn　总编室 zpup@pup.cn
电　　　话	邮购部 010-62752015　发行部 010-62750672 编辑部 010-62752027
印 刷 者	三河市北燕印装有限公司
经 销 者	新华书店 965mm×1300mm　16 开本　22.5 印张　274 千字 2016 年 8 月第 1 版　2024 年 12 月第 2 次印刷
定　　价	58.00 元

未经许可，不得以任何方式复制或抄袭本书之部分或全部内容。
版权所有，侵权必究
举报电话：010-62752024　电子邮箱：fd@pup.cn
图书如有印装质量问题，请与出版部联系，电话：010-62756370

致　谢

本书梗概形成于蒂尔堡大学"孟德斯鸠讲座"课程（2004）的就任演说。我要感谢蒂尔堡大学法学院的同仁赐予我此项殊荣，并鼓励我就法律理论在当代最为重大的发展提出我的个人观点。感谢剑桥大学出版社的 John Berger，感谢在我第一天向他提出关于本书设想的时候，他就给予我的热情支持，感谢 John 所邀请的两位匿名评审就全部书稿提出的极为有益的批评意见。我感激他们在艰难阅读杂乱初稿时的耐心，他们的投入对最后的定稿影响至深。感谢 Susan Fortney, Rob Vischer, Peter Margulies, Gary Minda, John Barrett，还有 Marc Galanter 对某些章节所做的有益评论，感谢 Tim Zick, Nelson Tebbe 以及 William Twining 对全部书稿所做的评论。我要感谢 Lawrence M. Friedman 在本书写作早期，就各种历史问题的细节探讨上所做的回复。我还要感谢伯克利的法律与社会研究中心，斯坦福大学法学院全体教工，格罗宁根大学法律理论研究小组邀请我就本书的诸多内容进行学术交流，感谢大家提出的种种反馈意见。感谢 Mike Schindhelm 对我的研究工作提供的出色帮助。感谢 Astrid Emel 和 Jaenne Legrow，以及图书馆其他工作人员在我搜索一些古老或者模糊的文献资源时所表现出的良好修养和工作效率。感谢 Mary Cadette 和 Linda Smith 在本书编辑过程中所提供的出色帮助。我还要特别感谢 Honorata, Jolijt 以及 Kats 对本项目的理解和贯穿始终的支持，感谢 Sava 一直鼓励我完成此书的写作。

　　谨以此书献给 Lawrence M. Friedman, Marc Galanter, Morty Horwitz 和 William Twining。大概十几年前,他们分别在不同场合与我沟通,并对我的研究工作和我个人表现出浓厚的兴趣。对一个在学术界初出茅庐的年轻人而言,再也没有比有机会和这些成就斐然的学者进行交流更能够激励自己的了。这些年来,我有机会分别和他们共进午餐、晚餐,漫步甚至是彻夜长谈,和他们进行了许多私人和学术上的对话。我从他们的著作和为人处世中都获益良多。我知道,他们对本书的许多观点都会持反对意见,但是他们一定都会支持我的这一研究。他们每个人都指导了很多学生,我能忝列其中,实感无上幸运。这本书也代表了我对他们慷慨赐教的感激,表达了我对我们学术情谊的无比珍惜之情。

目 录

导论   *1*

第一部分   法律工具主义的传播

第一章   各种非工具主义法律观   *15*
第二章   19世纪急剧变化的社会和普通法   *35*
第三章   19世纪的立法与法律职业   *60*
第四章   法律现实主义者眼中的法律工具主义   *88*
第五章   20世纪最高法院的工具主义   *111*

第二部分   当代法律工具主义

第六章   20世纪70年代法律界的工具主义   *143*
第七章   法律学说中的工具主义   *165*
第八章   法律职业中的法律工具主义   *187*
第九章   公益诉讼中的工具主义   *220*
第十章   法律工具主义观和司法制度   *243*
第十一章   立法与行政中的工具主义观   *270*

2　法律工具主义:对法治的危害

第三部分　对法治的腐蚀

第十二章　高级法的坍塌,公共利益的堕落	*303*
第十三章　对合法性的威胁	*319*
结语	*346*
译后记	*353*

导　论

对法律的工具主义观念——认为法律只不过是实现某一目的的手段的理念——在美国一直被当作几乎和我们呼吸的空气一样理所当然的事情。这一观念以如下不同的方式同时并存：对法律本质的描述、教授指导学生看待法律的态度、对宪法进行分析的方式、看待法律的理论视角、律师在司法实践中的指南，有组织团体利用诉讼达到自身目的的策略技巧、看待法官和裁决的观念、立法者和行政官员在制定法律和进行社会管理时的立场。在所有上述存在方式中，人们都将法律看作是一种实现他们个人利益或其支持的个人和组织利益和政策的有力工具。今天，人们普遍认为，法律是一个能够承载人们欲望的容器，是可以被操控、施行和利用以实现特定目标的工具。

与之相反，几百年前，法律则被普遍看作是具有完备内容的实体，在某种意义上，这些内容早已被预先设定，无法改变。法律是一套能够约束所有人的正确的社会秩序规范。法律并不完全服务于我们个人或集体的想法或意志。这一观念有很多不同的表述。人们认为，法律的构成或者是存在于习俗和文化之中的规则和原则，或者是通过运用理性而得以揭示或发现的神定原则，或者是由人类本性所决定的原则，或者是客观的法律概念在逻辑上的必然要求。这些关于法律本质和内容的观念，每一种都曾盛极一时，但几乎都从20世纪开始衰落。它们的过时实际上为法律工具主义观念战胜其他法学流派开辟

2　法律工具主义：对法治的危害

了道路。现在，这一观念开始大行其道。

尽管关于法律工具主义的观念在很多国家都已经站稳了脚跟，美国的法律文化对它的迅猛发展仍然起到了最为重要的作用。在某种意义上，我们是在没有任何先前经验可供借鉴，没有任何先前教训可供吸取的情况下开始这项巨大的社会实验的。有许多迹象表明，这一实验可能注定命运多舛。

最根本的危险可以概括如下：在就社会利益的问题上形成尖锐对立的场合下，当法律被看作一个强有力的工具的时候，社会中的个人或团体都会通过各种可能的渠道努力地依靠或者制定法律；去填写、解释、操控以及利用法律去服务于他们的目标。这就会在法律框架内或通过法律产生一种霍布斯式的所有人反对所有人的战争状态。与用来维持社会秩序和解决争端的功能相比（正如霍布斯所说的法律的角色），这些战士更愿意控制和使用法律作为在社会、政治、宗教和经济争端时的斗争武器。法律由此产生的争端和解决的争端同样多。甚至当某一方胜诉时，胜利者也会在进行短暂休整后再次投入战斗。这些斗争在每个州和联邦都在上演——立法的、行政的和司法的——从为法律的内容而斗争到为这些法律会如何以及被谁贯彻、适用和解释而斗争。即使是那些极力避免参与这种超越法律之斗争的团体都无法置身事外，它们多么希望自己仅仅扮演防御者的角色，只要能让那些不择手段的对手不要用法律作为攻击它们的武器就好。

这些超越于法律之上或者通过法律进行的争斗今天已经全部公开化了，而且正在逐渐恶化。在这些争斗的表象背后，有一个更为微妙和隐匿的威胁：法律的工具主义思维的传播有一种破坏法治的潜在力量。法律的工具主义观念和法治理念是美国法律传统的两个根本的支柱。任何在这一传统里浸染的人都会和我一样自然地认为，它们之间是互为补充的。直到我完成上一本书——《论法治：历史、政治、理论》的研究工作，我才认识到,这种理念的结合有一种比较近的源流,而且,法律的工具主义观念在很多方面都有一种强有力的破坏法治理念的趋势。

我并不认为法律的工具主义观念是直到现代才出现的新鲜事物。对法律所采取的工具主义观念其实可以在美国和其他地方更早的历史中得到发现。我也不认为美国当今社会只有法律工具主义观念独占鳌头。对于法律的非工具主义理解同样存在。但是,在一个接一个的环境下,这些非工具主义的理解都已经(或者正在)开始退居边缘,而法律工具主义观念则开始取而代之。我在这里指出的这一转变还只是问题的一部分。法律的工具主义观念和非工具主义观念同时得以传播,而且还会继续如此,但是,在所有法律制度下,工具主义观念都在发生巨大的转变。我所指出的这些在每个法律活动领域里出现的问题,对很多人而言都很熟悉,但是,他们对于这些问题与遍地蔓延的工具主义现象之间具有什么样的关系可能就不甚清楚了。

我倒并不认为,刚才所说的霍布斯式的通过和超越法律之上的战争是我们不可避免的命运。相反,我的观点是,我们已经在这条道路上走了这么远,知识上的推进和情境的逻辑预示着一个更为糟糕的局面,如果不受到有效控制,很可能会导致一个可怕的境地。事物往往在其发展的顶峰由盛而衰,人类再有智慧往往也无济于事,因此,这些趋势的结局就并不确定。本书就是这样一种尝试,大致勾勒出我们从何而来,所处何处,又将去往何方,我们心里必须了解将要伴随我们的各种风险。

学者对法律普遍存在的工具主义的运用和超越法律之上的争斗进行评论,这也不是第一次了。约翰·杜威(John Dewey),哲学实用主义的开山鼻祖,就曾经在 1916 年写过一篇有关法律的不同凡响、直言不讳的文章,题目是《强力与强制》,这篇文章提出了一系列类似的问题:

4　法律工具主义:对法治的危害

　　所有法律的本质不都是强制吗？……我们所制定的行之有效的法律是否不仅仅是对之前在人类忍耐力领域内进行斗争的成果的固定？在许多社会领域中,改革者都在通过监督和管理为政府活动的扩展进行努力。通过对权力行使者进行限制,这种努力是否可以被看作是对权力行使范围的一种拓展?[1]

约翰·杜威使用完全工具主义的术语来描述法律:"因为达到结果要求运用一定的手段,法律本质上就是运用强力的一种形式。"[2]

在杜威文章发表前四十多年,鲁道夫·冯·耶林(Rudolph von Jhering),一个当时非常杰出却被后人遗忘的德国法学家,出版了两本著作:《为法律而斗争》以及《作为工具的法律》(后者就是本书书名的由来)。耶林详细阐述了下述观点:在法律发展背后的主要推动力量是社会中具有自身利益并得到法律支持的个人和团体持续不断的斗争。"在历史长河中,"耶林写道,"成千上万人乃至整个阶级的利益已经和法律的既存原则紧紧地结合在了一起,根本无法予以分离,但没有给前者造成最大的伤害……因此,在服从于自我保护的自然规律中,每一份这样的努力都会唤起对身处险境的利益的最为强烈的反对,在这种斗争中,就像在所有斗争中一样,问题不是由理性的力量而决定的,而是由反对力量的相对强度来决定的……"[3]耶林认为,法律是一种带有强制性的国家权力,个人和团体将其作为工具加以利用以达到和促进他们常常是自私的目的(经常以正义的名义)。

---

[1] John Dewey, "Force and Coercion", 26 *International J. of Ethics* 359, 359 (1916).
[2] Id. 367.
[3] Rudolph von Jhering, *The Struggle for Law* (Westport, Conn.: Hyperion Press 1979) 10—11.

耶林和杜威对流行的法律非工具主义的观念都持批评的态度。耶林对当时法学家普遍持有的观念大加嘲讽，这种观念认为法律不过是人们文化和意识，或者是自然原则的一种表现形态。对当事人颇为神圣的观念投以怀疑和完全工具的看法，杜威写道："自由"和"权利"是"达到目的所能使用的最为有效的两个工具"[4]。法律可以成为我们想让它成为的任何样子，他们认为，因为它不过是我们意志的产物。这些观点在一个对法律的非工具主义理解仍然在法律精英群体中占据绝对主导地位的当时提出，是极具震撼效果的。耶林的著作影响了奥利弗·温戴尔·霍姆斯（Oliver Wendell Holmes）、罗斯科·庞德（Roscoe Pound）以及法律现实主义者，而杜威也正是早期法律现实主义的重要人物。

总体而言，他们都是对美国法律工具主义观念的盛行起过重要作用的关键人物。一个世纪以后，才有可能对这些观念的后果作出判断。这并不是说这些法学家和改革者就要对今天的状况负责。他们所倡导的看待法律的主要观点，正如我们将要看到的那样，仅仅是与法律的工具主义活动的现实相吻合了而已。他们的意图就是优化法律制度的功能，而不是相反。以一种事后诸葛亮的眼光来看，他们主要的失败之处可能就在于对人类为更大的利益而努力奋斗并达到该目标的能力过于乐观了（霍姆斯除外）。

今天和他们写作的时代已经完全不可同日而语。耶林展望了一个总体上非常具有凝聚力的社会，并有与之相符的法律制度，因此他就会以一种非常积极的态度去把那些发生在法律领域的连续不断的论争，解释为一种健康的法律变化的动力。杜威则坚信，通过法律所实现的正确的社会目标，通过明智的判断和社会科学的支持，是可以被发现的。庞德和大部分法律现

---

[4] Dewey, "Force and Coercion", supra 366.

实主义者都坚信,相互竞争的利益之间的平衡是可以达到的,社会最佳的结果也是可以通过法律达到的。当时和现在最大的区别并非各个集团之间的冲突,这种冲突其实在19世纪末的时候也曾达到过高潮。最大的区别恰恰是这段时间里,对于普遍的社会目标或者我们认同这一目标的集体能力的信念已经逐渐开始衰退。

这才是问题的关键。在早期,人们认为法律只是一种工具的观念由两个部分的命题组成:法律是实现社会利益的工具。这种决定性的转变发生在20世纪,在这一命题的第二部分开始逐渐站不住脚的时候,第一部分已经深刻影响了法律文化。在漫长的20世纪里,看上去不可阻挡的道德相对主义的渗透,伴随着强烈追求各自利益并且相信自己的主张是正义的的各种团体的广泛涌现,对人们拥有一种共同的社会利益的观念构成了巨大的挑战。本书将会勾勒出这一转变所蕴含的种种令人担忧的问题。与其说法律代表了一种提升公共福利的方法,倒不如说法律正在成为一种便于实现目标的方便而简单的工具。

许多读者可能不太相信从法律非工具主义观念到工具主义观念的转变已经发生,或者正在发生。我们是如此习惯于法律工具主义的观点,以至于很难相信非工具主义的观点:法律一直以来都不顾相反的看法而被看作是一种工具吗?第一章和第二章会介绍若干种法律非工具主义的观念,这些观念在英美普通法制度中已经存在了数百年,并持续到美国20世纪早期。这些观念的存在、一贯性以及生命力之长久都让人印象深刻,无法否认。

但是,同样难以否认的是,这些非工具主义观念中还有大量的神秘主义成分;这些部分非常抽象,并为那些事后看来明显不合情理的法律规定和判决提供理由。尽管如此,这些抽象的观念仍然得到了广泛的支持和真诚的信仰,特别是一些法律精英群体——包括法官、法学家和优秀律师。理解这些观念，领会他们所表达的意思及其后果的唯一途径就是努力摆脱那种理想化的工具主义，而培养一种对法律不是那么厌烦的平和心态。

更为激进的怀疑论者会坚持认为，法律总是为精英或者特定利益服务的，律师也总是会操纵法律以达到这一目的，法官也总是会用自己等级或个人的偏见改变或解释法律，这正是法律非工具主义——不论是否被真诚的信仰或者只是一种逃避的遁词——试图掩盖的。根据这种观念，现代法律工具主义中的最为核心的变化就是让每个人都清楚地知道一直以来究竟都发生了些什么。之前由那些特定的不公开的利益所支配的法律已经被一种每个人都可以参与其中的、依靠法律的力量进行的公开竞争所取代（至少对那些有一定社会资源的人而言是如此）。这是一个的确产生了真实效果的真实转变，但却并非从非工具主义到工具主义的根本性转变。法律在表面上看来一直都是工具性的。揭示这些潜在的现实是一个积极的变化，因为投身一种公开的法律竞争会产生更好的结果，或者至少能够揭示法律统治的真实面貌。

没有伴随激进的政治，从本质上而言，这正是耶林和霍姆斯的立场。他们主张，法律非工具主义观点在叙述上是有问题的，是对法律发展现实的一种错误描述。霍姆斯在《普通法》一书中以其著名的声明开篇："法律的生命不在于逻辑，而在于经验。时代所感知到的必需品、流行的道德和政治理论，公共政策的直觉、无论是公开的也好，还是无意识的也好，甚至是法官及其助手们共有的一些成见，都会比根据人们所遵守的法律进行的三段论推理作用更大。"[5] 他认为，"到目前为止，大部分

---

[5] Oliver Wendell Holmes, *The Common Law* (New Brunswick, N. J.: Transaction Publishers 2005 [1881]) 5.

8　法律工具主义：对法治的危害

人们对这一过程还是无意识的"[6]，如果这一过程能够有意识地进行，法律会更有助于达到最佳的社会状态。

　　怀疑论者的反驳其实非常有道理。法律被作为工具以满足特定的利益。甚至在其被概括为非工具主义的时候，法律一般也是在带有工具主义色彩的、有目的的竞争中产生和发展变化的。第三章表明，19世纪的立法和法律实践大部分都被看作是工具性的，尽管许多对法律的非工具主义表述在这段时间也不断被提及。

　　但是这远远不是问题的全部。对法律的非工具主义描述被广为表达和信仰，相应地，人们也根据这些信念采取行动。在很重要的一些方面，法律已经根据其内在的品质实现了自治或者是半自治，因为律师和法官都以这种方式来对待法律，虽然并不总是和全部如此，但是一般情况下也足够了。许多十分重要的结果——有些是好的，有些则不那么好——都是由于抛弃了已经存在一千年之久的法律非工具主义的原因导致的。

　　本研究的主题之一就是，理想主义者有一种仅仅根据其心中的设想就创造出现实的潜能，只要这些理想被真诚地信仰并被切实奉行。这可能听起来有些不切实际，就像建议按照心里的意愿变出想要的东西一样；或者听起来有些精英主义，就像"高贵的谎言"，这种观念认为，对于大众而言，有时相信神话更好，因为真相总是如此难以把握。但是这两者其实都不对。它其实只是对为社会理论家和社会科学家广为接受的那种主张的日常实践和运用而已，这种观念认为：大部分社会现实都是我们理想和信念的建构。

　　另一个主题——和刚才讨论的主题有些冲突但同样真实——一种意图明确的行动往往可能带来非意图的后果。本书详细描述了大量改革者的良好愿望——从启蒙时代的哲学家到

---

[6] Id. 32.

现实主义者,再到沃伦法院,到自由主义的公益诉讼——却带来了与其最初的设想和期望完全相反的不曾预料的后果。

这些评论的要点使得人们很可能会误读我的立场和观点。尽管本书带着一种紧迫的预感梳理了广泛存在的法律工具主义观念的各种含义,但是这并不应该被解释为是一种对法律工具主义的观念的整体排斥。这种法律观念因为某些合理的原因而得到强化,并展现出了许多优势。更为重要的是,这种法律观念现在正在发生。经济、政治和文化环境都在发生着种种阻止向法律非工具主义观念转变的变化。马克斯·韦伯在一百年前就曾指出过,更大范围内地朝向工具理性转变的社会运动是资本主义经济和大量官僚机构的特征。这就是现代的环境。这些问题的解决办法并不在于否认法律是工具这样一种观念,而在于——在不太适合这种观念的环境之下,以及运用这一工具会产生危险的场合,为其设置边界和限制条件。

对法律的工具主义态度

当我们说,法律被人们普遍作为一种达到特定目标的手段加以理解和运用,这样一种表述已经足够清晰了。但是,这种主张的具体含义还要依其环境的不同而有所变化。对于法律的工具主义理解因此会呈现出各种截然不同的形式。在这些显著不同的表象下面,他们又具有一种共同的基本方向。法律的工具主义观念意味着,法律——包括法律规则、法律制度以及法律程序——都被人们和各种团体看作是一种达到某种目标的工具或手段。这种可能结果是开放和没有限制的,从个人的(致富、侵扰或提高),到思想层面的(促进一种事业),到社会目标,比如最大化社会福利或者找到一种相互竞争利益的平衡。

下面我们要举几个例子,以更明确这一点。对法律带有纯粹工具主义观念的律师会操纵法律规则和程序以实现他们客户的目标;而相反,带有法律非工具主义观念的律师,则会更为遵守法律规则,并努力维护法律的尊严。律师鼓动进行诉讼以带来人们所期望的社会变革,一个绝对工具主义的诉讼过程是不能容许非工具主义存在的。一个工具主义的法官会操纵可适用的法律规则以达到一个他所期望的结果;相反,一个非工具主义的法官则致力于遵守可适用的法律规则,而不论结果如何。对裁判采取工具主义观念的团体会努力保障他们所期望的那些会以有利于他们目标的方式解释法律规则的法官当选或得到任命;而那些对裁判采取非工具主义观念的团体则会努力帮助那些尽力以没有预断的态度来适用法律的法官得到任命。持工具主义观念的立法者会促进那些可以保障他们再次当选(个人目标),或帮助增进其思想地位(政治目标)、或提高公共利益(社会目标)的法律得到通过;而持非工具主义这种在两百年前盛行却已经消失很久的观念的立法者,则会试图宣布社会或自然原则的内在标准。

贯穿于以上各个例子之中,法律工具主义呈现出两种截然不同但互相作用的形式。第一种是由法律人士和社会中的其他人士持的对待法律的自觉立场。这种立场认为,法律(包括法律规则、法官、执法官员等)只是一个被用来实现特定目标的工具。第二种则是由法律人士和社会中的其他人士所持的有关法律本质的理论或看法。这种理论认为法律只是一个实现目的的工具,是一个没有自身固有原则,也没有具有约束力内容或内在的空的容器。这些都是在不同层面上可以和各种非工具主义观念以各种形式结合共存的相互独立的命题。比如,在19世纪末期,在法律精英内流行的有关法律本质的理论就是非工具性的,而在立法者和律师中对待法律的自觉立场却常常是上面提到的某种形式的工具主义。

我们在这里所讨论的问题包括两个方面:法律本质的非工

具主义理论的衰落有某种因果上的关系,这是刚才讨论的第二个层面,释放一种对待法律的纯粹工具主义的自觉立场,则是讨论过的第一个层面。我们当代的法律文化将一种被广为接受的有关法律本质的工具主义理论和对待法律的完全工具主义的立场结合在了一起,在这种独特的结合中,立场和理论互相加强。

本书结构安排

已经列出的参考书目非常简略,以至于无法在本书开始部分给人以启发,但是随着论述的逐步深入,本书会逐渐将参考书作为指导性的普通文句提供给读者,因而其意义会逐渐显露。本书按照时间顺序安排篇章结构,总共分为三大部分。

第一部分首先描述自然法的各种非工具主义法律观,并追溯工具主义法律观的起源和传播历程。这部分主要为历史考察的内容,将向读者描绘18世纪和19世纪(第一章和第二章)达到顶峰的法律非工具主义观。在19世纪已经被大量工具主义的术语加以描述的立法和法律实践活动将在第三章中得到论述。之后,本书将介绍20世纪初由霍姆斯、庞德和法律现实主义者所推动的法律工具主义观(第四章)。最后,我们还将考察一系列与20世纪联邦最高法院有关的、促使人们以工具主义视角看待法律和法官的转折性事件和时代主题(第五章)。

第二部分梳理了当代如下环境下的法律工具主义观念:法律教育(第六章)、法律理论(第七章)、法律实践(第八—十章)以及立法和行政法(第十一章)。事实证明,20世纪六七十年代是一个关键的时期,正是在这段时期,法律文化中工具主义观念的欠缺和有关社会利益的无法解决的争论结合。在这段时期内,一种十分严厉的政治论调开始盛行,结果导致在法律文化里的相应反应开始出现。

第三部分揭示了法律工具主义观念以及由其引发的各种争论对法治的危害。该部分阐述了四种不同的阶段：要求法律遵循正确规则的基本法律限制的衰退、对公共利益信仰的腐化（第十二章）、法律规则约束力的降低以及对司法客观性产生的普遍怀疑（第十三章）。法学家们都认识到了这些有关法治的问题，这一讨论表明他们对于法律工具主义的观念都有一种普遍的反感和一定程度的压力。

就像这篇导论所言，大量背景知识都被浓缩进本书的内容之中。要想重点突出，就必须对涉猎的广度有所舍弃。每一章都旨在传递一种该章涉及的特定背景下的法律工具主义的观念及其内涵。只有通过这种方式，才能在一项研究之中尽可能多地展现研究对象的内容。用理性重述的方式来展现知识发展的历程，并在可能的场合辅之以经验研究的支撑——这些经验材料来自法律理论、法律史、宪法理论、职业道德、公共利益法、政治科学以及法律社会学领域——本书将讨论的话题拓展到了这样一个层面：认为法律仅仅是一种达到特定目标的手段的观念，正是许多我们认识到的问题的要害所在，而这些问题正在逐渐恶化之中。本书为我们这个充满焦虑的时代提供了某种诊断。

第一部分

法律工具主义的传播

第一章

各种非工具主义法律观

各种非工具主义法律观都具有如下共同特征:在某种意义上,法律的内容是既定的(given);法律无所不在(immanent);法律制定的过程并非创造而只是发现;法律并非人类意志的产物;法律具有某种自治性和内在的一致性(internal integrity);在某种程度上,法律是客观确定的。

在欧洲中世纪时期,有两种不同但相互融合(commingled)的法律具备以上这些特征。第一种就是在天主教传统中存在的自然法及神法(divine law)——如摩西十诫(Ten Commandments)。人们认为,神法和自然法同样具有拘束力,都属于对社会进行控制的实在法(positive law)的组成部分。它们由上帝预设,亦是上帝意志的产物,人类无权加以更改。这些规定了实在法内容和界限的法律是客观的,因为它们构成了具有普遍约束力的绝对道德和法律真理。这些法律和法则(priciples)通过某种启示(主要是圣经经文)而得以揭示,通过运用上帝植于人类心中的理性而被人们所洞悉。正如中世纪学者沃尔特·乌尔曼(Walter Ullmann)指出的那样:"作为社会外部调整工具的法律本身是建立在信仰基础之上的。信仰和法律在一种因果联系中彼此支撑。"[1]

---

[1] Walter Ullmann, *A History of Political Thought: The Middle Ages* (Middlesex: Penguin 1965) 103.

第二种是习惯法。中世纪时期的日常生活受习惯法调整，或者更确切地说，是受以下这些相互重叠有时甚至相互冲突的习惯法的调整：封建法(feudal law)、庄园法(the law of the manor)、日耳曼习惯法(Germanic customary law)、罗马法遗产(residues of Roman law)、商业习惯(trade customs)和地方习惯(local customs)。据说，习惯法古已有之。它起源于社会的生活方式和人们的生活习惯(the byways and folkways)。所谓的法律就是"'祖先的法律'，是早已存在、客观的法律情境。……"[2]同样地，习惯法的内容并非特定个人或组织意志的产物，而是从事物的相互作用之中产生的。相应地，对法律加以清晰表述和运用的过程，其实就是对社会生活中业已存在和固有的不成文法(unwritten law)的一种发现和宣告。

这些对法律相互交错的认识至少存在了千年之久，其核心观点就是：这些法律代表了一种约束每个人的预定秩序。这其实就是一种非工具主义法律观。这是一种对所有人都有拘束力却非任何人创造的法律。这种法律不受制于任何人的意志，也不维护任何人的特定利益，它是全社会的法律。某些团体要比其他团体处于更为有利的地位，就像奴隶主和奴隶之间的关系一样，但却都在法律的约束之下，任何人在有机的社会秩序中都占据了某一特定的位置。制定实在法规范这一现代意义上的立法活动(由皇帝、国王、王子和议会进行)就产生了，尽管并不常见，但让人们对业已存在的固有法律能够更为清晰地加以把握。宣告法律的权力在自然法、神法和习惯法的框架下产生并受其限定。

---

[2] Fritz Kern, *Kingship and Law in the Middle Ages* (New York: Harper Torchbooks 1956) 70—71.

对普通法的传统理解

在美国,对普通法的历史理解为我们提供了非工具法律观的两种截然不同的例证。第一个例证盛行于19世纪上半叶,与前面提到的中世纪对法律的两种理解一脉相承;第二个例证则萌芽于19世纪并盛行于20世纪早期,该观点将法律看作一门科学。

中世纪学者菲吉斯神父(Father Figgis)对普通法的传统理解进行的以下概括,展示了中世纪前辈广为认同的思想结论:

> 在人们的描述之下,普通法笼罩着一层高贵的光环,它体现了最为深奥的法则,并且极为精确地表达了上帝确立的人类理性和自然规律。到目前为止,人们仍然不知道,议会制定的法律只不过是对普通法的宣告而已……普通法是法律的完美形式;因为它是在几代人的集体智慧中逐渐发展和解释出来的自然理性的结晶……长期的运用,加上几乎是超自然的智慧,使得普通法的权威要远远超过议会法案或是皇室法令……[3]

"普通法心智"(common law mind)自从16世纪末期就统治了英国的政治和法律思想。历史学家J. G. A. 波考克(J. G. A. Pocock)对这一精神特质作了如下总结:

> 首先,据称,"古代宪法久已有之"(immemorial),这一观点产生于如下途径。在英国,人们认为政府及其子民的关系应受法律调整;有效的法律被认为是普通法;所有普通法都被认为是一种习惯,由制定法加以明确表达和总结;

---

[3] Quoted in Edward Corwin, *The "Higher Law" Background of American Constitutional Law* (Ithaca, N. Y.: Cornell Univ. Press 1955) 34—35.

对习俗的任何宣告，甚至是改变——通过法官的言谈、法庭作出的判例或者议会颁布的制定法——都表明该习俗早已存在，并非必须形诸文字。[4]

尽管美国的普通法走上了另外一条完全不同的发展途径，但仍然深受英国法律遗产的影响。在17世纪，每个殖民地的法律都融合了殖民者带来的圣经教义和他们对普通法的理解，其内容都以英国习俗为依据。殖民者坚信自己受英国古代宪法和普通法的规制。殖民地非常缺乏受过专业训练的律师，大部分法官都没有受过法律训练。立法和司法之间的界限尚不清晰，立法机构时常代替法院发布裁决。在18世纪末期及之后的一段时间，布莱克斯通的《英国法注释》一书对美国法律的发展产生了无法估计的影响。对于那些想要成为律师的学生而言，这本书既是训练法律思维的基础书目，也是早期法学院的一流教材。[5]

英国和美国的普通法以两种不同的合法化形式将其最为重要的基础连接在了一起。[6] 首先，如上文所述，普通法被认为是自古以来人们习惯的产物，是"古代不成文的格言和习俗的集合"，布莱克斯通这样写道。[7] 人们认为，法律代表了社会的生活方式，他们的集体智慧被发现和吸收到了法律之中——"表达和展现了社会普遍接受的合理性(reasonableness)与公益

---

[4] J. G. A. Pocock, *The Ancient Constitution and the Feudal Law: A Study of English Historical Thought in the Seventeenth Century* (Cambridge: Cambridge Univ. Press 1987) 261.

[5] See Dennis R. Nolan, "Sir William Blackstone and the New AmericanRepublic: A Study of Intellectual Impact", 51 *N. Y. U. L.* Rev. 731 (1976).

[6] 关于布莱克斯通《英国法注释》的讨论可参见 Daniel J. Boorstin, *The Mysterious Science of Law: An Essay on Blackstone's Commentaries* (Chicago: Univ. of Chicago Press 1996)。

[7] 1 Commentaries 17, quoted in Gerald Postema, *Bentham and the Common Law Tradition* (Oxford: Clarendon Press 1986) 4.

(common good)的价值和概念。"[8]法律起源于习俗的说法使得法律成了一种社会主体之间彼此同意的产物。"其内容要比授权其他人在立法机构中代表其意志更为深刻。它产生于这样一种认识：规制某人生活的规则不是从外部强加于他的；他们自行决定自己的生活方式，并赋予其结构和意义，法律已经在他们的生活中得到运用并根深蒂固，以至于看上去非常地自然。"[9]

其次，人们还将普通法看作自然权利和自然法则的体现。普遍适用的习俗和惯例(usage)被认为是对自然原则的反映，并且是其存在的最好证据，而且，法官通过理性的分析将普通法及其原则加以提炼。在从事这项活动的时候，法官是在宣告而不是在创造法律。"柯克(Coke)……曾将法律看作习俗法和判例法(judge-made)，是数百年来与时俱进的产物，他还认为，每个法律格言(Maxim)或规则都体现了极为伟大而成熟的理性和经验，这些理性和经验是任何一个视野有限的个人都无法理解的。"[10]

1789年，美国刚刚建立不久，耶西·鲁特(Jesse Root)就曾撰写文章，指出了普通法的非工具主义观念所包含的所有要素："(我们的)普通法是从自然法则和神明启示中发源而来的；这些体现了永恒真理和正义的规则和格言，产生于事物永恒的适当性(fitness)，这些规则和格言仅仅需要我们加以理解，它们理应得到普遍的服从；因为它们自身就是最高的权威；至于那些特定的、已经在实践中得到普遍同意和采纳的习俗和惯例，

---

[8] Postema, Id. 6—7.
[9] Id. 16—17.
[10] Pocock, *Ancient Constitution and the Feudal Law*, supra 170.

也是合理的和有益的。"[11]根据鲁特的说法,普通法"是理性的完美形式";"得到了普遍的适用";"已经包含了将来所有可能发生的案件和问题";"其本身是完美、清晰和确定的";"其效力要高于所有其他法律和规范";"所有实在法都要根据它进行解释,与普通法相抵触的部分一律无效";"普通法的历史源远流长。"[12]

在过去的数百年间,在英美的法律传统中,对普通法的评价呈现出一种显著的延续性。我们可以用约翰·戴维斯(John Davies)爵士在1612年的《爱尔兰报告》(irish reports)中的下述文字来与布莱克斯通和鲁特关于普通法的描述进行一番比较:

> 因为英国普通法实际上就是该国普遍适用的习俗:已经具有法律效力的习俗一般都被认为是不成文法(Jusnon scriptum):因为它既非根据大宪章,也非由议会制定,只是人们对已存的规范加以记录整理的成果而已;事实上,人们一直在援用和实践着普通法,它仅仅存在于人们的头脑之中,而不是以某种文字的形式流传于世。

> 习俗通过如下方式渐趋完善:当人们发现某次合理的行为对人们有益,且符合他们的本性时,就会一次又一次地运用和实践这一行为,久而久之,这种对该行为的不断反复就会形成一种习俗;在长期没有中断的延续过程中,就具有了法律的效力。

> 这种习惯法对于创建和维系一个国家而言是最为完美、最为卓越的,简直可以说是无与伦比。因为以君主法令或者财产委员会(Councils of Estates)的形式颁布的成文

---

[11] Jesse Root, "The Origin of Government and Laws in Connecticut", Preface to Volume 1, *Root's Reports* (1798), excerpted in Mark De Wolfe, *Readings in American Legal History* (Cambridge, Mass.: Harvard Univ. Press 1949) 17, 16—24.

[12] Id. 19.

法在审判举行前或判处缓刑前就会对国民起到规范作用,而不论其是否适合人们的本性,也不论是否会带来任何的不便。但是习俗一直都没有拘束力,直到很久以前被试行并上升为法律之前,但这并没有给人们的生活带来任何的不便:因为,只要在任何时候发现习俗产生了不便,人们就不会再加以使用,而是将其予以废除;其结果就是:习俗会失去其作为法律的优点和效力。[13]

对普通法的科学理解

19世纪的美国,变化可谓日新月异,在这一系列的变化之中,在启蒙时代就作为"知识之王"而赢得了崇高声望的科学,开始成为增强法律合法性的一种最佳方式。布莱克斯通,从1753年开始就在牛津大学举行了一系列的演讲,后来以此为基础编纂而成了《英国法注释》一书。该书指出:"法律不仅仅是一种实践,同时也是一门理性的科学……"[14] 同样的,法律是"学术研究的对象",应当在大学中加以研究。[15]《英国法注释》一书本身就是科学系统地重述普通法的一种尝试。

理查德·拉什(Richard Rush)是一位优秀的美国律师,他于1815年发表了一篇题为《美国法理学》的论文,该文宣称:"在我国,法律是一门范围广泛的科学。我们普通法的全部内

---

[13] John Davies, quoted in Pocock, *The Ancient Constitution and the Feudal Law*, supra 32—33.

[14] II Commentaries 2, quoted in Boorstin, *The Mysterious Science of Law*, supra 20.

[15] I Commentaries 26—27, quoted in David Lieberman, *The Province of Legislation Determined: Legal Theory in Eighteenth Century England* (Cambridge: Cambridge Univ. Press 1989) p. 32.

容都是这种科学的基础,其他所有事务都得以建基其上。"[16] 1851年,另一篇在顶尖的法律杂志上未获发表的论文,对法律是一门科学的命题进行了详细的阐述:"像其他科学门类一样,(法律)也受制于一些一般性规则的规制,这些规则对法律的结构加以调整,对法律内部的错杂加以调和,对其明显的矛盾进行解释,这些规则永恒不变,整个法律制度都建立在这些不变的基础之上;一系列受制于理性和环境并据此加以修正的相互依存的法律原则和规则,在与法律精密运作的联系之中得以拓展。"[17]1859年,享有全国声誉的法律改革者大卫·达德利·菲尔德(David Dudley Field)声称,再也没有别的科学"能够在覆盖面和重要性上超过法学的了"[18]。威斯康星州最高法院的大法官爱德华·赖安(Edward Ryan),在法学院毕业典礼(1873)的致辞中明确指出:"法律是一门科学。"[19]

1870年,克里斯多弗·哥伦布·兰德尔(Christopher Columbus Langdell)被任命为哈佛大学法学院首任院长,他发表了以下这段被广为引用的文字:

> 被视为科学的法律,由特定的原则或学说构成……每种学说都经过了漫长的演进才发展到今天的状态;换句话说,它是个不断发展的过程,借由历史长河中出现的诸多

---

[16] Richard Rush, *American Jurisprudence* (1815), reprinted in *Readings in American Legal History*, p. 217, 268—280.

[17] "Nature and Method of Legal Studies", 3 *U. S. Monthly Law Mag.* 381—2 (1851).

[18] David Dudley Field, "Magnitude and Importance of Legal Science" (1859), reprinted in Stephen B. Presser and Jamil S. Zainaldin, *Law and Jurisprudence in American History*, 5th ed. (St. Paul, Minn.: West Pub. 2000) p. 740, 740—745.

[19] Edward G. Ryan, Address to the Graduating Law Students of the University of Wisconsin (1873), reprinted in Dennis R. Nolan, *Readings in the History of the American Legal Profession* (Charlottesville, Va.: Michie 1980) p. 153, 153—159.

案件得以发展。这一发展基本上是通过一系列案件而得以完成的……因此,在我看来,将某一个法律分支定位为合同法(举例而言)是完全可能的,而且,对该法关键学说的发展或建立具有重要作用的案件进行的选择、归类和安排工作,也没有任何过于严格的限制……[20]

根据这段论述,法律是一门归纳的、分析的和演绎的科学。[21]已决案件是法律的原材料(构成了法律的经验部分)。所有裁判都有特定的模式,通过这种模式,可以用归纳的方式得出那些有效的规则、概念和原则。这些规则、概念和原则可以按照逻辑顺序加以排列,其内容和含义都变得十分清晰,然后再通过演绎的方式加以运用,以在将来的案件中得出合适的规则和结果。律师、法官以及法学教授都在这一不断变化的基础之上参与着整个过程。普通法和权利一同形成了一个具有内在一致性的、没有缺口的整体,因而可以客观地决定如何裁判每个案件。这些理念形成了一种被称为形式主义的法学流派,我们在后文中将对其加以讨论。

到了19世纪末期,许多法律界的精英都承认,作为一门科学,法律的确具有某种非工具性。在科学的外衣下,普通法许多古老的观点仍然得以保留。在1892年《耶鲁法律杂志》举办的一场名为"法学教育的方法"的研讨会上,会议论文对普通法特点的概括就明显地体现了这些传统观点:

> 法律教育中最重要且最必不可少的……就是获得清晰

---

[20] Christopher Columbus Langdell, Preface, Selection of Cases on the Law of Contracts, reprinted in *Law and Jurisprudence in American Legal History*, p. 747, 746—748. 关于法律作为一门科学的类似描述可参见 the Dean of Columbia Law School, William A, Keener, "Methods of Legal Education", 1 *Yale L. J.* 143 (1892)。

[21] 关于兰德尔观点的研究可参见 Thomas C. Grey, "Langdell's Orthodoxy", 45 *U. Pitt. L. Rev.* 1 (1983)。

而准确的感觉、全面的知识、对构成普通法基础并渗透在其整个结构之中、规制其所有细节和结果、运用于人类事务的永恒原则的强烈而又坚决的(tenacious)把握。[22]

以下是另一篇具有类似观点的文章:

> 已决案件构成了法律的原材料,根据这些材料,科学的法理学家可以建立一门法律科学。它们本身并非法律,而只是法律在特定案件中的运用。法律并非由法院创造,充其量只能说是由其公布的而已……不论是法官还是立法者都不能创造现实有效的法律(living law),而只能宣布某一规则为法律。不论有意还是无意,该法律都是在公众正义感的压力之下强加给他们的,而且这种公众的正义感本身也是任何一个有序社会起作用的各种社会力量交互作用的结果。[23]

这些文章都强调了普通法注重原则的本质(principled nature)、一以贯之的理性以及是社会发展的自然产物等特点。

在美国律师协会1890年的年度演讲中,当天最受欢迎的律师之一詹姆斯·C.卡特(James C. Carter)发表了一段演说,将普通法的上述特征结合在一起进行了阐述。他的演讲特别具有启发性,因为他批评的正是逐渐兴起的工具主义法律观,这种观点认为,立法机构有权根据其自身意志随意颁布法律。普通法在过去几百年的时间中一直都是法律制定的最主要来源,正是在这一历史时期内,立法活动逐渐开始增多。立法之所以得到改革者的重视,是因为立法要比普通法更为民主,更为系统,也更为清晰和确定,批评者不满的是那些习惯于控制

---

[22] Edward J. Phelps, "Methods of Legal Education", 1 *Yale L. J.* 139, 140 (1892).

[23] Christopher G. Tiedeman, "Methods of Legal Education", 1 *Yale L. J.* 150, 154 (1892).

别人的律师和精英法官们的保守行为。[24] 卡特回应道(特别强调其观察到的现象):

> 法官不能创造法律的观念从一开始就被接受。案件应当根据一种已经存在的规则加以裁决,这一点无人提出任何质疑……人们也都同意,真正的规则必定会被发现。法官和律师一起参与这种发现过程。我们可以从那些双方观点大体一致的案件中推论出某一规则。既可以对其运用类推的方式,也可以诉诸人们的习俗和习惯。那些基础性的原则也被用来得出裁判结果;最后,我们就可以通过演绎得出现行法律要求适用于该案的法律规则……我们的不成文法——我们法律的主体部分——并不是一个命令,也不是命令的集合体,而是由一些规则组成的,这些规则从社会的正义标准中产生,或是从这些正义标准起源的习惯和习俗中产生。[25]

卡特再三坚持:普通法反映了人们的生活方式。法官和法学家的工作就是对这些习俗和习惯进行观察、阐释、组织和合理化。同样地,"法律自身也呈现出归纳科学的本质特征"[26]。"法律是社会学的一个分支。它是社会无意识的一种解决方法,在这个社会中,其所有成员都应当遵循大多数人的行为模式。"[27]

卡特批评了杰里米·边沁(Jeremy Bentham)一个世纪之前的观点,边沁是立法活动的积极拥护者,也是对普通法批评最

---

[24] 有关这一时期的综合讨论可参见 Robert W. Gordon, "'The Ideal and Actual in the Law':Fantasies and Practices of New York City Lawyers, 1870—1910" in *The New High Priests*:*Lawyers in Post-Civil War America*,edited by Gerard W. Gawalt (Westport, Conn.:Greenwood Press 1986) 51—74。

[25] James C. Carter, "The Ideal and the Actual in the Law", Annual Address, *American Bar Assoc. Reports* (1890) 224—225。

[26] Id. 231.

[27] Id. 236.

为激烈的学者。卡特认为以下问题是不言自明的:"立法机构不能随意立法。"[28]由立法推动的改革只能反映一小部分人的意愿,而无法代表人们的生活方式和他们的正义感,因此被认为是失败的。随着修辞学的兴起,卡特不再谈论边沁,他认为"用奇谈怪论这个词来形容边沁是再合适不过的了……"[29]

这种法律的科学观产生了一定的后果,强化了在法律思想中已经出现的某种特定趋势。19 世纪的科学正朝着对经济和社会秩序进行逻辑抽象和准确识别的方向发展。[30] 约翰·伯吉斯(John Burgess)对法律进行了简单的梳理,他是 19 世纪 80 年代和 90 年代新兴的政治科学领域的顶尖学者,他用极为优美的语言对法律科学的特征进行了如下概括:"政治科学的首要任务就是将'历史事实以科学的形式和结论加以重组',然后将这些事实看作是'一种尚未实现的政治理想'。这些理想反过来又'成为政治科学的原则和政治信念的内容,最后,成为法律和制度'。"[31]

法律科学的非工具主义观一直持续到 20 世纪的头 30 多年,耶鲁大学法学院教授沃尔特·惠勒·库克(Walter Wheeler Cook)发表于 1927 年《美国律师协会杂志》的一篇文章这样写道:

> 优秀的法学教师仍然告诉我们,我们必须保持所谓的法律的逻辑对称,毕竟,法律是逻辑的产物;他们仍然在谈论:根据逻辑规则从某种"基本原则"出发,运用规则进行演绎,以将该规则运用于一种新的情境。在所有这些背后,都是古老的逻辑在起作用;我们可以运用逻辑、三段论

---

[28] Id. 241.
[29] Id. 244 (emphasis in original).
[30] See Morton White, *Social Thought in America: The Revolt Against Formalism* (Boston: Beacon Press 1957).
[31] Dorothy Ross, *The Origins of American Social Science* (Cambridge: Cambridge Univ. Press 1991) 71 (quoting Burgess).

演绎推理,以这种或那种方式发现普遍的"规律"、"一般性原则"、亚里士多德式"一般性概念(Universals)"的假设,我们可以处理各种新出现的案件,他们只不过是早已存在的分类中的一些新的例子而已。将科学看作是对具有普适性的大自然规律的探究,这一19世纪的观念[至今仍然十分盛行]。

从本质上说,我们对于法律也抱有同样的观念,这种观念对我们的法学教育产生了全面的影响,这一判断让人十分信服。[32]

库克写下这段文字后不久,法律科学的非工具主义观就开始衰落了(collapse)。

普通法神话的后果

像之前暗示过的那样,将普通法看作是遥远的古代传续而来的观念很大程度上是一个神话。然而,这却是一系列有关普通法的不可动摇的假设,正如波考克(Pocock)所说的那样:

> 顾名思义,普通法就是古代的习惯。在柯克(Coke)和戴维斯(Davies)之前的数百年时间里,根据一种在中世纪思想中非常普遍的假设,英国法是一种不成文法(*jus non scriptum*),以及法院的功能就是宣布其辖区内的古代习惯这些观念能被人们所接受。即使成文法可以被如此解释,柯克如此热情地将最早的这些习惯变成宣告的判决。不计其数的判决后来都被公开发表,告诉世人它们所包含的一切,小到最为细微和复杂的技术性细节,都构成了自古以来英国习惯的组成部分;或者至少普通法律师宣读这些判

---

[32] Walter Wheeler Cook, "Scientific Method and the Law", 13 *A. B. A. Journal* 303, 306 (1927).

决,这一事实正是植根于他们对历史的解释。[33]

这些观念并非完全正确——许多普通法规则在移植过来的封建观念中都能够找到其源头,或者被较为晚近的立法所采纳。或者是法官和法律专业人士的习惯而非民众的习惯——但这不足以减少这些观念的吸引力。"这种谬见……被许多有政治头脑的英国人所接受和信奉。"[34]这一信念的事实被证明比它的虚假之处产生了更大的意义:它形塑了对17—19世纪英国政治—法律秩序的理解和争论的面貌。

美国对于普通法的理解也同样如此。也许,以当时的观念来理解这些主张为何形成或者为何被如此重视是有一定困难的。尽管充满了神奇,但也并非所有人都对这些观念顶礼膜拜。想一想罗伯特·兰图尔(Robert Rantoul),这位法典化的积极倡导者在1836年对普通法所作的、这一令人震惊的现实概括吧:

> 判决是人性化的,是充分考虑到特定案件所包含的倾向性的。如果他希望在下一个案件中作出不同的裁决,他必须作出区分,并创设新的法律……
>
> 普通法是人类理性的完美形式,——就像酒精是糖的完美形式一样。普通法的微妙精神是经过过滤的理性,直到其有益健康和营养的成本开始超过其毒性。理性对于那些单纯的知识分子而言是非常令人愉悦和舒服的;但是理性如果腐化变质,也会令人迷乱,使人陷入错误的迷宫而无法自拔。
>
> ……几乎任何存在观点差异的案件,都可以以上述任何一种方法加以裁决,而且总能在庞大的判例库中找到表面成立的类似案件去正当化这一判决结果。因此,在双方

---

[33] Pocock, *The Ancient Constitution and the Feudal Law*, supra 37.
[34] Id. 233.

律师已经尽了自己最大的努力促使法官改变看法之后,法律是法官最后心血来潮时才会想到的东西。[35]

兰图尔(Rantoul)仍然对普通法持有一种理想主义的观念,认为它是一种抽象的事物,但被法官玩弄于股掌之中因而发生扭曲。

但是,不论是怀疑论者的说法,还是对现实与理想差距的清醒认识,都提供了有说服力的理由让人们去怀疑其中所包含的信仰的真诚性。数百年来,法律精英们也在用这些术语甚至是更为高级的科学语言来描述法律。一般的普通百姓则更是表达了同样的对法律的理想看法。后面几章我们会表明,神话以及理想都已经不再仅仅是一种修辞,而是期望借此建立一种可以影响执法官员行为的责任标准和规范。因此,如果仅仅因为他们是一种神话,作用不大而忽视他们,就犯了大错。

启蒙运动及其后果

人们这样形容18世纪的启蒙运动:对传统和习惯的审慎对待,以及科学权威的逐渐兴起,理性开始成为真理和知识的最可靠来源。牛顿发现了一系列支配整个宇宙物理世界的自然法则,在他所作出的诸多伟大发现之后,人们一致认为自然秩序的所有秘密都要被揭开。物理学、生物学以及化学方面所取得的进步极大地扩展了知识的数量。启蒙时代的哲学家认为,就像自然秩序可以被发现和得到有益的开发一样,社会秩序也可以得到同样的控制。"随着牛顿所取得的伟大成就,人们对于发现社会和政治联系中固有的公正和合理的规则开始满怀

---

[35] Robert Rantoul, "Oration at Scituate" (1836), reprinted in *American Legal History*, 2nd ed., edited by Kermit L. Hall, William M. Wiecek, and Paul Finkelman (New York: Oxford Univ. Press 1996) 318.

信心。"[36]"最终,启蒙运动关注的就是发现道德世界里那些让人们产生行动和聚集在一起的潜在力量,那些能与自然界中万有引力、磁力、电力以及能源这些18世纪伟大的科学发现相匹配的社会进步力量。"[37]一个研究人性和社会的关于人的科学会获得很多关于法律自然原则以及道德的知识,让人们可以运用理性去塑造社会以取得物质和政治的进步。"整个制度被如此精巧地加以设计,以期按照欧几里得几何学的精确方式根据几个公认的前提推演出人们在道德和法律方面的全部责任。"[38]"宇宙是一个理性的整体,在这个意义上,可以被理性地理解,'任何复杂的事件都以一种非常清楚、明确的方式与其先例存在着某种关联,都是对一般原则的具体例证而已',19世纪科学让人们相信,仅仅通过经验方法他们就可以发现所有人类以及自然界现象'完全的事实'和'普遍的规则'。"[39]

布莱克斯通及其同时代的人,还有美国的建国元勋们,都视自己为启蒙运动的一分子。布莱克斯通对于普通法有过系统的论述,他也正是通过这一前无古人的功绩而获得了巨大的声誉,这些成绩本身就是在有关人的科学方面的一次非常经典的启蒙运动的具体应用。随着这些观念逐渐影响到19世纪,当时自然科学的声望甚至比以往任何时期都更高,这些观念又以一种前面提到过的方式开始进入一种法律非工具主义的科学版本。

尽管人们开始在早已存在的法律非工具主义观念之上开始

---

[36] Corwin, "'Higher Law' Background of American Constitutional Law", supra 59.

[37] Gordon S. Wood, *The Radicalism of the American Revolution* (New York: Vintage 1991) 218.

[38] Corwin, "'Higher Law' Background of American Constitutional Law", supra 59.

[39] John H. Hallowell, "Politics and Ethics", 38 *Am. Pol. Sci. Rev.* 639, 643 (1944)(引注从略)。

运用科学方法,在许多方面它们还有交叉,科学思维的运用是观察法律的视角发生重大转变的一个重要根源。科学在朝着揭示那些因果联系、影响和功能的方向发展,并以原则或规律的方式加以表达。非工具主义观念将规律看作是一种固有的秩序(宇宙固有的秩序或者是社会固有的秩序)。在科学观点看来,规律将被看作是社会秩序的源泉——而产生社会秩序则是规律的功能、目的或结果。反过来,这一新的视角,随着时间的流逝,会揭示出更多有关规律在发挥其功能时的效率和功用问题。这一微妙但根本的区别可以被如此表述:规律是秩序,规律本身也包含着秩序。这一表述的含义并不是一目了然的——事实上,它非常隐晦,因为这种科学视角是建立和被包括在对法律的工具主义描述之中的——这种方向的改变是从将法律看作一种目的本身朝将法律看作是实现目标的工具转变的一个重要步骤。[40]

之所以诉诸科学最初是为了加强法律非工具主义观念的说服力,但长期看来,启蒙运动的推力却逐渐削弱了普通法的中世纪基础——自然法和神法,以及长久存在的习惯。许多启蒙运动时期的思想家都是反对制度化宗教的自然神论信仰者或者是无神论者。因此,人们不太愿意接受神明启示(divine revelation)和天主教自然法作为法律的渊源。此外,启蒙运动又要求对那些被普遍接受的传统进行严格的审查,这也削弱了那些与法律有着密切关系的习惯的权威。"在西方世界的几乎每一个角落,人们都在对过去的无知和野蛮进行着细致入微的彻底清算。"[41]曾经被看作是时代智慧的东西现在则被看作是阻碍进步的包袱。历史研究(启蒙运动的另一项成果)表明:历史上长期存在的习惯和习俗是专横的和不开化的,不值得加以仿效

---

[40] See Roger Berkowitz, *The Gift of Science*: *Leibniz and the Modern Legal Tradition* (Cambridge, Mass. : Harvard Univ. Press 2005).

[41] Wood, *Radicalism of the American Revolution*, supra 192.

或者继续遵守。[42] 这些观念从其含义上来看,对包含有古代习惯和经文的普通法的长期以来形成的认同是非常有害的。

许多当时的思想家,包括布莱克斯通,都同时拥有着前启蒙时代和启蒙时代两种观念,尽管它们之间往往互相矛盾。历史学家伯纳德·贝林(Bernard Bailyn)发现这种思想上的结合在美国独立战争期间达到高潮:

> 比如,那些得到殖民者嘉奖的普通法律师,试图建立一种基于先例的上诉权利和从古代发展至今的从未间断的传统,他们假设(如果他们并不打算辩论的话)——随着时间的累积,延续至今的习惯给人们带来的智慧,要比任何人或群体根据理性的力量所得到的更多。没有任何东西会比殖民者同样提到的启蒙时代的理性主义者更为让人感到隔膜的了——尽管在提到两者时都带着相同的热情。这些学者感觉,习惯的负担使得人们的精神无法提升;他们试图摆脱习惯的影响,用一种不受任何约束的力量创造一个比过去偶然产生的遗产更为优越的制度框架。[43]

这一思想的结合在19世纪末期仍将持续。[44]

启蒙时代的争论最终不仅会破坏法律的基础,还会破坏道德基础,因为它们的基础是相同的。必须强调的是,哲学家并非道德相对论者,也不是无政府主义者。相反,他们的目标是要为法律和道德建立一个更为理性和科学的根基,以带来一个组织更为良好的、也更为公正的社会。一开始,他们毫不怀疑他们可以成功地找到理性的道德和法律原则。

今天我们知道,他们在试图建立法律和社会的客观原则方

---

[42] See, for example, John Milton Goodenow, *Historical Sketches of the Principles and Maxims of American Jurisprudence* (New York: Arno Press 1972).

[43] Bernard Bailyn, *The Ideological Origins of the American Revolution*, enlarged edition (Cambridge, Mass.: Harvard Univ. Press 1992), 33—34.

[44] Ross, *Origins of American Social Science*, supra Chap. 3.

面已经宣告失败。原因有很多,这里我们可以分析其中三个原因。第一,对世界的探寻使得如下这件事情越来越明显:在道德、法律和习惯制度方面存在着太多的差异,这表明道德和法律大体而言都是依赖于传统才得以存在的。第二,人性在最为普遍的层次上是其基础,最多只能为在社会中生存提出一种最低限度的规则,但无法为更高的道德或法律原则提供基础。第三,理性的力量和范围开始受到限制。理性曾经被认为可以产生有关权利和利益的实质性的原则。但在启蒙运动以及产生的后果后,理性不再被看作是一种实体,而逐渐被仅仅看作一种工具性的术语。理性让人们能够高效地实现他们的目标,但无法告诉人们何种目标是可欲的。关于利益和权利的观念开始被看作是周围文化观念和个人品位或偏好的产物。对于启蒙运动不切实际的反对意见——将生命中的偏好和文化形式作为一切的源头,对理性的有限的、机械的运用报以不屑的态度。

　　功利主义将这些复杂观念整合成了一个道德体系。该体系认为:所谓个体利益就是一个人所想要的东西,或者能够从中产生快乐的东西;实现社会利益就是让社会中的个人能够在最大化其幸福的同时将痛苦降至最低。这就将一个道德问题转变成了一个确定快乐和痛苦的数量,并计算其差值,然后得出一个客观答案的经验问题。尽管功利主义在 19 世纪开始流行于自由世界[45],但却从来都不让人满意。在其他问题上,即使是在一个一般规模上,痛苦和快乐的量化也是不可能完成的。但是,如果没有这样一个范围,又无法为这一道德计算找到一个具体的答案。更为令人不快的是,功利主义者都是快乐主义者,无法在诸多快乐之间作出区分——将施虐狂的快乐与利他主义者的快乐混为一谈——这一点与有关道德的流行直觉总是

---

[45] 根据彼得·盖伊的说法,自然法理论在启蒙运动的前半部分占主导地位,而功利主义在启蒙运动的后半部分占主导地位。Peter Gay, *The Enlightenment: The Science of Freedom* (New York: W. W. Norton 1996) 459.

互相矛盾。而且,最佳的方法表明,将责任科加于一个社会中的少数族群是正当的,如果从总体上而言多数派因此获得了更大益处的话。

启蒙运动一项持久而又让人迷惑的遗产是,它在没有提供任何其他具有说理力的替代物的同时,破坏了之前人们对于神法和自然法的信仰,破坏了人们对于习惯和传统中包含的智慧的信仰,而这些都曾经被认为可以为道德、法律和生活提供正确的原则。启蒙运动认为人类可以形塑和改善他们的生存环境的信心促使法律工具主义观念开始盛行,但是那些同样从启蒙运动时期走来的相对主义者却将这一强大工具的运用变成了一个无法解决的争论。

第二章

19世纪急剧变化的社会和普通法

法史学者和法学家们几乎完全同意这样一种判断——在上一章中所描述的关于普通法的各种非工具主义观点支配了整个18世纪;他们同样认同,对法律的工具主义观点在20世纪也开始被人们广为接受。总体而言,这两个时间段并不存在什么异议。但是,对于19世纪的状况,人们却还有很多疑问。

许多法史学家好像接受了19世纪前25年在美国发育成熟并一直持续到19世纪中叶的法律工具主义观点,当时这一观念取代了从南北战争直到世纪之交这一漫长历史时期内的非工具主义观点。法律工具主义观念的出现和随后衰落过程的最主要出处就是墨顿·霍维茨的《美国法的变迁》这本著作(1977)。[1] 霍维茨首先介绍了法律的非工具主义概念:"在18世纪的美国,普通法规则并不被看作社会变迁的工具;不论何种法律变迁基本是通过立法的方式达致的。在这一历史时期,人们认为,普通法从本质上而言就是一堆原则的混合体,人

---

[1] 霍维茨书中关于法律工具主义的章节早些时候已作为一篇文章单独出版。卡尔·卢埃琳(Karl Llewellyn)阐述了这种观点的转变。[*The Common Law Tradition: Deciding Appeals* (Boston: Little Brown 1960).] 庞德也探讨了早先裁判的"古典"形式,这似乎是卢埃林主张的主要参考。["Mechanical Jurisprudence", 8 *Columbia L. Rev.* 605 (1908).]

们适用这些规则的目的就是要对个案进行公正的裁决。"[2]

根据霍维茨的观点,在独立战争之后,"商人和企业家群体"就开始"与法律职业结成紧密的同盟,以通过对法律制度的改变来追求自身更大的利益"[3]。法官接受了一种自觉的法律工具主义的观点,并以一种有利于经济发展的方式开始塑造普通法。霍维茨写道:"19 世纪和 18 世纪的法律之间最大的区别,就在于普通法法官在指导社会变迁的过程中发挥作用的程度。"[4]

"到了 19 世纪中叶,法律制度已经变成了通过剥削农民、工人、消费者和其他社会弱势群体来实现工商业者利益的工具。"[5]一旦这一有利于资本利益的转变完成,根据霍维茨的观点,法律职业就会重新回到一种法律的非工具主义的立场,成为固守既得利益的一种手段:

> 法律形式主义的兴起与这些大规模的法律变迁有着直接的关系。如果一种有关法律的、灵活的、工具主义的概念对于加快独立战争之后美国法律制度的变化是必需的话,一旦这种转变的主要受益者借此实现了大量他们的个人目的,这一概念就会被人摒弃。事实上,一旦成功,只要政策的新近起源、基础以及所有确立的法律原则所保护的集团利益不会被发现,这些集团就会从中获益。[6]

霍维茨运用这一由两部分所组成的解释模式描绘出 19 世纪普通法发展的轨迹。

霍维茨的解释有一个很直接的困境。正如上一章所证明的

---

[2] Morton Horwitz, *The Transformation of American Law*, 1780—1860 (Cambridge, Mass.: Harvard Univ. Press 1977) 1.
[3] Id. 253.
[4] Id.
[5] Id.
[6] Id. 254.

那样,19世纪以一种精致的非工具的术语塑造了法律的系列特征。这些特征在19世纪的整个演进过程中不断强调法律是一门科学,但是,作为普通法基础的非工具主义特征又贯穿始终。这种连续性证明以下观点是不成立的:法律工具主义在让位于再次复兴的非工具主义法律观之前的19世纪初期,已经发育成熟。

想想约瑟夫·斯德瑞(Joseph Story)这个在19世纪初最有影响的大法官。霍维茨将斯德瑞作为19世纪初法律工具主义的代表性人物,因为斯德瑞将普通法规定的经济后果纳入裁判考量的因素,并且愿意修改法律以适应经济的发展。在霍维茨看来,工具主义的法官,"不再将法律看作是由风俗习惯所表达和由自然法所衍生的一整套不变的规则"[7]。但是,在 *Terrett v. Taylor* 一案的裁决中,斯德瑞大法官因为认为弗吉尼亚州的一项制定法违反了"自然正义的原则"和"任何一个自由政府的基本法律"而宣告其无效[8];他还补充说,普通法目前最紧迫的原则就是"要与人们的常识和永恒正义的律令保持一致"[9]。历史学家史蒂芬·普莱色(Stephen Presser)发现,"在 *United States v. Coolidge* 一案中以18世纪自然法观点给出的判决理由,宣告了的确存在联邦普通法犯罪"[10]。在 *Swift v. Tyson* 这一著名案件中,法院裁决联邦法院必须适用一般意义上的普通法,斯德瑞写道:"人们很少争论法院的判决本身是不是法律。最多,这些判决只是法律存在的证据,它们却不是法律本身。"[11]商法的"真正内涵和影响"要在"商法法理的基本原

---

[7] Horwitz, *Transformation of American Law*, supra 10.
[8] Terrett v. Taylor,13 US 43,52 (1815).
[9] Id. 50.
[10] Stephen B. Presser, "Revising the Conservative Tradition: Towards A New American Legal History", *in Law in the American Revolution and the Revolution in the Law*, edited by Hendrik Hartog (New York: NYU Press 181) 131.
[11] *Swift v. Tyson*, 41 US 1,18 (1842).

则和理论中去寻找"[12]。这些就是斯德瑞对于普通法非工具主义观点的经典而又不装腔作势的表述,他将普通法看作是由法官发现并适用于其所审理案件的永恒规则和原则的统一体。斯德瑞的观点在当时很具代表性。

"普通法吸收了自然法的原则"[13]——这一论断在许多19世纪的法庭判决中都可以找到。一项由哈利·塞贝尔(Harry Scheiber)进行的历史研究表明,尽管19世纪上半叶的法官对促进经济增长很有兴趣,但是他们也坚持普通法的原则,并"继续尊重那些建立在财产权不可剥夺的高级观念基础上的形式主义先例"[14]。在司法判决、演说以及论著中,都有很有力的历史证据表明,建国者们和一些继承者都仍然相信自然法原则,并持有一种对普通法非工具主义的传统理解。[15]尽管方向不时变化,但在19世纪的大部分时间里,知识分子和普通民众一直都仍然怀有对自然法的信仰。[16]

除了不再提及大量可以在19世纪初发现的有关法律的非工具主义的特征,霍维茨有关工具主义兴衰的编年体考察仍然有一个奇怪的特征。根据他的描述,对待法律的主流观念先是从非工具主义(18世纪)转变为工具主义(19世纪前半叶),然后回到非工具主义(19世纪后半叶),接着再次回到工具主义(20世纪的前1/3),这些转变都是在150年的相当短促的历史时间里完成的。历史学家爱德华·珀塞尔(Edward Purcell)用

---

[12] Id. 19.

[13] *Surocco v. Geary*,3 Cal. 69 (1853).

[14] Harry N. Scheiber, "Instrumentalism and Property Rights: A Reconsideration of American 'Styles of Judicial Reasoning' in the 19th Century", 1975 *Wisconsin L. Rev.* 1,5,7 (1975).

[15] See Bailyn, *Ideological Origins of the American Revolution*, Chaps. III, and V; Corwin, "The 'Higher Law' Background of American Constitutional Law", 42 *Harvard L. Rev.* 149 (1928—1929); T. Grey, "Do We Have an Unwritten Constitution", 27 *Stanford L. Rev.* 703 (1975).

[16] See Ross, *Origins of American Social Science*, supra Chaps. 2&3.

一句话概括了这三个历史时期:"尽管18世纪的自然法概念和普通法先例的僵硬理论在19世纪早期已经衰落,但这两部分内容到19世纪80年代的时候又开始重新占据了美国法律思潮的中心位置。"[17]

在历史进程中,主流观念历经数次重大改变——事实上这也正是本书的主题——但是如此迅速地来回往复的运动看来还是如此罕见。要想复兴和回归一种已经被超越的思想观念(这一情况只发生过两次)并不是一件简单的事情。按照霍维茨的描述,人们要求历史学家解释为什么一整套流行了数百年的观念会被轻易取代,然后又会复兴,继而又再次衰落;他们还必须解释为什么其替代物得以兴起,继而衰落,然后又再次兴起。

有人将美国的法律发展史形象地称为"悬垂摆动"[18],这一观点反映了美国学者特别强调思想流派之间差异的理论偏好,历史学家尼尔·达克斯伯里(Neil Duxbury)认为这种观点言过其实,并对其进行了坦率的批评。一个更为细微的情况会弱化这种差别:对法律的非工具和工具主义理解同时并存;两种对于法律理解的不同表述在任何时代都可以找到;只是两派观点各执一时之牛耳罢了。霍维茨承认,有如斯德瑞一样的学者采取的是折中的立场。[19] 但这仍然存在着一个没有解决的问题——在19世纪上半叶,法律的非工具主义和工具主义的观念,究竟何者占据着主导地位?

---

[17] Edward Purcell, *The Crisis of Democratic Theory*: *Scientific Naturalism and the Problem of Value* (Lexington, Ky.: Univ. Press Kentucky 1973) 74. 许多法史学家似乎接受了这个基本的时间线。另一位持此观点的著名历史学家是G. 爱德华·怀特(G. Edward White)。*Patterns of American Legal Thought* (Charlottesville, Va.: Michie 1978).

[18] Neil Duxbury, *Patterns of American Jurisprudence* (Oxford: Clarendon Press 1997) 2. 达克斯伯里批评了形式主义者和现实主义者之间典型的针锋相对。See also Grant Gilmore, *The Ages of American Law* (New Haven: Yale Univ. Press 1977).

[19] Horwitz, *Transformation of American Law*, supra 254—256.

解决这一问题的努力已经超出了本书探讨的范围。在这一问题上历史研究的缺位是这一领域的一个主要空白。幸运的是，这一问题的确切答案对于这一探索并不是必要条件。法史学家和法律学者一致同意，法律工具主义的观念在20世纪已经开始确立，而这一问题我们将在随后各章中进行充分的考察。

但是，在一些细节问题上与霍维茨描述的矛盾之处会推动这一研究的进展。必须对前章提及的法律非工具主义观点进行更为深入的挖掘。正是因为构成了那些抽象层次上的普通法的理想代表，本章首先关注普通法如何处理社会变迁，然后介绍19世纪流行的社会观念和信仰，通过这些方式将理想化的描述与现实环境更为紧密地结合在一起。从一个现代的工具主义视角来看，非工具主义的倾向是很难加以把握的；这一探索将会通过观念自身的复杂程度使其变得更好理解。通过手头的这些描述，霍维茨的年表再次致力于澄清法律工具主义观念的不同特点。本章中所传递的信息会为将来的论述提供一个特征更为显著的背景。

急剧变迁的历史时期

18世纪后半叶的英国是处在一个急剧变化的历史时期：启蒙运动如日中天，科学正在进入一个快速发展的时期，工业革命也开展得如火如荼。社会中发生的种种变迁在法律中都有所反映，普通法和制定法的改革也都触及了当时社会的重大问题。[20]受贝卡利亚这一启蒙时期的重要人物的影响，刑法的改革——强调惩罚威慑力和执行确定性——也是一个主要的公共话题。商业活动蓬勃开展，客观上也要求法律发生变化，这也

---

[20] 有关这一话题的背景知识可参见 Lieberman, *The Province of Legislation Determined*, supra。

正是曼斯菲尔德勋爵(Lord Mansfield)致力的一项工作。英国更为关注制定法的改革,在当时的观察者看来,这是一个由以惊人速度增长的规则所组成的杂乱无章的体系。边沁将这一批评延伸到了普通法。布莱克斯通——这位饱受边沁尖锐批判的学者——强调:由工业的快速发展而推动的商业活动对法律提出了一些崭新的要求,如果法律可以改变以适应这种要求的话,法律就必须改变。[21] 这种需求提升后,法官就会规避那些阻碍这些目的实现的法律,通过宣布它们与理性不符因而无效,或者通过运用法律拟制来回避这些既有的规范。[22] 没有人怀疑,制定法和普通法必须与快速进步的社会保持一致的观念。毕竟,这是一个通过人们自发努力而开启的历史新纪元。

　　这一时期美国殖民地的发展速度甚至比英国还要迅猛,它们正在经历各种社会的、政治的、经济的和法律的变迁。"人口的增长和运动"成为18世纪社会的主导性力量。[23] 英格兰、苏格兰和爱尔兰新教徒以及德国人"成千上万地涌入新大陆"。[24] 伴随着好几波离开他们长久定居的沿海地区而涌入内陆和西部定居的浪潮,殖民地人口每20年就要翻一倍——从1750年的100万,到1770年的200万,再到1790年的400万,自耕农开始遍布全国。当时流行的种植方法包括不停播种直到土壤贫瘠为止,然后再移居到另一片土地。由这一人口迁移运动带动,"冒险的土地活动开始影响到社会的各个方面"[25]。在宾夕法尼亚州、弗吉尼亚州、康涅狄格州、纽约州以及南、北卡罗来纳州的西部地区,后来在俄亥俄州、田纳西州、肯塔基州

---

[21] Boorstin, *The Mysterious Science of Law*, supra 73—84.
[22] Id. Chap. 1.
[23] Wood, *Radicalism of the American Revolution*, supra 125. 对这一话题的论述大体上可归功于伍德对这一时期历史的卓见,同时可参见 Daniel Boorstin's *The Americans: The Colonial Experience* (New York: Vintage Books 1958)。
[24] Wood, *Radicalism of the American Revolution*, supra 125.
[25] Id. 128.

和密西西比州，许多新的城镇以十分迅猛的速度开始形成。一旦新的城市人满为患，人们就又开始变卖土地，去别的地方重新建立一座城市；而同时，另外一些人则绕开他们去更远的地方开辟新的家园。在这样萍水相逢的社区里，社会纽带是非常薄弱的。城市官员通常都是一些新来的人，而且流动性特别高。

"与人口暴增相伴随的——在动摇一个社会方面几乎具有同等的力量——是美国经济发生的巨大变化。"[26]在美国中部和南部殖民地的农田里，生产了大量的烟草、谷物和小麦，以出口到西印度群岛和欧洲。北部城市生产消费品然后在各个殖民地出售。对于生活用品，大部分家庭都能自给自足，许多人还能够有所富余，拿到市场上去交换别的物品或直接出售。每个人都在从事着这种商业性的"交易活动"，这已经成了一种生活方式。

殖民地的独特环境使之产生的法律与英国普通法有很多差异。在殖民地早期，非常缺乏受过专门训练的律师和法官，因此早期的判例就无法完全照搬严格的英国法律，尽管这些判例产生的许多法律都被认为与英国普通法十分契合。[27] 陪审团经常会就事实和法律两方面的问题作出裁决。许多人对那些与他们自身利益密切相关的基本法律问题都有一些认知，特别是有关土地交易的法律。

美国的新问题和新环境在英国普通法中缺少现成的解决方案，因此必然要求法官作出一些改革。[28] 与英国相比，殖民地的一个十分重要的区别在于他们缺乏世袭贵族，这一阶层的存在可以防止法律中出现巨大的阶级差异。英国普通法中的封

---

[26] Id. 134.
[27] See Boorstin, *The Americans*, supra.
[28] See Ford W. Hall, "The Common Law: An Account of its Reception in the United States", *Vanderbilt L. Rev.* 791, 805—807 (1950—1951).

建主义因素由于不适合美国更为随意的土地状况而遭到了抛弃或是修正。诸如长子继承权(死者的财产由长子继承)之类的不动产规则以及限定继承制度(如果受让人没有继承人,则财产仍归让与人所有),这一制度产生的影响是,对转让进行了限制,同时维持了大家庭的财产,但这些财产制度被几乎所有地方的制定法所废除。[29]

购买土地以及从事农业或商业活动都要求一些能够鼓励贷款供给的法律理论。欠人债务之前会被人们以道德的眼光加以评判,这是一种在社区内为需要者提供帮助的事情,只在需要时提供帮助,并期望能够得到及时的偿还。渐渐地,债务开始被看作——而且在法律上也被当作是一种生产性的企业活动得到鼓励,而非回避。破产法得以制定,从此可以不用再为过去的债权人偿付利润。远距离的商业交易的增长也促进了合同法的改变,而之前合同法只是对以地位为基础的关系所决定的权利和义务关系的简单执行而已。"在商业化的18世纪,合同越来越强调自愿、明确和双方同意……合同开始被认为是一种在假定为平等而且完全互相信任的双方之间进行的一种谨慎而自由的纯粹交易。"[30] 大量交易都在法律上得到了正式的确立。

在这一历史时期,广泛存在的对普通法犯罪的质疑促使法律发生了另一个重要的变化。法官会在制定法或其他方式没有事先规定其为犯罪的情况下判处被告成立普通法犯罪;人们呼吁立法明文规定州和联邦犯罪。约翰·古德瑙(John Goodenow)于1812年出版的一部相当博学的著作详细讨论了英国法律历史,并且援引了启蒙运动著名人物的言论,有力批评普通法犯罪是野蛮的、模糊的、含混的,赋予了那些倾向于滥用其权力的无责

---

[29] See Morris, "Primogeniture and Entailed Estates in America", 27 *Columbia L. Rev.* 24 (1927).

[30] Wood, *Radicalism of the American Revolution*, supra 162.

任感的法官以过多的裁量空间。[31] 经过几代人的努力,犯罪将在几乎所有地方都以立法的方式明确加以规定。

最后但并非不重要的是,这是美国的初建时期。参与《独立宣言》、宪法的起草和批准以及早期国会选举的人中,有一半左右是律师。宪法就是对法律进行工具主义运用的一个十分引人注目的例证:通过若干次会议制定(有既存的各州宪法作为基础[32])以创造一个可以被所有人接受的可运转的政府体制。其设计和内容要在相互冲突的利害关系和利益之间达成政治和经济妥协,以创造一个可以在政治上得以生存,在经济上能够繁荣的不同民众组成的崭新国家。

伴随着独立战争结束,因为许多美国人对英国的仇恨而产生的一种新的国家自豪感同样产生了法律后果。独立战争是对英国监护的拒绝,特别是摆脱了"专横的"英国立法。但是,与这种态度相反的是这样一个现实——英国的普通法是他们唯一熟悉的法律制度,不过,人们还认为美国普通法并非全部是英国法的产物。普通法是理性、原则和社会秩序的缩影。

因此,我们说普通法的非工具主义观点在19世纪末期一直存在。但这并不是说在这一时期的法律就没有发生任何变化。变化是很多的,不仅是一些具体的法律规则,而且在关于如何理解自然权利和自然原则方面也是如此。一个重要变化就是在18世纪和19世纪中自然原则从道德原则和宗教原则(好的和正确的)到政治原则(政治自由和正义)和经济原则(自由放任)的方向性变化。[33]

---

[31] Goodenow, *Historical Sketches of the Principles and Maxims of American Jurisprudence*, supra.

[32] See Herman Belz, "The Constitution in the Gilded Age: The Beginnings of Constitutional Realism in American Scholarship", 13 *Am. J. Legal Hist.* 110 (1969).

[33] See Pound, *Formative Era of American Law*, supra 22—23.

第二章 19世纪急剧变化的社会和普通法

普通法的双重本质

在18世纪末和19世纪初,面对如此巨大的变化,法律精英们如何继续维护和突出普通法这样一个从古代就已形成并持续了数百年的、作为原则和风俗习惯的历史形象?关于这一复杂的问题,会有多种不同的解释。

在一开始我就予以提醒,并对此作出单独的澄清可能会有所帮助。需要提醒注意的是,在第一章中所提出的法律特征是由最杰出的学者对普通法而非制定法的概括。法学家认为只有普通法才是法——它是法律世界中毫无异议的中心。在这一历史时期,许多重大的法律变革都是通过制定法完成的,那个时候,人们已经基本上开始用工具主义的观念来理解制定法了。普通法的拥护者们指出制定法的工具主义特征,并放大了其造成损害的可能性。单独的澄清则是指,上述法律的非工具主义特征是对由法律精英们所作的、对普通法本质的理想化表述。尽管民众也认同这种理想,但人们同时也知道,法律的日常实践要比理想化的描述琐碎麻烦得多。这两点在下一章中都将详加讨论。

我们需要牢记在心的,是对普通法古老而又强调原则这一本质持续数百年的信念。在我们看来,如果不是因为这么长久的时间沉淀,这些信念在面对如此迅速和激烈变革时一定会溃不成军。但是,正如波考克指出的那样,不一致或者相互矛盾的地方都被压制了下去,因为对普通法的通行看法形塑了当时观察者解释事件的方式。这一主流的思维模式的证据可以在之前提到的古德瑙的著作中找到依据。古德瑙针对普通法犯罪提出了专门的批评,包括可能带来法律不确定性这样的复杂观点。古德瑙注意到"私人权利和私人犯罪都建立在永恒的自然法原则和抽象正义的基础上,并受其权衡",因此尽管他的批评可以轻易地拓展到整个普通法范围,但他却并没有这样去做。[34]

另一个需要记住的要点是,独立战争时期的英国政府正在违反古老的宪法,并侵犯了殖民地人民的自由和权利。

> 迟至1774年,诉诸自然法仍然经常要与有关自由的其他主张一并提出,比如弗吉尼亚人所援引的"古代宪法所赋予的特许权利"。同年,第一届大陆会议(1774年)运用"英国宪法原则"和"英国本土原住民所享有的自由"为自己争取独立的行为进行辩护。[35]

随着独立战争的继续,它所产生的后果是古代自由的含义与英国原来那种代表自由人权利的含义已经完全不同,但是他们仍然援引这一概念。我们今天看作革命的行动,他们则看作是与其普通法权利相吻合的,事实上也是被普通法权利所正当化的行为。在这个意义上,这场政治革命其实还算不上一次法律意义上的革命。

最为重要的是,之所以能够在面对如此重大变革的时代还能一以贯之地援引同一概念,其主要原因还是与普通法的基本特征有关——普通法固有的双重本质。普通法总是被认为代表了永恒的习惯和原则,通过不断地适用并始终与社会变化保持一致的方式与时俱进,可以被比作一艘航行中的轮船,每块木板都在航行过程中被逐一更换,因此总是能基本保持其稳定性。"在这一原理的背后显然存在着这样一种观念,即法律是习俗以及针对习俗不断作出的调整。"[36]

约翰·塞尔登(John Selden)在1617年写道:

---

[34] Goodenow, *Historical Sketches of the Principles and Maxims of American Jurisprudence*, supra 36.

[35] Eric Foner, *The Story of American Freedom* (New York: Norton, 1998) 13.

[36] Pocock, *The Ancient Constitution and the Feudal Law*, supra 170.

自然法受到一定的限制是为了市民社会的便利,这些限制从那时起,就被强化、改变、解释,然后形成现在的样子;尽管,也许可以保留其本质上不可改变的那一部分,其最初的形状就是一艘船,但是经过不断的修整,已经没有任何一块当初的材料,就像一个经常翻修的房屋一样,——尽管如此,从民法上而言,它仍然是同一件事物。[37]

根据这些观念,普通法同时需要古代的规定、正确的原则和理性、不断的调整、与社会的协调一致以及普遍的社会共识。

因此,普通法是理性和有原则的,是从古代流传下来的,在这个意义上,它也是不变的。但是,它又能与时俱进,适应最新的发展变化。波考克注意到:"那种认为普通法具有两面性的观点主要是将其看作一个能不断适应环境的事物,或者看作一个能不断保持自身生命力的事物。前者会导致这种观念——法律是历史进程一个不断变化的产物;而后者则会产生这样一种观念——法律是固定的、不变的和古已有之的。"[38] 布莱克斯通,这位支持传统的非工具主义观点的学者,同样相信在整个历史进程中,普通法体现了一种与社会同步快速发展的趋势。[39]

同样的观点也盛行于美国。1860 年,在一份为了纪念首席大法官莱缪尔·肖(Lemuel Shaw)而颁发的证明书上的表述就典型地体现了这种敏感:

揭示普通法和商法的原则可以满足社会的需求是你们前辈的使命,这些需求在这些制度建立后不久就已经存在了。你们的责任是调整这些制度以应对更新和更大的危

---

[37] John Selden, Opera (1616), quoted in Richard Tuck, *Natural Rights Theories: Their Origin and Development* (Cambridge: Cambridge Univ. Press 1979) 84.

[38] Pocock, *Ancient Constitution and the Feudal Law*, supra 173—174.

[39] Boorstin, The Mysterious Science of Law, supra 73—84.

机。……因此,法律可以说满足了这个史无前例的追求个人事业的时代的需求;在各种相互冲突的利益面前,你们充分把握住了法官强烈的保守思想,正是这些法官超越原则和先例,根据现在和未来的情况重新塑造了法律规则。[40]

以这种方式塑造法律,是在新的社会和经济条件下,更为突出作为普通法基础的理性和原则的一个漫长的过程。这正是普通法在面对变化环境时维持法律连续性的技艺。

对各种后果的非工具主义考虑

这一观念可以帮助我们解释这样一个现象,为何大法官斯德瑞(Story)可以在不断重复经典的非工具主义观点——法院裁决不能创制法律而只是业已存在的原则的体现——的同时,可以灵活地塑造法律理论以促进商业的发展。一名在理解了普通法的双重本质后进行司法活动的法官是不会认为两者之间存在矛盾的。

这一点的重要性在霍维茨的言论中体现无遗。霍维茨注意到,"19世纪前的美国法官很少自觉和有目的地去分析普通法规则,他们几乎从不会自觉地把普通法当作一种创造性的工具加以运用,将人们的精力引导到适应社会变化上来"[41]。这句话包含了法律工具主义的两种不同含义。第一层含义告诉我们,工具主义者往往比较看重法律的影响或结果,而非工具主义者则恰好相反;第二层含义则告诉我们,法律可以被工具主义利用以推动社会变革。

---

[40] Reprinted in Charles Warren, *History of the American Bar* (Boston: Little Brown 1911) 448.

[41] Horwitz, *Transformation of American Law*, supra 253 (emphasis added).

第二章 19世纪急剧变化的社会和普通法 **49**

普通法的双重本质表明,霍维茨的第一个判断可能有某种重要错误。再强调一遍,一个持传统的非工具主义立场的法官会相信普通法确实而且应该适应不断变化的社会和经济情况。这一视角与那种从功能主义视角看待法律的观点完全相同(霍维茨的第一层法律工具主义含义)。为了成功地适应不断发生的社会变化,特别是跟上每个人都认为对社会十分重要的经济发展,法官必须考虑法律规则所产生的社会后果。这也正是斯德瑞所做的事情。与霍维茨的建议相反,他行事的方式与他的非工具主义法律观基本是吻合的。因为经济正在发生着迅速的变化,而这些变化可能正是被之前的普通法规则所禁止的,斯德瑞和其他法官希望修正普通法以适应和促进经济的发展。这正是普通法双重本质中充满活力的一面。这并非运用法律去"指导社会变革的进程"(霍维茨的法律工具主义观的第二个层面)。

为了更为充分地强调这一非常重要方面,一位持法律非工具主义观念的法官可以用功能主义的视角来看待法律,只要他的目的是让社会变化能够与法律的理性、原则和习俗相适应。即使在17世纪的英国,法官也会从其社会功用的角度来看待普通法规则。[42] 就像在前面所引用的塞尔登和戴维斯的言论,将普通法形容为了社会的"便利"而不断加以改变的制度体系。致力于此项工作的法官并不认为法律就被"工具主义地"加以利用了。他们只是参与了使法律和社会同步发展的一项旷日持久的普通法工作而已。在19世纪慢慢远去的时候,正如强调功能的科学思想也深刻影响了法律一样,法律(尤其是制定法)也开始被更多地以工具主义的眼光加以看待,一种对法律看法的不易觉察的变化开始悄然发生,这一变化促使法官开始以一种工具主义的方式来对法律进行功能主义的分析。

---

[42] See Tuck, *Natural Rights*, supra.

但是,将现代的工具主义视角强加于那些对法律还采取非工具主义立场,因而仍然在以功能主义视角看待法律的前辈身上,未免是一种时代错误。

根据同样的分析,霍维茨对于法律工具主义的第二点看法是非常有道理的。一个对普通法持有非工具主义看法的法官无法采取社会工程学的观念,把法律看作实现社会变革的工具。这无异于一种诅咒。也无法适应和反映社会的各种变化,但却可以促进或引导这些变化。霍维茨正确地将这看作是后来的法律工具主义观念与之前的法律非工具主义观念之间"最大的区别"。普通法中法律非工具主义观念的核心就在于,法律要立即适应社会,并与理性和原则保持一致。这的确是一个相当传统的概念,在这种概念中,社会、法律以及他们之间的关系都是其本来应该的那个样子(社会也按其应该演化的方式演化)。直到19世纪末,当这种严格的概念分崩离析的时候,这种观念才得以立足,法律应当用来引导社会变革的方向。

对非工具主义表象的质疑

霍维茨发表了另一种不同的观点,即被战后的法官所信奉的、对待法律的非工具的形式主义方法,其实只不过是在法律理论的外衣下隐藏和掩盖有利于资本利益的偏见的工具主义理由的一种巧妙伪装而已。如果霍维茨是正确的话,法官们其实并没有真正地从非工具主义的角度来理解普通法。相反,法官认识到普通法包括了某种工具主义的倾向,他们对非工具主义理念的极力吹嘘只不过是一种策略而已。

这一讨论的方式带来了一个更大的问题:是否任何一个版本的非工具主义都是真正的非工具主义。我们需要注意的是,霍维茨并没有将怀疑主义拓展到如此之远。在他笔下,他是将18世纪的法律看作真正的非工具主义的。他的著作讲的就是从非工具主义的法律到工具主义的法律,然后又转变为非工具主义这一欺骗形式的真实转变过程。但是,人们却并不清楚为何这一较早时期没有产生出同样的怀疑主义。英国普通法法官都来自有地的贵族阶层,他们用一种有利于自身阶层利益的方式改造普通法理论。[43] 在此之前,与这一过程交织在一起,移植过来的封建习惯法通过那些农奴的财产权和义务促进了世袭贵族的利益。更宽泛点说,自然法和自然权利思想长久以来一直在为奴隶制和保护有产阶级的利益提供正当化的理由。[44] 因此,可以认为,在所有这些情境下,法律都有利于社会中的特定群体,而不利于其他群体——法律只是他们实行统治的一种工具而已。我们必须仔细思考,不论人们怎样表达,法律是不是在本质上就是一种工具,因为法律似乎在任何地方都以这样或那样的方式有利于某些特定的群体而不利于其他群体。

现在我们可以提出另一种解释了。以如此宽泛的语言来看待法律工具主义,这对于其他目的而言可能是有意义的,但却不是我们关注的重心。在与历史上曾经存在过的各种看待法律的非工具主义视角进行的特殊历史对比中,法律工具主义观赢得了自身的地位。将法律看作一种工具需要用工具主义的术语来看待和描述法律的本质——法律只是实现某一目的的手段而已。

普通法被社会中的个人和群体当作工具加以利用。当然,单是就这点而论,在普通法——不论是被称为自然法、原则和理性,还是古已有之的习惯——持续了整个19世纪并占据了几百年主导地位的法律非工具主义观念看来,法律的本质并不是工具主义的。法律并非一个空洞的容器,可以填充进任何立法

---

[43] See Norman Cantor, *Imagining the Law: Common Law and the Foundations of the American Legal System* (New York: Harper Perennial 1997).

[44] See Tuck, *Natural Rights*, supra.

者想要的内容,以实现其期望达到的目的。这是一种非常典型的现代法律工具主义理念。

自由放任和社会达尔文主义的支配地位

霍维茨提出的问题仍然没有得到解答:19世纪末期那些支持法律非工具主义观的法官们是出于工具主义的理由而作出如此裁决的吗?也就是说,他们是否将满足资本利益作为自身的目标?他们是否认识到普通法理论能够非常恰当地实现这一目标?是否能够在法律非工具主义的话语中恢复和隐藏这些工具主义的理由以实现自己的偏好?如果真是这样,这就是对法官令人惊叹的马基亚维利主义式的操纵。霍维茨谴责这些精英律师与其公司客户共同进行了一种浮士德式的交易*来达到这一目的。尽管他认为,整个法律职业也参与了这场交易,但他对法律学者和法官也算笔下留情。在霍维茨看来,法学家创造了一种"科学的、客观的、专业的以及没有政治意义的法律概念",因为法律服务于"那些渴望名利的法学家的利益",如果法律能够独立于政治干预的话,这些人有望握有更大的权力。[45] 根据这种说法,法律非工具主义观念的复兴是人为推动的,它的出现是各种不同动机共同作用的结果——公司律师希望借此服务于公司客户的利益,而学者和法官则希望借此服务于其自身利益。

关于这种观点还有一点要补充:这些法律精英利益的融合导致对普通法非工具化的共同支持。下一章的结尾处我们要讨论一个较为类似的解释。但是,仅仅依靠19世纪末的自我利益和职业利益的结合,是不足以解释历史如此悠久并具有如

---

* 意指出卖关键性的东西以获取短期利益。语意出自传说中浮士德以灵魂为代价换取三个愿望的满足。——译者注

[45] Horwitz, *Transformation of American Law*, supra 266.

此巨大影响力的普通法的有关观念的。他们被灌输的法律传统已经把这种对于法律的理解奉若神明达几百年之久。许多法官和法学家都真诚地相信他们所信奉的法律非工具主义的观念。他们并不全是腐化和自我吹嘘的一群人。他们也不完全是容易被公司律师和公司客户欺骗的人，不会仅仅为了提升他们的地位或者促进个人目标的实现而就改变他们的法律理想。

托马斯·库利（Thomas Cooley）——一位很有想法的人物——写了一本小册子，对这一点进行了阐述。据说，库利在塑造19世纪末法院的"形式主义"司法哲学方面具有很大的影响力。他有14个兄弟姐妹，他的父亲是一个农民，一个积极支持杰克逊思想的民主党人。[46] 库利白手起家，一路奋斗，成为密歇根最高法院的大法官和密歇根大学的教授，之后又成为州际商业委员会（Interstate Commerce Commission）的首任主席。他曾经为铁路部门做过一段短时间的律师，但是他职业生涯的大部分都是担任法官、法学教授以及政府官员。在他出版的著作和发表的演讲中，他经常引用布莱克斯通、肯特以及斯德瑞的观点来表达一种典型的普通法非工具主义的观点，包括对普通法双重本质的认同。[47]

对政府权力的限制是其著名著作《宪法的界限》一书的主题——这本书被认为是"当时有关自由放任这一宪法原则论述最为丰富的著作"[48]。他并非原创的核心观点是：政府收支应限于公共目的，有利于某一特定阶级的立法应严格加以限制，宪法性权利和普通法的财产权要受正当程序条款的保护以使

---

[46] Alan Jones, "Thomas M. Cooley and 'Laissez-Faire Constitutionalism': A Reconsideration", 53 *Am. J. Legal Hist.* 751,753（1967）.

[47] Jones, "Thomas M. Cooley and Laissez Faire Constitutionalism", supra 758.

[48] Clyde E. Jacobs, *Law Writers and the Courts: The Influence of Thomas M. Cooley, Christopher G. Tiedeman, and John F. Dillon Upon American Constitutional Law*（Berkeley: Univ. Ca. Press 1954）30.

其免受立法权的侵犯。

尽管法官在抨击有利于雇工的立法时通常都会引用库利的文章,库利还是对"资本集中的无情权力"提出了警告。[49] 他非常关注"规模巨大,财力雄厚的公司对于国家和立法拥有更大影响力"这一事实。[50] 作为一名法官,他在一系列案件中均判决铁路公司败诉。在任州际商业委员会主席期间,他还为生产率的调整进行辩护,而这遭到了铁路部门以侵犯自由和财产权为名义的强烈反对。根据这些言行,我们无法将库利看作一个自由放任主义的坚定拥护者。在他反对阶级立法(class legislation)的时候,除了认为这一做法本来就是错误的这一真实想法以外,库利主要关心的还是被资本利益滥用的可能性;坚持该原则会不允许适用那些有利于雇工的立法,这其实是一个法律统一适用的问题。读他的著作会愿意相信,他真的信奉他所支持的法律非工具主义的观念。

公司律师为了更好地实现客户的利益,对库利的观点,以及像克里斯托夫·泰德曼(Christopher Tiedeman)和约翰·狄龙(John Dillon)这样有影响力的法学家的类似著作都了如指掌。[51] 许多法官都很容易被公司律师的法律请求所说服,这一点毫无疑问。但是,如果认为法官仅仅出于自利的动机则未免有些以小人之心度君子之腹。库利的观念是有说服力的,因为其他法官和法学家往往都和他想的一样。他们共享着一套"当时大部分普通民众共同持有的观念,特别是某些律师与生俱来的保守思想"[52]。无论是在美国还是在英国,在各个行业的精

---

[49] Quoted in Jones, "Thomas M. Cooley and Laissez Faire Constitutionalism", supra 767.
[50] Thomas Cooley, *Constitutional Limitations*, 6th ed. revised (Boston: Little Brown 1890) 335.
[51] See Benjamin R. Twiss, *Lawyers and the Constitution: How Laissez Faire Came to the Supreme Court* (Princeton: Princeton Univ. Press 1942).
[52] Id. 20.

英、知识分子和中产阶级之中,19 世纪都是自由放任思想发展的顶峰。[53] 在美国,社会达尔文主义的流行再次印证了这一点。

美国历史上的政治文化始终围绕着个人自由、平等、民主、资本主义以及对政府权力的恐惧等一系列自由观念加以展开。在他对美国政治思潮的考察中,理查德·霍夫斯塔特(Richard Hofstadter)确定了这种共识的核心:

> 在各种法律限制之下,私有财产的神圣性,对其进行使用和收益的私人权利,机会的价值以及自身利益和自我主张的自然演化,汇聚成一种有益的社会秩序,这已经成为美国政治意识形态核心信念中最为重要的部分……按照这种信仰运作的政治,其目的就是保护这个充满竞争性的世界,偶尔推动它的发展,弥补其偶然出现的错误,但却不会采取某种共同的集体行动来破坏社会的发展……
>
> 在现行宪法下发生的几乎全部美国历史都伴随着现代工业资本主义的兴起和发展。在物质力量和生产效率上,美国已经取得了巨大的成功。在这样一个良好的运转秩序下,社会具有一种无声的有机统一性。这种社会不会产生那些与基本的运行结构相抵触的理念。[54]

作为这一业已建立的秩序的必不可少的组成部分,法官以及法律精英都持有并信奉这种信念,而且以这种方式来看待法律。根据这种理解,那些对普通法进行解释和系统阐述以促进经济发展的法官们并非倾向于资本利益,而是促进建立在经济发展基础之上的公共利益。

主张政府不应干预市场的自由放任理念在美国具有坚实的

---

[53] See generally John Gray, *Liberalism*, 2nd ed. (Minneapolis: Univ. Minnesota Press 1995) Chap. 4.

[54] Richard Hofstadter, *The American Political Tradition: And the Men Who Made It* (NewYork: Vintage 1989 [1948]) xxxvii.

思想基础,在革命时期,人们普遍强调政治自由,但是由于这些思想的存在,人们开始逐步关注经济自由,而后者也开始登上美国政治舞台的中心。起初,人们只是对政治压迫进行抵抗,现在,人们开始对一切压制市场和经济活动的管制行动进行抵制。人们从一开始关注免于暴政压迫的政治自由,转而开始关注如何保障公民财产权利和契约自由权利不受侵犯、自由放任思想的核心在于:"个体——尤其是财产所有者——是社会和经济的最基本单位,追求个人利益的最大化是天赋人权,因为人们都有一种改善自己境况的天性。他是对自身利益最好的判断者,因而知道如何更好地运用自己的体力和财力……政府只是一个必要的恶,其功能仅仅在于保护自由和财产权。"[55] 根据自由放任理论,政府的恰当角色就在于"防止武力和欺诈,保护财产安全,并帮助人们履行合同。"[56]——除此之外,再无其他。

《社会达尔文主义》——赫伯特·斯宾塞(Herbert Spencer)和威廉姆·格雷厄姆·萨姆纳(William Graham Sumner)建立在达尔文有关自然选择的理念基础上的著作——在 19 世纪最后 25 年中影响甚大。斯宾塞是把其当作一本以自然生物学为基础的社会学著作发表的。自然的社会秩序同样包含了竞争,由此导致"适者生存"——现在人们都将这句话与达尔文联系起来,其实这句话是由斯宾塞最早提出的。在这一过程中的政府干预会限制社会的进步:

> [斯宾塞]反对国家干预社会"自然的"、不受阻碍的发展进程,这一坚定的立场使得他反对国家对穷人提供的任何帮助。他认为,这些穷人不适应社会的要求,应该被淘汰。"自然的全部作用就是淘汰掉那些不适应的人群,以

---

[55] Twiss, *Lawyers and the Constitution*, supra 8.
[56] L. T. Hobhouse, *Liberalism* (Oxford Univ. Press 1964[1911])49.

清理整个世界,并为适应者留下生存的空间。"自然是指在精神和身体上都要适应社会的需要,"根本的缺陷在于死亡面前人人平等"……根据自然规律,所有的人都要经受同样的考验。"如果他们确实足以生存,他们就会生存下来,而且他们也确实应该生存下来;而如果他们不适合生存,他们就会死去,最好他们也应该死去"。[57]

斯宾塞反对给穷人提供援助、公共教育、减税,以及所有超出维持社会秩序所必需的做法。

自由放任的思想和社会达尔文主义互相补充,相得益彰。它们是完全不同的科学、经济学和生物学的计划,都强调在竞争性环境和社会自然法的德政之下个人奋斗的重要性,政府对这种自然秩序的干预注定徒劳无益、适得其反。而且,这一对思潮还在美国强调个人自由和防范政府的自由理念当中找到了坚实的基础。这些理念彼此之间相互契合,并与当时的文化氛围水乳交融。

显然,这些理念之间的彼此融合对于19世纪末镀金时代的大资本家是非常具有吸引力的。约翰·D. 洛克菲勒(John D. Rockefeller)在一次演讲中这样说道:"一个大公司的发展不过是适者生存原则的体现而已……这在商业发展中并非一个可怕的趋势。这仅仅是自然法则和上帝律令的体现。"[58]商业领袖对社会达尔文主义任意加以解释,以为被其成功证明了的策略提供理论支持。

这些理念,与强调个人奋斗和对政府不信任的道德标准非常一致,而后者一直以来就是美国文化的特征,这些理念诉诸中产阶级的成员,这些人将自己看作是在生存竞争中的当然胜利者,他们将自己的相对成功归因于自己杰出的品质、能力和

---

[57] Richard Hofstadter, *Social Darwinism in American Thought* (Boston: Beacon Press 1992) 41(引注从略)。这项讨论得益于霍夫斯塔特的记述。
[58] Quoted in Id. 45.

勤奋的工作。而穷人的悲惨命运则被普遍看作是咎由自取。与这些理念相一致,为了解决当时突然发生的劳工争端,许多支持雇主的中产阶级同情地认为,这些组织的行动和要求对社会有害而无益。19世纪70年代的新闻报道中,就体现了这种谴责的态度:

> 工会违反了特定的、永恒的"自然和道德法则",阻碍了经济发展和资本的增值。《芝加哥时报》以另一种方式来评论那些挑战现状的工人:"人无远虑,必有近忧。这是不以立法者或者共产主义者的意志为转移的上帝律令。最适应环境的人方能独自存活,正如后来的结果所证明的那样,他们往往就是那些为了生存提前做好各种准备的人。"
>
> 工会和任何形式的劳工抗议,特别是罢工,都受到了谴责。《纽约时报》将罢工形容为"对长久以来业已形成的规律的破坏",尤其是供求关系规律。《纽约论坛报》(The New York Tribune)论及工会制度的弊端,克里夫兰领导者称之为"工会皇帝,当代最绝对的独裁者"。《芝加哥论坛报》坚持认为,罢工深深植根于人们的懒惰习性当中,这种懒惰习性对其工作和生产的效率影响至深。[59]

从自由放任的社会达尔文主义来看,工会被看作是致力于与社会和经济秩序的自然规律相抗衡的反社会努力,而这种努力会加速其衰落的步伐。中产阶级害怕这些行动会威胁到社会秩序以及自己历尽艰辛才得到的社会地位。当然,这并不是说就没有反对者,但是这些理念在世纪之交的时候却深入人心。

如果不关注这些理念,我们很难理解形式主义法官和法学家的推理和判决。它们形成了一个法官借以看待普通法、自然

---

[59] Herbert G. Gutman, "The Workers Search for Power", in *The Gilded Age*, edited by H. Wayne Morgan (Syracuse, N.Y.: Syracuse Univ. Press 1969) 50.

权利和宪法及其各自在政府体制内角色的背景支柱。这在下面一段詹姆斯·卡特(James Carter)所写的文字中有所体现,在本书第一章中,我们曾经将其演讲作为 19 世纪末非工具主义的例证加以引用:

> 这正是我一直坚持认为的——法律和立法唯一共有的功能,就是确保每个人一直都能得到最大的自由,同时其他人也可以享有同样的自由。自由,是对人最高的祝福,也是每个人灵魂的渴望,它本身就是最高的目的。任何对自由的限制都必须有一个理由,而唯一合适的理由就是保护自由的需要。任何对自由的保护都是正确的,而反之则是错误的。让每个人自己自由地去面对幸福和痛苦,承担其自己行为的结果,是人类行为的最佳方式。[60]

这一套理念深深地贯穿于法律文化之中。罗斯科·庞德将卡特的言论称之为"美国当代法学思潮的权威阐释"[61]。以下两章将通过这种根深蒂固的视角描述这种转变。

---

[60] James C. Carter, *Law, Its Origin, Growth and Function* (New York: Putnam 1907) 337.

[61] Roscoe Pound, "Law in Books and Law in Action", 44 *American L. Rev.* 12, 28 (1910).

第三章

19世纪的立法与法律职业

正如前两章已经证明的那样,尽管在19世纪末期人们对法律还普遍抱有非工具主义的观念,但是在此之前,法律工具主义的观念却在两个十分重要的领域已经站稳了脚跟。在这段时期内,人们完全用工具主义的视角来看待立法,不论是重要性还是数量上都大为增加;在一些重要方面,人们同样运用工具主义的视角来描述和认知法律实践活动。本章将要研究的是,立法和法律实践这两个对法律进行工具主义理解的领域,如何在20世纪形成并确立起一种更为普遍的法律工具主义观。

制定法和普通法之间的竞争

18世纪的英国,在此之前至少一个世纪的时间里,立法一直都是法律制定不断增长的渊源。但是,有关普通法的经典观点使得通过立法进行的法律创制活动难有立足之地。在普通法传统中,立法的恰当角色主要是宣示已经存在的习惯法(尽管它常常超过这一活动范围)。法理学家认为,普通法前后贯通、井然有序并且内容全面。立法活动对普通法的体系化和理性化的本质构成了挑战。[1] 法理学家将立法活动的重要性置

---

[1] See Grey, Langdell's Orthodoxy, supra 10, 12.

于普通法之上,仅仅因为普通法法官受过法律的理性科学精神的训练,而立法者则没有。而且,人们更为相信法官会忠实地发现民众的习惯。法官们公开反对立法频率和范围的增长,在每一个时代转折的关口他们都会提出这样的反对意见。

普通法和立法之间、法官(以及法律职业群体)和立法者之间重要性的地位之争,在英国和美国都各自持续了数百年的时间。在独立战争之后的一段时间里,这的确是法律发展的核心动力,如历史学家戈登·伍德(Gordon Wood)所言:

> 正如麦迪逊所预言的那样,保护私有财产和少数族群的权利免遭新成立的共和政府不断增长的公共权力的侵犯,最终会成为美国民主政治的最大问题所在。早在18世纪80年代,许多人就已经认为,在美国只有司法权是公正的,其可以摆脱私人利益的影响解决问题,保护人民的权利和财产免受多数人暴政的侵犯。人们认为,州立法机关,不应像殖民地议会习惯做的那样,'抛下州的重大事务,而着眼于私人事务,也不应介入争议各方的争端'。这种立法干预让人讨厌之处在于'会加剧社会业已存在的分化——一方期望议会能够这样做,而另一方则希望议会能够那样做'……这些努力开辟出了一个仅供司法权活动的领域,使得对于私人权利的裁决能够远离政治和立法力量的影响,这无疑促进了一个伟大的历史变迁,在这一变迁中,美国的司法权突然开始从殖民地时代的无足轻重,变为1800年最为重要的力量。通过司法权,立法机构的权力才得以受到控制和限制。[2]

立法机关立法活动急剧增长背后的力量是十分强大的。在独立战争期间深入人心的民主修辞导致对于选举权的普遍承

---

[2] Wood, *Radicalism of the American Revolution*, supra 322—323 (emphasis added).

认(妇女和奴隶除外),并大大促进了作为法律渊源的立法活动的增长。杰克逊平等主义所带来的民粹主义浪潮使得建国后出生的一代年轻人不再相信法官这一贵族阶级有权单独决定法律的面貌。之所以出现这种观念,原因之一在于要求各州法官支持选举(包括第一次选举和连任选举)的立法浪潮。另一种对普通法与立法相比日渐式微的解释是普通法法典化的运动兴起,这一运动在中世纪一度发展势头良好。

作为一种暂时有效的策略,法官强调,作为习惯和风俗的普通法体现了人民的同意,这使得普通法本身成为一种民主合法性的主张。据说,与普遍的社会做法不相一致的立法会形同虚设,遭到人民的排斥。而且,普通法的支持者还认为,立法也难以避免盲目性。法律规则是由立法者提前用概括性的语言加以制定的,对未来可能发生的境况一无所知,与更为谨慎地通过个案裁决的方式创制法律的普通法尤为不同。而且,立法也被人诋毁为是特殊利益和不可靠激情和意志的产物,相比于体现于普通法之中的理性和原则而言,立法更不被人们信任,并且受到更多的约束和限制。"对诸如财产权利和契约等问题所设置的法律限制会让这些问题远离民意、党派论争以及利益集团政治的相互冲突的影响。有些事情,包括界定财产和解释宪法的权力,都不会成为要由立法者加以解决的政治利益问题,而是仅仅要由法官决定的法律的'固定原则'的问题。"[3]

认为立法是一种法律渊源的人——其中最为著名的边沁及其追随者——通过指出普通法的缺陷表达了他们的立场。边沁通过对布莱克斯通著名的《英国法释义》一书进行的批评而声名鹊起,他将此书形容为对普通法进行理性化的一种尝试,却揭示了普通法异乎寻常的混乱。[4] 边沁主张,律师和法官故意

---

[3] Id. 324—325.
[4] See Jeremy Bentham, *A Fragment on Government* (Cambridge: Cambridge Univ. Press 1988).

把普通法弄得十分隐晦,以人为地维持他们的地位和利益。他认为,普通法实际上并不存在。"在这些语词(普通法)中你会找到一个名词,然后假装确实存在其所指称的事物:开始漫长的寻找——直到世界末日,也无法找到。"[5]作为对边沁的响应,美国改革者们在19世纪早期极力主张普通法裁决应当"去除其职业的神秘性"[6]。

根据边沁的观点,法律包括由执法官员对规则的强制执行。[7]制定和执行法律的目的应该是实现最大多数人的最大幸福。边沁提出了一种立法的功利主义科学,这种科学可以产生出一种清晰的、涵盖全面的、内在一致的法典,能够让每个人都能成为其自己的律师。

尽管边沁被认为是法律工具主义观念的重要先驱,但用直接的因果关系的语言过于强调它的重要性显然也是错误的。当他的观点为世人所熟知的时候,美国19世纪的法律和法理学家也同样认为他的学说过于理论化。[8]但边沁的工作仍然提供了一个十分重要的概念视角来透视立法、立法工具主义和法律实证主义之间的关联。法律实证主义是一种理论,这种理论认为,"法律"只是被公认的主权者所制定出来的所谓"法律"的东西,这就是人们所熟知的法律理论的"意志说"或"命令说";而法律工具主义则是这样一种观念:法律只是实现某种目标的工具或手段;立法是法律所能采取的最可接受和最高效的形式。他们以一种互相补强的形式加以结合。如果法律能

---

[5] Jeremy Bentham, "Bentham's Letter, Letter IV", in *Codification of the Common Law* (New York:John Polbemus Printer 1882) 3.

[6] Wood, *Radicalism of the American Revolution*, supra 323.

[7] See Jeremy Bentham, *Of Laws in General*: *Principles of Legislation*, edited by H. L. A. Hart (London:Athlone Press 1970).

[8] C. W. Everett, "Bentham in the United States", in *Jeremy Bentham and the Law*, edited by GeorgeW. Keetonand Georg Schwarzenberger (Westport, Conn. : Greenwood Press 1970) 188, 185—232.

够有效地实现目标,它在内容上就必须是开放的体系,必须能够根据认可的目标和预期的环境的不同而调整自身;对于以工具主义的方式随意塑造法律而言,立法是最好的稳定机制——能够决定法律的目标并制定具体的规则内容。

到 19 世纪末期,立法已经迅速取代普通法而成为越来越重要的法律渊源,无论从合法性理念上还是实际操作上均是如此。1908 年,当时最为杰出的法理学家之一罗斯科·庞德(Roscoe Pound)注意到(以一个法律实证主义者的眼光),"许多美国立法……都是建立在这样一个假设之上的,国家只要发出命令就万事大吉了……"[9]

这种有利于立法的势头转变并不仅仅因为其比民主合法性更有优势。传统的普通法概念,在抽象分析的模式中可能已经变得僵化过时,不再发挥作用,不再能够充分地应对由急剧变化的环境所产生的问题。如果不被法典化,普通法就会"阻碍社会进步"[10]。立法,根据庞德的观点,却可以解决这一问题:

> 在经过一段时期的立法活动之后,会产生出一些新的规则、新的基础,并最终形成一个体系化的原则体系,作为法律发展的崭新开端……下一步,在我们所处的这个通过立法发展法律的时代已经开始,就是法律活动开始苏醒这样一个现实。正如法理学家感觉到的那样,他们可能会通过立法者,通过法官或者学者来影响最后的结果。[11]

作为一个新时代开端的标记,庞德对立法大加肯定,并将其作为现在和未来法律创制的首选模式。

在这个时代,推动法律工具主义观念兴起的立法活动的主要动力,正是在立法机关和法院所进行的经济斗争。在 19 世

---

[9] Roscoe Pound, "Mechanical Jurisprudence", supra 613.
[10] Id. 616.
[11] Id. 612.

纪后25年之中,"美国法就是经济斗争中最重要的工具或武器,"历史学家劳伦斯·弗里德曼(Lawrence Friedman)写道,"这就意味着……法律可以作为强国(great power)的社会工具加以运用。"[12]

在世纪之末运用法律进行的斗争

作为最为活跃的法律渊源和法律改变模式,立法活动的兴起正处在社会剧烈冲突的核心地带。"在内战和19世纪末之间的这段时间,"历史学家埃里克·福纳(Eric Foner)注意到,"美国经历了有史以来最为深刻的经济革命之一,见证了若干次资本主义历史上最为激烈的劳资斗争。"[13]

19世纪初,社会和经济以小农场主、农业以及只在当地销售的家庭生产为主。到了19世纪末,城市地区开始人满为患,到处都是各种大规模的工厂。经济开始变得充分工业化,随着机械化和铁路的普及,经济开始快速发展。人们开始从大平原地区大规模涌向太平洋沿岸。土地投机买卖开始猖獗。美国赶上甚至超过了欧洲本来领先的经济地位。同时,商业贸易急剧增长,纺织工厂、煤矿、石油生产以及钢铁生产,都促进了国内和国际贸易的发展。在公司和一些有若干工厂的小型企业增加的就业,将曾经流行的家庭生产现象永久性地排挤到了经济活动的边缘。之前通过个别的立法授权而存在,现在则制定有关公司的一般性法律以使得创建公司变得更为容易,限制投资者的责任,减少准入资金门槛。支持大型商业企业的融资机制变得更为复杂。大规模生产和投资计划使得生活消费品变得更为低廉。经济繁荣与萧条的周期性循环开始出现。现代

---

[12] Lawrence M. Friedman, *A History of American Law*, 2nd ed. (New York: Touchstone 1985) 340.

[13] Foner, *The Story of American Freedom*, supra 116.

社会的最终形成可以说举步维艰。技术一直都在改变着人们日常生活的环境：电力照亮了城市的夜空；电报和电话则使得远距离的及时交流成为可能；机械有轨电车以及后来出现的汽车，使得城市可以拓展到更远的地方；飞机也即将问世。

一个与过去的经济生活有着巨大差别的社会正在逐渐形成，而这种经济生活正是普通法赖以建立的基础。在这之前，侵权法只是普通法的一部分。而在这一时期，铁路事故每年都会造成数千人的死伤，工业事故所造成的死伤人数还要更多。大型公司掌控着无数雇员的生存，形塑着消费者的品位和购买倾向，控制着城镇和大城市的经济命脉，与政府力量形成了某种竞争，甚至在某些方面还超过了后者。人们有关习惯的观念在这样的环境下已经无可挽回地变得过时，自然原则对此也爱莫能助。一直长期存在的普通法观念正在变得既不相关，也不足以应对眼前的一切。[14]

在经历了19世纪70年代和90年代的严重大萧条之后，有着不同经济利益的各个团体之间的冲突开始出现并日益有组织化，剧烈程度也在逐渐加大。这种斗争大部分都发生在法律领域。[15] 债权人和债务人、抵押人和受押人、雇主和雇工、城市利益和农村利益、工业和农业部门、大型信托或商业企业集团和政府之间的斗争在立法机构和法院不断上演，霍夫斯塔特（Hofstadter）形象地描述了这个时代的景况：

> 正如民粹主义者所经历的那样，这场斗争的严酷程度，社会中间团体和妥协方案的缺位，财阀集团的残暴和由此导致的绝望——所有这些都表明，人们期望和平取得最后胜利愿望的失败在经过一段时期的流血屠杀和专制统治之后，只会带来统治者的全面胜利以及民主制度的全面消

---

[14] See William Wiecek, *The Lost World of Classical Legal Thought* (New York: Oxford 1998) 246—250.

[15] See Friedman, *The History of American Law*, supra 237—370.

亡,"我们即将面临一场严重的危机,"韦弗(Weaver)宣称,"如果在财富的所有者和财富制造者之间的紧张关系仍然保持现有的状态,迟早会爆发严重的灾难。这一普遍的不满一定会被迅速地加以解释,而其真正的原因则会被搁置一旁。"1892年的民粹主义宣言提出,"我们的国家正处于道德、政治和物质崩溃的边缘。选举过程、立法机构、国会都充满腐败,……"[16]

这种斗争已经不是第一次发生了。但是,这次有所不同的是,法院开始在19世纪末有了更大的自治权力,而且在行使这一权力的时候更加果断。

19世纪末和20世纪初在经济利益方面的竞争"锻造、统治和形塑了美国的法律"[17],弗里德曼(Friedman)注意到了这一点。一个在立法机构失败的人到法院希望再次挑起斗争,反之亦然。劳工禁止令的历史为这种根据和通过法律来回不断的斗争提供了一个典型的例证。为了防止或破坏罢工,雇主恳求法官在劳动争议中颁发禁止令。[18] 法官们倒也乐于接受此种请求,利用法院"固有的"衡平权力去颁发禁止令以避免这种对于财产利益的无法弥补的损害。根据一项研究,"在19世纪80年代法院大概颁发了105份劳动禁止令,90年代则颁发了大概410份,20世纪头10年颁发了850份,20年代颁发了130份"[19]。未能停止罢工的工会领导(他们甚至缺乏权力去控制罢工)因而会被法官以藐视法庭罪被传讯并被投入监狱。[20] 在

---

[16] D. Hofstadter, *The Age of Reform* (New York: Vintage Books 1955) 66—67.
[17] Friedman, *History of American Law*, supra 339.
[18] See David Bicknell Truman, *The Government Process* (New York: Knopf 1951) 497.
[19] William Forbath, *Law and the Shaping of the American Labor Movement* (Cambridge, Mass.: Harvard Univ. Press 1991) 193.
[20] See Friedman, *History of American Law*, supra 556—557.

工会的要求下,州立法机构制定了反禁止令的法律以停止司法干预,但是法院却宣布25个这种法律无效,即使是那些有效的法律也被严格地加以解释。[21] 1914年,联邦克莱顿法案通过,这部法案明确规定劳动禁止令只能适用于最为必需的情况;但法院仍然十分顽固地坚持不受任何限制地颁发劳动禁止令。[22] 立法机构和法院之间进行的这种拉锯战持续了数十年的时间。

司法审查权赋予法官以优势的地位。尽管理论上这一权力只能运用于对宪法限制的违反,州和联邦法院却扩大了其适用的范围。[23] 通过援引契约自由和财产权,援引正当程序条款、贸易条款、平等保护条款以及运用普通法原则,有时仅仅是提供一些有关理性和自然正义的模糊依据,州和联邦法院就开始在19世纪80年代以及此后的数十年时间里不停地宣布立法无效,特别是那些有利于劳工的立法。一项研究发现,67个有利于劳工的立法在这段时间内被法院宣布为无效,而只有26个法案得到了支持。[24] 其中大多数的无效宣告都是由州法院作出的,但是美国联邦最高法院也十分积极。"根据一项统计,在1898年前的这段时间里,联邦最高法院总共宣布了12项联邦法律和125部州法律无效,而在1898年之后的一段时间里,这个数字又翻了三倍,50部联邦法律和400部州法律无效。"[25]

问题并不在于这些法院的做法损伤了立法政策的主动权;问题在于,这种做法耽误了时间而且又一次站在了保护资本利

---

[21] Forbath, *Law and the Shaping of the American Labor Movement*, supra 151—152.

[22] See Lawrence M. Friedman, *American Law in the 20th Century* (New Haven: Yale Univ. Press 2002) 74—77.

[23] See e.g. Hepburn v. Griswold, 75 us 603(1870); see also William E. Nelson, "The Impact of the Antislavery Movement Upon Styles of Judicial Reasoning in Nineteenth Century America", 87 *Harvard L. Rev.* 513, 530—531(1974); Wiecek, *Lost Word of Classical Legal Thought*, Supra 100.

[24] Wiecek, Id. 133 (引注从略)。

[25] Id. 135 (引注从略)。

益的一边。这些裁决明显是出于维护富人利益的立场故意阻碍法案通过。联邦最高法院大法官斯蒂芬·J.菲兹(Stephen J. Fields)在一个案件中集中表达了对这一观点的支持:"现在对于资本的攻击只不过是一个开始。它只是一个有着其他更大、更为宏观目的的垫脚石而已,直到我们的政治斗争最终变成一场穷人针对富人的战争——这场战争将会变得越来越紧张和残酷。"[26]

霍姆斯大法官在其1897年所写的一篇《法律的道路》著名文章中,描述了这一通过立法机构不断上演的阶级斗争的面貌:

> 当人们开始谈论社会主义的时候,既得利益阶级感到非常恐慌。我怀疑,这一恐惧在我国和英国都对司法活动产生了实质性的影响,但是可以肯定的是,在我所谈及的裁决中,这一恐惧却非法官考虑的因素。我认为,有些类似的东西使得那些不再希望控制立法的人们开始期望法院去解释宪法。在某些法院,在这些工具之外也发现了一些新的原则……[27]

为什么形式主义的法官会攻击立法

法律形式主义被认为是破坏社会福利立法的法院判决背后的罪魁祸首,因而饱受抨击。关于形式主义的早期论述可以在庞德1908年写的《机械法理学》一文中找到。庞德开篇即抨击了当时把法律看作是抽象的和逻辑科学的观点。"法律并非为

---

[26] Pollock v. Farmers' Loan and Trust Co., 157 US 429, 607 (895)(菲兹的反对意见)。

[27] Oliver Wendell Holmes, "The Path of the Law", Harvard L. Rev. 457, 467—468 (1897).

了科学而科学。"[28] 他严厉谴责了这一观点的支持者,称这一观念为"概念法学"[29],因为这种观点强调从法律的假定教条出发进行逻辑推理,而很少关注其可能产生的社会后果:

> 概念法学早晚会衰落下去。概念是僵化的。前提也不会受到质疑。人们可以从这些前提经过简单的推理得到任何结论。原则不再重要。法律也成为规则的集合体。这正是一些社会学家所反对的情况,而且这种反对很有道理。[30]

> 我们已经成熟的判例法体制要求一个相当发达的制度,判例法无法回应日常生活的重大需求,大量的例子都证明了这一点。[31]

庞德以 *Lochner v. New York* 案[32]作为形式主义推理缺陷的例证,这是一个在美国法律史上臭名昭著的判例。纽约立法机构为面包师规定了一天不得超过10个小时、一周不得超过60个小时的工作时间的限制。法院宣布该法案无效,理由是:"这是对个人契约自由的不合理、不必要的粗暴干涉,雇工完全有自由签订这样一个在他看来没有不妥之处,而且对于养活他自己和他家人来说非常必要的工作合同。"[33]将这样一份裁决建立在抽象的契约自由基础之上,法院忽视了这样一个现实:面包师其实根本没有讨价还价的自由——他们必须承担由雇主强加在他们身上的工作条件,否则就无法得到这样一份工作。霍姆斯大法官发表了一份至今仍然影响深远的异议意见,使得最高法院的多数派观点在他们运用自由放任的经济思想解释宪法的时候出现了不同的声音。

---

[28] Pound, "Mechanical Jurisprudence", supra 605.
[29] Id. 611.
[30] Id. 612.
[31] Id. 614.
[32] *Lochner v. New York*, 198 US 45(1905).
[33] Id. at 56.

任何对所谓形式主义的概括都必须经过深思熟虑,必须弄清这一标签本身所具有的、被批评者所添加的、蔑视法官的偏见。一项对裁决该案(Lochner)法院的研究揭示,被冠之以"形式主义"标签的法官对同一类观念也并非总是立场一致,也并不会固守一种法律推理的模式。[34] 然而,"形式主义"的特征却成为一个在此后的讨论中经常会被提到的用语。

由于有了上述限制,关于法律的形式主义观念可以被简化为两个核心观念:概念形式主义和规则形式主义。前者是指:法律概念和法律原则,比如财产所有权、契约自由,以及侵权责任,都有一些必要的内容,彼此之间都存在着一定的逻辑联系,这些联系都可以通过构成一个一贯的、内在一致的、全面的法律制度的理性方式加以辨别。而规则形式主义则是指:法官可以运用法律规则体进行"机械的"推理,以发现每个个案的正确答案。

概念形式主义——认识到这一点非常重要——一直以来都和法律的非工具主义观点如影随形,因为这两者都将法律的内容看作是在某种程度上预先确定的。但是,规则形式主义则与法律的非工具主义观有所不同。普通法的非工具主义观涉及对法律原则和概念的本质内容的总结,而规则形式主义则是对于司法裁判过程的描述。

19世纪末期,出于前几章所说的理由,法律精英阶层确信:"国家的唯一功能就是保护财产和执行契约;否则,按照经典的经济学原理,国家就必须退出,以免阻碍自然秩序发挥其有益的影响。"[35] 以现在的眼光来看,洛克纳(Lochner)及其他类似案件的裁判逻辑都是十分荒唐的,使人们开始对法官的错误信念产生怀疑。但是,历史学家和理论学者在过去的20年时间

---

[34] See Walter F. Pratt, "Rhetorical Styles on the Fuller Court", 24 *Am. J. Legal Hist.* 189 (1980).

[35] Wiecek, *Lost World of Classical Legal Thought*, supra 260.

里,已经开始强调形式主义(两种意义上的形式主义)构成了一种对法律和法律原则真诚而清晰的信仰。[36] 对于当时法律意识的研究发现了一个"在世纪初非常普遍的真实现象:由抽象命令所产生的强制力,会通过一种非裁量的方式产生特定的结果,这一过程客观公正且与政治无关"[37]。形式主义思维在19世纪最后25年中渗透进了许多领域,当时自然科学的声望正如日中天,并且提供了一种其他知识体系可以迎头赶上的模式。哲学、伦理学、经济学和社会科学,都强调内在的一致性、逻辑性、抽象性、类型化、不变的法则或永久的模式和秩序,而对于现实世界则常常漠不关心。[38]

而且,由于前面所说的诸种理由,在一个民主社会中,法官创设的普通法的合法性在19世纪中变得更不稳固了。不论是概念形式主义还是规则形式主义,都以不同的方式重申,法官无权造法。约翰·杜威描述了19世纪晚期裁判的形式主义风格,法官正是利用这种风格支持法官造法的合法性:

> 正是由于个人因素无法被完全排除,而同时裁判又必须假设尽可能地是非个人化的、客观的和理性的形式,这种诱惑就必须抛弃最重要的逻辑,而实际上人们正是根据

---

[36] See Duncan Kennedy, "Toward an Historical Understanding of Legal Consciousness: the Case of Classical Legal Thought in America, 1850—1940", 3 *Research in Law and Soc.* 3 (1980); Robert W. Gordon, "Legal Thought and Legal Practice in the Ageof American Enterprise, 1870—1920", in *Professions and Professional Ideologies*, edited by Gerald L. Geisen (Chapel Hill: Univ. North Carolina Press 1983). See generally Gary D. Rowe, "*Lochner* Revisionism Revisited", 24 *Law&Soc. Inquiry* 221 (1999); Jack M. Balkin, "'Wrong the Day it Was Decided': Lochner and Constitutional Historicism", 85 *BostonU. L. Rev.* 677 (2005); Stephen A. Siegal, "The Revision Thickens", 20 *Law & Hist. Rev.* 631 (2002).

[37] Kennedy, "Toward an Historical Understanding of Legal Consciousness", supra 3.

[38] White, *Social Thought in America*, supra; Richard Hofstadter, *The Progressive Historians* (New York: Vintage 1970) 183.

这种逻辑才得出最后的结论,在表面上看是非常严密的,而且给人以十分确信的假象。[39]

但是,当代普通民众以及当时进步党所具有的传统智慧,都认为形式主义法官故意迎合资本利益,我们可以找到强有力的证据证明他们心里想的正好与之相反:他们非常警觉地仍然忠于不应立法保护特殊利益的共和理念。[40] "这种更古老的传统坚持认为,立法必须提升普遍的福利,而不是某个集团或阶级的利益。"[41] 杰克逊对特权的厌恶是一个指导原则。库利(Cooley)极力拥护这样一种观念:"阶级立法"是为宪法所禁止的。他所著的《宪法边界》这本书中一篇经常被法官所引用的文章也强调了这一点:

> 如果一项为特定阶层专门制定的规范,本质上是完全随意的,内容上又以某种方式预先限制其权利、特权和法律行为能力的话,尽管该规范是普遍适用的,但是否能够一直维持其效力却是大有疑问的。在这些方面作出不同的规定必须有一定的理由,是这些理由让这些不同的规定显得如此重要。比如婴儿和精神病人能力的缺乏;如果立法应当规定,从事某些特殊行业的人不应有权订立合同,也不能从事运输,也不能像其他正常人一样建造房屋……人们几乎不会怀疑,这样做会超出立法权力的正当界限,甚至也不会和宪法规定相冲突。那些被禁止像其他人一样获得或享用财产的人或阶级会被剥夺他或他们"追求幸福"

---

[39] John Dewey, "Logical Method and Law", 10 *Cornell L. Quarterly* 17, 24 (1924).

[40] 一项有力的历史研究证明了这一点。Howard Gillman, *The constitution Besieged: The Rise and Demise of Lochner Era Police Powers Jurisprudence* (Durham, N.C.: Duke Univ. Press 1993).

[41] Wiecek, *Lost World of Classical Legal Thought*, supra 267.

这一最为重要的自由。[42]

这就是洛克纳(Lochner)一案的裁判逻辑。试图保护所谓弱势群体的家长式立法,只有在传统上被认为是无能力的情形下才被允许(婴儿和精神病,有时是妇女和儿童)。以这种方式对待面包师是贬低他们的身份并践踏他们的自由。人们认为,这种立法通过禁止他们以自己认为合适的方式和条件出卖劳力,将雇员当作奴隶一样对待。[43]

形式主义法官将所有形式的阶级立法都看作是对必须直接拒绝的法律的一种威胁。[44] 能够真正提升公众利益的立法是非常好的。"政府对于经济事务的管制……在下列情况下应该是无效的:国家以超出其固有界限的权力去帮助某些人以损害他人的方式获益,而不是提升真正的公众利益去使整个民众受益。"[45] "19 世纪的法院并未反对所有对于经济活动的管制,而只是反对政府对于市场联系的干涉……'阶级'或'偏向'型立法;在他们看来,也就是仅仅提升特定群体或阶级狭隘利益而不是普遍福利的法律。"[46]

所有法官都以一种并非总是有利于资本利益的方式在运用他们的原则。[47] 比如,法官使得那些由自治市政府出面资助铁路建设的努力无效。法院推理认为,根据"公共目的"原则,运用税收和支付能力的方式直接提升私人利益的做法是不被允许的,即使在可能间接有利于公共利益的情况下也是如此(城镇居民需要铁路服务,如果他们能够承受初始成本的话就能够如愿)。在密西根州最高法院攻击这类立法的判决书中,库利(Cooley)写道:

---

[42] Cooley, *Constitutional Limitations*, supra 434—435.
[43] See Foner, *The Story of American Freedom*, supra Chap. 6.
[44] See Friedman, *History of American Law*, supra 361—362.
[45] Lawrence Tribe, *American Constitutional Law*, 2nd ed. (Mineola, N. Y.: Foundation Press 1988)564.
[46] Gillman, *The Constitution Besieged*, supra 7.
[47] See Jacobs, *Law Writers and the Courts*, supra Chap. 4.

但是当我们审查税收权力,以期查清何种负担可以被加诸公众时,我们立即注意到,必要性并非主要的考虑因素,在许多情况下,它甚至与提出的问题很少或者根本就没有任何关系……对于一个文明社会而言绝对必需的那些特定事项,国家已经通过法律规定预先解决了,要么通过重述宪法规定的方式,要么通过解释这些规定必要含义的方式;这些规定完全被用以培养对私人企业和私人慈善的关注……特定的行业和工作同样十分重要,但是我们没有权力去动用公共资金去引导人们从事这些行业。在某种意义上,这种必要性和提供这种必要性去达到"公共目的"都是必需的;但是这却不是税收权本身应该追求的目的。[48]

总体而言,这些法官的世界视角是由自然权利、自由市场、竞争性斗争的自然秩序以及只为公共福利而运作的有限政府权力等部分所组成的。许多法官,包括库利(Cooley),都接受为了公共目的而对企业实施管制的正当性,在这个意义上,他们都不是教条的自由市场论者;有助于提升特定利益的立法是他们的目标。当大法官们被健康或安全的利益说服的时候,社会福利立法就会经受住挑战,在过去很长一段时间里就是如此。

根据这种解释,那些使支持雇工利益的立法无效的形式主义法官,至少在他们自己看来,是在有意地保持一种中立的立场,不是支持资本,相反,却是偏向于维护劳工的利益。然而,毫无疑问,法官很清楚,资本利益在许多情况下都会得益于他们的裁判。许多时候他们也积极地追求这种结果,这一点也的确是事实。从法律的立场来看,这一点倒并不会让人感到十分不快:首先,因为他们认为,他们只是适当地履行法律的要求而已(宪法和普通法原则);其次,因为在当前流行的各种观念中,

---

[48] 20 Mich. 452, 483—484(1870), quoted in Jacobs, *Law Writers and the Courts*, supra 117—118.

只有降低经济发展的速度才能促进总体福利,而要做到这一点,就必须解除竞争性的资本主义。

形式主义的法官将自己看作英雄,他们成功化解了特殊利益立法对于法律本身正直性所带来的威胁。他们并没有为他们裁判中的反民主倾向感到特殊的困扰。首席大法官富勒在判决意见里宣布联邦所得税无效,宪法"对此明确规定以防止政府肆意剥夺人民财产"[49]。法官只是在履行他们的宪法职责而已。这种观点在约翰·菲利普(John Philips)法官于1905年发表的演讲中体现得非常明显。在这篇演讲中,他猛烈抨击了当时立法活动的膨胀,就像是一个"不断增长的梦魇",在这些立法活动中,"人们被鼓励相信,国家和社会每一种假想问题都可以在立法中找到解决方案"[50]。"立法者力图满足这些利益团体和社会等级的各种不合理要求……"[51]"一定要对那些法官表达痛苦,他们有义务就立法的合法性发表意见!"[52]这就要求法官有巨大的勇气,"他必须向那些愤怒的情绪低下自己尊贵的头颅……立场坚定,维护法律的最高权威"[53]。在菲利普看来,法官是在维护那些依据宪法制定的法律的正直性。法官"只能采取鸵鸟政策,对外界反映不闻不问,他知道这是在履行启蒙意识所赋予他的责任"[54]。

法院保留了这些看待法律世界的传统方式,但是,在世纪之交的时候,这些观点还是迅速发生了变化。[55] 概念形式主义和规则形式主义分析的僵化模式(法官注意到这一点部分是因为其合法性基础开始动摇,部分是因为将法律作为科学看待的僵化影响),已经严重束缚了它们改变年代久远的普通法以适

---

[49] *Pollock v. Farmers Loan and Trust Co.*, 157 U.S. 429,583 (1895).
[50] John Philips, "The Law and Lawyers", 17 *Green Bag* 433,437 (1905).
[51] Id.
[52] Id.
[53] Id.
[54] Id.
[55] See Pound, "Law in Books and Law in Action", supra.

应社会和经济变化的任务。精英的律师和法官的保守观点,表达了他们对于财产保护的忠诚,这要归功于他们未能改变法律以适应新的社会和经济现实。在大型机构和集体行动的兴起成为主要的社会和经济特征的时候,法官仍然继续支持能够自圆其说的个人主义哲学和财产权利。

19世纪90年代发生的严重经济萧条,引起警察和私人保镖剧烈反应的罢工和骚乱,坦慕尼协会(Tammany Hall-type)金钱政治的腐败,衣着艳丽的强盗资本家对法律的玩弄,所有这些都在世纪初被那些专门揭发名人丑闻的媒体揭露了出来,这些都让中产阶级更为同情劳工阶层。总体而言,城市社会里,每个人都是大型公司和政府机构里微不足道的一个螺丝钉,或者在一个毫不起眼的小公司里工作,只是为了通过努力工作而让自己的生活能够有所改善,每个人都被各种力量和机构裹挟碰撞,而完全无法控制。这种个人主义的自由市场普通法观念一旦用大部分人的生存状况来加以衡量,就会显得十分荒谬。在周围现实和法官的话语和裁判之间存在的显著对比使得这些问题得以暴露,并准备接受批判。

19世纪法律职业群体所持的工具主义观念

对律师贪婪本性的批评又开始回潮,这在1593年的英国曾经发生过:"律师们……冷酷地处理着穷人的事务,他们不公正地执行法律,贪婪地收受贿赂,因此,司法过程充满了不正当的因素,穷人更为贫穷,很多好人因此受到伤害。他们尊重他人而不是诉讼;尊重金钱,而不是穷人;尊重报酬,而非良心。"[56]几百年来,人们一直都在说,律师为了他们客户和自己的利益把法律

---

[56] Quoted in Marc Galanter, *Lowering the Bar: Lawyer Jokes and Legal Culture* (Madison, Wisc.: Wisconsin Univ. Press 2005) 3. The quote was taken from E. W. Ives, "The Reputation of the Common Lawyers in English Society, 1450—1550", 7 *Univ. of Birmingham Historical J.* 130 (1960).

当作工具加以利用。这如何与我们在第一章所提出的对于法律的非工具主义描述保持一致的呢？

法律精英阶层在对普通法的赞美行动中的一个重要目的，就是说服公众接受法律中所包含的神圣性、客观性、社会价值以及公正性。他们内心也有一个更为贴心的听众。有许多这种描述都是在对律师界和法律毕业生发表的演讲中提及的：他们被推荐给律师和法官去致力于维护法律尊严的高尚行动中去（以及他们共同的生计）。我们之前曾经援引过的，卡特1890年向律师界发表的支持法律非工具主义观念的演讲，明确承认了公众对于贪婪律师和腐败法官的痛恨情绪。

对律师群体的抱怨在美国历史上一直和这个职业如影随形。"在独立战争前夕，弗吉尼亚人在报纸上就律师是否是在从事着一项'卑下的、唯利是图的买卖'，并涉嫌'轻微盗窃'展开了激烈的辩论。"[57] 根据历史学家查理斯·沃伦（Charles Warren）[58]的研究，对这个法律职业的最低限度的尊重是在独立战争期间和之后这段时间（尽管在这段时间律师表现得非常出色）。在对这一职业充满鄙视的社会氛围中，1786年，奥尼斯特（Honestus）出版了有关贪婪的、追逐利益的律师操作法律程序以谋取自身利益的小册子。[59] 他建议，这个法律职业应当被废除。1786年，波士顿市外的布雷茵特里要求立法机构"要制定这样一些法律以消除或者至少对律师群体的职业操守进行恰当制约或限制……"[60] 另一个被激怒的城镇则宣称"对于

---

[57] Wood, *The Radicalism of the American Revolution*, supra 107.

[58] Charles Warren, *History of the American Bar* (Boston: Little Brown 1911).

[59] Honestus [Benjamin Austin], "Observations on the Pernicious Practice of the Law (1786)", reprinted in Dennis R. Nolan, *Readings in the History of the American Legal Profession* (Charlottesville, Va.: Michie 1980) 93—95.

[60] Warren, *History of the American Bar*, supra 215; also Gerard W. Gawalt, "Sources of Anti-Lawyer Sentiment in Massachusetts", 1740—1840, 13 *Am. J. Legal Hist.* 283 (1970).

律师职业操守几乎普遍存在着类似的抱怨"[61]。马克·加兰特（Marc Galanter）总结了当时人们对于律师职业的普遍看法：

> 人们对于律师这个群体普遍存在着一种强烈的偏见，该群体的成员被指责为强盗、天生的骗子、小偷、饶舌之人、油嘴滑舌的无赖……1789 年 3 月，在费城制宪会议召开两个月前，未来的总统约翰·昆西·亚当斯（John Quincy Adams），当时还只是哈佛的一个学长，在学院"会议"上发表了一次演讲："这个法律职业在民众愤怒的巨大压力之下；它被指责为使这个共和国饱受困扰的罪魁祸首。"[62]

关于这段历史时期对律师不满的夸张情绪有几种不同的解释：战后对英国普通法和律师的仇视[63]，这段时期律师的主要业务包括追讨债务和财产恢复[64]，引起了广泛的不满[65]，法律精英寡头主义通过控制那些之前根本不需要律师的活动来扩展收入途径，同时也为执业建立了壁垒，人们对此颇为不满；并且担忧律师占据了大量公共职位。[66] 杰斐逊式的民主思想使得对于普通法的司法控制更加缺乏合法性，杰克逊平等主义思想中的民粹主义让各种类型的精英都变得值得怀疑，特别是法律精英，这些都加剧了人们的不满。[67]

民众对律师、法官和普通法的不满表现在各个方面。大部分州都通过立法要求法官必须由民选产生。立法同时还降低了之

---

[61] Warren, *History of the American Bar*, supra 215.
[62] Galanter, *Lowering the Bar*, supra 4—5（引注从略）。
[63] Gary B. Nash, "The Philadelphia Bench and Bar, 1800—1861", 7 *Comparative Studies in Societyand History* 203, 209 (1965).
[64] Warren, *History of the American Bar*, supra 214.
[65] Roscoe Pound, *The Lawyer From Antiquity to Modern Times* (St. Paul, Minn.: West 1953) 179—180.
[66] Id. 227—229.
[67] Id. 232—242. See also Wood, *Radicalism of the American Revolution*, supra 271—286.

前法官的积极作用。并通过重述和法典化努力使法律得以简化（这遭到了律师界的强烈反对，因而未成持续）。[68] 民众有权代表自己出庭。为了打破律师的垄断，律师准入的行业标准在许多州都被降低；[69]纽约州制定法律规定，任何"品行良好"的公民都可以进入法律领域执业，甚至不需要经过法律训练[70]（后来这一规定被州高等法院宣布为无效）。敞开法律执业领域的大门同时也是新汉普郡、缅因州、威斯康星州和印第安纳州的立法要求。[71] 反过来，律师们则指责这些立法降低了准入门槛，使得整个行业的水准开始下降："许多人成为律师就是为了通过欺骗或伎俩来牟利。这些都伤害了律师界的道德形象，破坏了其良好的声誉。"[72]"19世纪的上半世纪的历史证明，法律职业的权力和自治正在被稳步和坚定地降低。"[73]

在整个19世纪，以及20世纪初，法律不断被观察者描述为一种商业活动。[74]"尽管你们没有让自己显得像个司法官员"，改革者弗里德里克·鲁滨逊（Frederick Robinson）1832年谈到律师业的时候说，"但是你们仍然只不过是个商人，或者说，和其他人一样是靠法律谋生的人而已……"[75]1850年印第安制宪会议上演讲者评论说，"法律程序的'设计非常精巧，以

---

[68] Warren, *History of the American Bar*, supra Chap. XIX.
[69] Nash, "Philadelphia Bench and Bar", supra 208.
[70] See W. Raymond Blackard, "The Demoralization of the Legal Profession in Nineteenth Century America", 16 *Tennessee L. Rev.* 314（1940）.
[71] Pound, *Lawyer From Antiquity to Modern Times*, supra 231.
[72] Unidentified author, "Admission to the Bar", 4 *Albany L. J.* 309, 309（1871）.
[73] Nash, "Philadelphia Bench and Bar", supra 213.
[74] Maxwell Bloomfield, "Law vs. Politics: The Self-Image of the American Bar（1830—1860）", 12 *Am. J. Legal Hist.* 306（1968）.
[75] Frederick Robinson, "Letter to the Hon. Rufus Choate Containing a Brief Exposure of Law Craft, and Some of the Encroachments of the Bar Upon the Rights and Liberties of the People" 14—15（1832）, quoted in Gawalt, "Anti-Lawyer Sentiment", supra 291.

此赚取金钱,欺骗民众。'"这显然是当时非常流行的观念。[76]在1873年的毕业演讲中,赖安(Ryan)大法官对法律是一种"商业活动"的流行说法提出了不同意见。在1904年出版的《当今律师》这本书中,一位优秀的律师如此评论:"我们经常听到别人说,这个职业已经商业化了。"[77]一篇律师撰写的发表于《耶鲁法律杂志》上的题目为《法律职业的演变》的文章,对此感到非常惋惜,"法律执业活动已经被商业化了。它已经从一种职业演变为一种商业活动,而且是一种很浮躁的商业"[78]。法律实务已经不再是有关司法的活动,他写道,而是将如何吸引客户作为一种挣钱的手段。在1914年的一次名为"法律的机遇"的演讲中,路易斯·布兰代斯(Louis Brandeis)批评律师"让自己成为大公司的附庸,而忽略了自己运用权力保护民众的责任"[79]。一份出版于20世纪30年代的非常出色的百科全书中的"现代法律职业"词条中这样总结:"在历史上,律师曾是法庭的助手,因此也是司法活动不可或缺的主体。但是现在律师一词所获得的含义却是受雇于当事人,然后运用法律所提供的方法增进其利益。"[80]

民众的抱怨,或者律师关切的表达,法律实务已经变成了不择手段的商业活动这一事实显然已经是美国历史上的一个持续的现象。弗里德曼(Friedman)在不同的时期都曾表示,美国的律师极力争取商业机会,尽力寻找和保持所有能够找到的

---

[76] Pound, *The Lawyer From Antiquity to Modern Times*, supra 240—241.
[77] Lloyd W. Bowers, "The Lawyer To-Day", 38 *Am. L. Rev.* 823, 823 (1904).
[78] G. Bristol, "The Passing of the Legal Profession", 22 *Yale L. J.* 590, 590 (1912—1913).
[79] Louis Brandeis, The Opportunity in Law, in Business-A Profession 337—339 (1933), quoted in Robert W. Gordon, "The Independence of Lawyers", 68 *Boston Univ. L. Rev.* 1, 2 (1988).
[80] A. A. Berle, "Modern Legal Profession", *Encyclopaedia of the Social Sciences*, vol. 9, edited by Edwin R. A. Seligman (New York: MacMillan Co. 1933) 340—346.

挣钱机会。并非所有人都认为把法律看作是一种商业活动是有害的。奥利弗·温德尔·霍姆斯(Oliver Wendell Holmes)那篇著名的毕业演讲《法律的道路》,就明确将法律职业定位为一种律师就其所要采取的行动可能产生的法律后果而为人提供咨询并因此收取报酬的商业活动。霍姆斯极力主张"对这一问题要采取商业般的理解";并自豪地宣称"法律是其终身致力的一项商业活动"[81]。

当法律实务被作为商业活动的时候,法律工具主义的另外三个含义就被揭示了出来。首先,从律师的角度看,法律实务和其他工作并无本质区别,只是获得经济利益的一种方式而已。其次,律师将其角色定位为为客户提供法律帮助的服务者。最后,律师对法律规则进行一种工具主义式的整理、辨别、解释和讨论,以实现他们客户和自身的目标。

法律工具主义的这几个方面中的任何一个在对律师的抱怨中都体现了出来。律师是最容易受到攻击的对象,因为这个职业固执地否认实务过程中的十分明显的商业元素,还因为律师集体地运用公共权力,声称是人民公仆,但却为了自己和客户的私人利益而工作。律师这一商业角色非常特殊,它兼具公私两方面的属性,一个法律制度占据了社会中的一个特殊位置,作为统治规则的强制性的制度;律师则在一个法律制度中通过垄断法律服务的提供(律师)以及垄断最终决策者(法官)而占据了一个特殊位置。律师运用这种垄断去谋生,并让他们的雇主受益。律师和法官不断地指出法律的公共面以支持他们的行为,但是他们的行为让批评者感觉到的却是利用公共权力去提高他们的私人利益。

这种制度的对抗制结构之所以具有正当性,是因为律师和法官可以平息法律的这种两面性。两者之间的联系在赖安大

---

[81] Oliver Wendell Holmes, "The Path of the Law", 10 *Harvard L. Rev.* 457, 459, 473 (1897).

法官1873年发表的演讲中表现得非常明显,律师的工具主义以某种神秘的方式产生了非工具主义的法律:

> 想清楚打官司的益处是律师的事情,在他拿着聘用定金提起诉讼的时候。但是一旦他拿到这笔钱,就不会再有犹豫,而是勇往直前。在法庭辩论中,总有一方当事人是理亏的;甚至双方当事人理由都不充分。但是,这并不意味着律师收了诉讼酬金就损害了司法活动。在一些疑难案件中,律师既没有责任,也没有权力决定最后的结果。这是法院的事情。只有诉讼结束后的最后裁决才能够判定谁是正确的。这是一种很自私的辩论,一个执业律师应当把所有的事情都看成不确定的,真相的所有方面都有待证实,所有观点都是存疑的,直到最后经过诉讼严峻的考验而得到证实。甚至通过双方全面的证据展示和法庭辩论,在利益和感情的法庭辩论中,我们也只能接近正义;各方都热情十足地参与辩论,仿佛自己真理在握。各方律师在正当的职业界限内,同样服务于真相的发现,同样致力于个案的公正处理。为了这一目标,每一个接受了诉讼酬金的律师都有责任忠实于委托人的诉讼。律师在接受酬金的时候就应当相信;一旦接受,他就不能不信任或者背叛它。这种职业的忠诚是一种非常重要的道德问题……律师应当成为其客户法律上的密友,这也是法律的明智政策。[82]

赖安说,一旦律师决定接受案件,他就要通过为客户的目标进行诚实而有效的辩护服务于社会的利益、秩序、正义和上帝。法官——拥有如下品质:"智慧超群、洞察事实、追求正义、正直、专心致志、公正裁判"[83]——在这种制度中扮演了一个十

---

[82] Ryan, "Address to the Graduating Law Students of the University of Wisconsin", supra 155.

[83] Id. 154.

分重要的角色,像一个筛子一样促使律师的工具主义能够产生正义的结果。通过这种推理,在一个多世纪之后,仍然是律师行为的最主要的合理化根据,赖安将对律师的热情代理行为的普遍抱怨转变成了一种美德——"对职业的忠诚"——这是一种实现正义的制度机制。

57 法律精英群体的共同利益

在本章中似乎存在着表面上的自相矛盾之处,这表明立法机构和律师的工具主义观念在19世纪都在发生变化,而本书第一章和第二章则认为,法律的非工具主义观念正是在这段时间开始出现,而且必须得到重视。人们可以通过关注提出非工具主义观念的人士的身份和他们所说的内容来很好地调和它们之间的关系。前两章清楚地表达了杰出的法官群体、律师界领袖以及法学界的各种观点(有些人往往同时兼具这几种角色)。这些都是由法律精英群体对普通法本质的概括,直到19世纪末期,才被认为就是法律本身。相反,本章则关注的是日常实践中的立法活动和律师群体。

法律精英群体——律师界领袖、法官和学者——也有一些共同的利益因而有助于形成统一的阵营:他们都反对19世纪立法的增长,都在法律实务中与工具主义做法自觉保持距离、但他们都赞同将法律看作科学加以看待的观点。

在19世纪后半叶,法学教育开始进入大学,合法性成为法学院研究的一项重要课程。在大学里就学习法律是否合适和必要,在当时体现得还不是特别明显。显然,法律还被看作是一项技艺,最适合以学徒制的方式加以研习。大卫·达德利·菲尔德(David Dudley Field)在1859年西北大学法学院的开学典礼上的演讲就感觉到给出确定理由是件很困难的事情:

什么才是学习法律的最佳方式?可以有三种:对书本

的自学;在实践中摸爬滚打,听取实务人士的建议和帮助;在公立学校里教书。第一种方式的不足是显而易见的;第二种方式的弊端对于所有曾经有过如此经历的人而言都是一段痛苦的记忆;毫无疑问,第三种方式最为高效和完美。对于公立学校而言,对于法律的需要和对于其他学科的需要同样紧迫。这是因为,这门学科多重要,这种需求就有多强烈。比其他学科更为重要的是,法律这门学科,内容如此庞杂,涉及面如此广泛,如此复杂,细节差异又如此变化多端,这些都需要在大学、教授和图书馆所能提供的全面帮助的情况下进行学习。[84]

除去这种说法的夸张之处,这段话还是揭示了法律科学和大学教育之间的重要关联。

许多州和城市律师协会都形成于19世纪70年代,其目的都是提升行业的准入门槛。[85] 大学正是这种提升律师水准努力的受益者,因为这将吸引更多学生进入法学院学习;这种进行过滤和筛选的教育反过来又可以帮助律师协会,提升律师的地位,使其成为一个受过学术训练的专业人士,并将能够作为律师的经济阶层限制在那些能够负担得起大学学费的阶层中(尽管通过学徒制进入律师界仍需要持续几十年的时间)。

立法威胁到了普通法的自治和控制普通法的法官的权力,也侵犯了法律学术的领域(这一领域对法律科学进行的说明和理性化工作是最为出色的)。法官和学者因此都将立法看作是对自身重要工作的干预。这种排斥时常是公开化的。根据历史学家托马斯·格雷(Thomas Grey)的观点:"兰德尔的哈佛同事和追随者比尔(Beale)和艾姆斯(Ames)威胁要撤回他们帮助

---

[84] David Dudley Field, "Magnitude and Importance of Legal Science" (1859), reprinted in Stephen B. Presser and Jamil S. Zainaldin, *Law and Jurisprudence in American History*(St. Paul, Minn. :West Pub. 2003) 745.

[85] Pound, *The Lawyer From Antiquity to Modern Times*, supra Chap. IX.

芝加哥大学法学院在世纪之交筹建的承诺,因为筹建者提议教授大量公法课程(以立法为导向的),因而侵犯了哈佛课程设置的原则——学生只能学习科学的'纯粹法学'(普通法)课程。"[86]

维持法律作为原则、理性、年代久远的社会习俗、一整套特殊知识和科学的非工具主义的形象,可以同时服务于三个目标。其中任何一个的声望和自治都代表了其他所有目标的声望和自治。必须强调的是,这些主张并不意味着非工具主义观念是不诚恳的。这些年代久远的观念被以信仰、承诺和理想主义的方式加以表达,但是它们却符合各自组织对于提高其地位和权力的关切。这种利益的重叠为法律的非工具主义观能够在面对立法和法律实务日益增长的情况下顽强地坚持了如此之长的时间提供了部分的解释。

1916年伊莱休·鲁特(Elihu Root)总统对美国律师协会的演讲可以视为对这一争论的支持,他是当时最为有影响力的律师。鲁特宣称:有太多的律师,其中有许多能力都有欠缺,并投身到一些并不必要的法律活动中,造成了"法律运作中巨大的经济浪费"[87]。这些律师都"十分忠诚地致力于维护客户的利益",而不顾社会的利益。[88] 一名公司律师,对实践中的很多律师表示不满,鲁特证实,维护法律正直性的统一的精英立场反对这些发展:

> 实际上有两种人在考虑着社会的利益。他们是在一些主要的法学院里的教师和裁判案件的法官。带着忠诚和真诚的献身精神,他们为公权辩护,认为它们可以提供有效的服务;但是,在很大程度上,反对他们的则是律师协会和

---

[86] Grey, "Langdell's Orthodoxy", supra 34.
[87] Elihu Root, "Address of the President", 41 *Reports of American Bar Assoc.* 355, 358 (1916).
[88] Id. 360.

立法机构日益走向绝对排他的个人视角的发展趋势。[89]

在大学法学院的地位巩固之后,法学界今后要离开这一心照不宣的联盟。政治理由是离开的原因之一:许多后来被定位为法律现实主义者的法学教授都支持进步运动,而法官对这一运动则拒不服从。[90] 另一个理由在于,随着时间的流逝,学术职业的基础价值使得法学教授要采取一种比法官和优秀律师更为长远的看待法律的视角。[91] 兰德尔认为,不用将法律本身看作是一门科学,法律学术界——与当时流行的学术观点一样——开始相信法律应当运用社会科学的方式加以学习。这就是法律现实主义者的愿望,我们将在下一章详加阐述。

---

[89] Id.
[90] Robert S. Summers, *Instrumentalism and American Legal Theory* (Ithaca, N. Y.: Cornell Univ. Press 1982) 29.
[91] See Jerold S. Auerbach, *Unequal Justice: Lawyers and Social Change in Modern America* (New York: Oxford Univ. Press 1976) Chap. III.

第四章

法律现实主义者眼中的法律工具主义

从19世纪末到20世纪初,是伟大思想迸发的时期。大量学术著作涌现,把法律和政治领域描绘成两个竞争团体之间的战场。[1]他们共同的观点是,表面上看来,经济利益对政府的影响可能无处不在。[2] 这是亚瑟·宾利在其著作《政府形成的过程》(1908),以及查尔斯·彼尔德具有争议性的著作《从经济角度理解宪法》(1913)中的主要论点。由于彼尔德诋毁有关国父们的民族神话,因此他的著作臭名昭著。他认为国父们制定宪法之时,其主要动机是为了商人、大业主和债权人的经济利益,而他们本身正属于这些群体。[3]

新一轮激进主义诞生于世纪之交,与这些著作的问世在同一时期。历史学家克里斯多夫·拉什发现了激进主义兴起的种种渊源:

> 学习过美国改革史的人都同意这样一种说法:在20世纪左右,改革的传统经历了一次根本性的变化。这次变化伴随着人们对政府态度的转变,出现新的意愿希望将政府(特别是联邦政府)当作大众控制的工具。也有一些人则

---

[1] See Hofstadter, *The Progressive Historians*, supra 181—206.
[2] Herman Belz, The Realist Critique of Constitutionalism in the Era of Reform, 15 Am. J. Legal Hist. 288, 289 (1971).
[3] Charles A. Beard, *An Economic Interpretation of the Constitution of the United States* (New York: Free Press 1986) 8—9.

将改革视作抛弃公众旧有的对公司等大型机构的不信任,或者认同财富和权力会不可避免地集中。还有一部分人将这种变化定义为:与天赋人权理论的脱离,对相对论、环境保护主义和实用主义世界观的崇尚。实际上,这些变化在同时进行,它们共同推动了新激进主义的诞生。[4]

历史学家莫顿·怀特注意到:与这些观点相关的是,人们对形式主义的普遍反感正向各个知识领域蔓延。"自从19世纪90年代,美国的知识分子们开始反对法律形式主义。他们确信逻辑、抽象、推理、数学、力学已不足以为社会研究所用,已不能包罗丰富的、变化的社会生活。"[5]各种思想流派开始质疑形式主义的教条:"实用主义、工具主义、制度主义、经济决定论和法律现实主义之间呈现出了很明显的哲学亲属关系。"[6]

反形式主义和新激进主义都是知识分子们(精英们)思想的产物和关注的焦点。正如前一章节所述,这两种主义都出现于世纪之交紧张的经济冲突之下。这两种主义为进步运动提供了思想基础。该运动极力主张政治秩序、经济秩序、文化秩序的改革。

这一时期知识分子们的杰出思想——从工具主义的角度来看待法律和政府——并没有立即渗透到法律思想中。法律是以过去的秩序与连贯(逻辑)为导向的保守事业,同时也是抵制思想运动的实践活动。尽管开始缓慢,但得益于不同因素的支持——霍姆斯的法律文章、实用主义者们的作品、边沁和耶林的影响、立法的进步、对形式主义的普遍反感、进步运动、新激进主义、政治剧变和法律内部的团体冲突,"法律是工具"这一观点以一种无可抵挡的势头在法律界中变得前所未有地直言不讳。

---

[4] Christopher Lasch, *The New Radicalism in America*, 1889—1963: *The Intellectual As a Social Type* (New York:W. W. Norton 1965) xiii.
[5] White, *Social Thought in America*, supra 11.
[6] Id. 6.

实用主义,霍姆斯和庞德

鲁道夫·冯·耶林(Rudolph von Jhering)开创性的著作《法律的目的》一书出版于1877年,挑战了当时在德国主流的历史法学派。该学派持一种经典的非工具主义法律观,认为法律在社会生活中具有一种内在的本质,不依立法者的意志而改变。耶林则认为,法律不应被看作是一种普通法文化的产物,也不是抽象的法律原则或概念,而应该被看作是被个人或组织运用以实现其各自目的的工具。法律规则的内容和原则充满了大量利益的冲突。耶林相信,社会具有共同的社会目标和彼此遵守的社会习俗,有效运作的法律制度能够反映和促进这些共同的价值和目标的实现。[7]

1913年,耶林的著作在美国翻译出版,名为《作为工具的法律》。该书编辑序言将边沁和耶林进行对比,并期望读者关注:

> 美国当代法律思想需要冯·耶林。我们的法学家、立法者和法院,不论是法官还是律师,都还坚持认为,"自然法"建立于普通法判例的基础之上。所有的接受普通法传统训练的律师、法官和立法者都赞成具有特色的职业保守主义,而且它已经存在于法律体系之中。此外,他们还支持形成一个确定体系的主要优点,但是很明显他们忘记了法律本身不是最终目标,其最终并非要实现一种正式、静止的完美状态;最终目标应当是社会利益。另一方面,公众对我们具体却缺乏弹性的理论和法律实践也反对很激烈。[8]

---

[7] 耶林简明扼要地陈述了这些主张。*The Struggle for Law*, supra. 对耶林观点的精彩阐述参见 Neil Duxbury, "Jhering's Philosophy of Authority", *Oxford J. of Legal Studies*(forthcoming 2005)。

[8] Joseph H. Drake, "Editorial Preface to this Volume", in Rudolph von Ihering, *Law as a Means to An End* (Boston: Boston Book Co. 1913) xxii.

在边沁首次提出后，经过一百多年，法律工具主义的观点终于迎来了成熟的时机。法律研究中对科学的强调，为人们接受法律工具主义观点奠定了基础。19世纪，社会科学逐渐以"社会工程"这一术语形式出现，并影响了法律思想。[9] 正如之前提到的，法律工具主义观点广泛传播，强化了人们对于"人类理性能够引导并指导人类生活"的信念。[10]

在《机械法理学》一书中，罗斯科·庞德将耶林视为对概念法理学进行批判的先驱。[11] 庞德多次引用的另一种观点是威廉·詹姆斯在前一年出版的《实用主义》。庞德认为詹姆斯明确提出了现代"工具主义"理论和科学。[12] 正如在那篇短文中提到的一样，庞德在一开始就敏锐地发现：什么将对法律工具主义观点产生重要的影响。

实用主义与形式主义法律思想之间多重而紧密的联系是美国法律史上非常有趣的细节。在19世纪后期，实用主义哲学出现和发展于一群剑桥知识分子精英中，被称为"形而上学俱乐部"。其成员包括查尔斯·桑德斯·皮尔士、威廉·詹姆斯、昌西·莱特、奥利弗·温德尔·霍姆斯。还有另外六名律师成员，包括边沁的弟子尼古拉斯·圣·约翰格林。[13] 路易斯·梅南对于实用主义起源的研究表明：尽管主要的哲学著作是由皮尔士和詹姆斯所著，但实用主义哲学的出现是各方共同努力的产物，是各个成员所做贡献的汇集。[14] 美国最有影响力的法学家霍姆斯自实用主义思想出现伊始便接受了它。

---

[9] Ross, *Origins of American Social Science*, supra 94.
[10] Id. 93.
[11] Pound, "Mechanical Jurisprudence", supra 610—611.
[12] Id. 608.
[13] John P. Murphy, *Pragmatism: From Peirce to Davidson* (Boulder, Colo.: Westview 1990) 21.
[14] See Louis Menand, *The Metaphysical Club: A Story of Ideas in America* (New York: Farrar, Straus and Giroux 2001).

"法律工具主义"是实用主义哲学的另一个标签。这个标签由约翰·杜威(跟随皮尔士和詹姆斯,是实用主义早期最重要的贡献者)提出。他曾在哥伦比亚大学法学院与人合作讲授一门关于法理学的讨论课程,并写出了几篇对法律现实主义有影响的重要文章。[15] 实用主义建立于这种理念之上:世间真理都形成于人们共同追求的过程中。[16] 实用主义者运用自然科学,使其作为他们成功获取知识的模式。真理形成于以目标为导向的活动中,并且能够起作用。只有经过研究者试验并证实确实成功和可靠的认识与想法才能称之为真理。但是,这并不意味着真理就是人们随意想要相信的东西;相反,人们会与自己所想不完全一致的世界作斗争。现实会反驳人们的想法,而且还会对人们的想法加以约束,证明人们的许多想法是错误的、不可靠的。因此,实用主义天然是试验性的、经验性的、行为导向性的、社会性的。实用主义否定了人类经验以外的绝对真理的可能性。终极真理也许会被发现,但是它最终必须通过全社会的确认。同时,许多可靠的真理已形成,特别是通过科学而形成,而且更多真理将会陆续被发现。

实用主义关于道德价值的谈论较少。道德哲学家传统意义上追求的绝对道德价值是不存在的。道德戒律往往被表述为一般的命题("行善避恶""不要说谎""永守承诺"),但是这些戒律的意义和蕴义只有运用在具体的语境中才会变得明确。行为的选择必须考虑到所有可能相冲突的价值观和目标,并考虑到它们在现有情况中的具体蕴义。道德戒律可就其好与坏,

---

[15] See Martin P. Golding, "Jurisprudence and Legal Philosophy in Twentieth Century America-Major Themes and Developments", 36 *J. Legal Educ.* 441, 467 (1986).

[16] See William James, *Pragmatism and the Meaning of Truth* (Cambridge, Mass.:Harvard Univ. Press 1975).

可取与不可取,以及按其行事所产生的结果而作出评价。[17] 它们可以,而且应当通过考虑在特定情况下按照道德戒律行事后,是否能产生满意结果的方式对其作出评价。但是他们并不能像经验主义论断一样判断是非;道德价值只有在理解的基础上才能运用。詹姆斯只写了一篇文章来专门探讨道德价值观这个主题。其中,他注意到:从本质上讲,道德是不存在的。[18] 道德是人类社会存在的一个方面:"在主观世界以外,世界上是不存在道德的"[19]"不存在绝对的罪恶"等等。[20]

在1914年的一篇文章中,杜威以开放的怀疑态度(尽管他承认他们的祈求偶尔有助于迅速而有益的法律改革)看待自然法原则(其中包括自由主义的自由观点)。他的批评主要是:"在政治和司法实践中,自然观(自然法和正义)的主要功能之一已变成用来神化现存的状态,不管是利是弊,是得是失,都要将现存事物理想化、合理化、道德化"[21]。自然法的观点是通过暗示人们别无选择来维持现状。杜威认为,法律工具主义的观点是无比优越的,因为其具有前瞻性并要求其考虑到结果的可取性。杜威纯粹从工具的角度分析了自然权利和原则:"个人权力、个人自由以及个人权利的限制问题,归根到底都是最有效利用不同方法达成目标的问题。"[22]

由于对绝对的道德原则和自然法的怀疑,人们对实用主义哲学也常提出一种质疑,认为是它导致了道德相对主义的产

---

[17] See Elizabeth Anderson, "Dewey's Moral Philosophy", in *Stanford Encyclopedia of Philosophy* (Spring 2005 Edition), http://plato.stanford.edu/archives/spr2005/entries/dewey-moral/.

[18] William James, "The Moral Philosopher and the Moral Life", in *Essays in Pragmatism* (New York: Hafner Press 1948) 69.

[19] Id. 70.

[20] Id. 83.

[21] John Dewey, "Nature and Reason in Law", 25 *Int. J. Ethics* 25, 30—31 (1914).

[22] Dewey, "Force and Coercion", supra 366.

生。很明显,除了从工具主义角度以外,实用主义者并不能论证道德价值观存在好坏之分,只有从集体或个人带着其最终目标的角度看,道德价值观存在结果好坏之分。正如我们所见,现实主义者也常萦绕于这个问题。

如看待其他事物一样,尽管霍姆斯用一种怀疑的态度看待实用主义哲学,而不承认实用主义哲学对其观点的影响,但是,实用主义的核心内容已体现于他的司法裁决和法律观点之中。特别是他对一般的法律修正案能够明确决断具体案例的怀疑,他对经验已代替逻辑成为法律核心的断言,他对以群体为标准的认可,他对关注实际社会后果的肯定,以及他的经验主义和法律工具主义观点。[23]

霍姆斯称兰德尔为"最伟大的在世法律神学家"[24],以讽刺兰德尔的法律信仰。尽管霍姆斯欣赏兰德尔的成就,但是他反对其将法律描述为一个由规则和原则构成的逻辑体系,并可通过演绎的方式运用到具体的案子中并产生结果。霍姆斯写道:"你可以以逻辑的形式得出任何结论。"[25]霍姆斯并不反对法律原则和逻辑一致性本身,实际上他积极活跃地推动法律在这些方面的发展。[26]但是,他反对将形成一致性的体系作为法律的终极目标,并反对法官仅仅通过逻辑的、机械的方式进行推理。霍姆斯还反对另一种常用来支持普通法的观点:"法律仅仅是人们共同愿望的无意识的体现的时代已经不复存在。"[27]

从法律工具主义的角度讲,霍姆斯认为"当法律主体所包

---

[23] See Menand, *Metaphysical Club*, supra 337—347; James D. Miller, "Holmes, Peirce, and Legal Pragmatism", 84 *Yale L. J.* 1123 (1975).

[24] O. W. Holmes, "Book Review (Of the Second Edition of Langdell's Casebook)", 14 *Am. L. Rev.* 233 (1880).

[25] Holmes, "The Path of the Law", supra 466.

[26] See Morris Cohen, *Law and the Social Order: Essays in Legal Philosophy* (New York: Harcourt 133) 165—183, 198—218.

[27] Quoted in Wiecek, *Classical Legal Thought*, supra 180.

含的每一条规则都与其所促进的目标息息相关时,以及当追求目标的理由被宣布或者准备被宣布时,法律主体将会变得更加理性和文明"[28]。"司法裁决的语言主要是逻辑语言,而逻辑方法和逻辑方式激发了每个人心中对必然性和静止性的渴望。但是,必然性通常是一种幻觉,静止性也不是人类的宿命。"[29] 法官必须时常权衡相冲突的社会利益,并以最好服务于社会的政策,为其作出决定的基础。霍姆茨认为在此权衡过程中,法官的参与应该是公开的,而不是由其社会价值观潜意识地或者下意识地决定。"通常所说的通过规避司法来处理这些政策考虑的结果只能是给判决不当留下足够的空间和基础。"[30] 这是霍姆斯对洛克纳案判决的不满。他认为必须强调的是法官有可能客观地处理案子。他为其在司法能力方面"英雄式的公正无私"感到自豪。[31]

罗斯科·庞德的著名文章《机械法理学》被数次提到。在文章中,庞德预言了许多后来被法律现实主义者提出的观点。庞德称:"作为达到目标的手段,法律的衡量标准必须是其所达成的结果,而不是其内在结构是否精美。"[32]"我们不能将依据假定的人性原则所作的推断作为制度的基础;我们需要他们展示其实用性,依靠其政策基础和对人类需求的适应。"[33] 为了支持他对形式主义法学的批判和他提出的工具主义的方法,庞德将威廉·詹姆斯的工具主义观点引用到哲学范畴:

> 在当今的哲学中,各种理论不再是对难解之谜的解答,而是成为我们可以依赖的工具。将科学作为一套推理体系的观点已经变得守旧,其他科学领域已经发生变革,就这

---

[28] Holmes, "The Path of the Law", supra 469.
[29] Holmes, "The Path of the Law", supra 466.
[30] Id. 467.
[31] Menand, *Metaphysical Club*, supra 66.
[32] Pound, "Mechanical Jurisprudence", supra 605.
[33] Id. 609.

一点而言，法律体系也必须发生变革，并也正在发生变革。[34]

庞德写道："法理学的社会变革是实用主义作为法律哲学的一种变革。"[35]他将法理学描述为一门社会工程科学。[36]

20世纪20年代和30年代形成的法律现实主义者：卡尔·卢埃林、杰罗姆·弗兰克、沃尔特·惠勒、库克、菲利克斯·科恩等，采取了比庞德更加激进的立场，但就对法律工具主义的需要而言，他们完全同意庞德的观点。根据卢埃林的观点，法律现实主义者们认为"法规和法律是他们达到目的的手段"。[37] 法律现实主义的主要原则受到这样一种主张的补充：法律必须考虑其实际功能，而不是将其看作一个由规定、概念、原则组成的抽象物。[38] 只有密切关注与法律规定相关的执法者的实际行为，以及社会成员对这些执法行为的反应，才能认识和改进法律。

任何关于法律的科学研究都会设定一个基本条件，那就是人类法律是社会用于管理人类行为和促进正当行为类型发展的设备和工具。如果是这样的话，那么一条既定法规只有通过研究其如何运作才能决定其价值，也即确定其可能达到的效果，不管是促进或是阻碍预期目标的达成。如果照此执行的话，我们必须清楚地知道：在任何既定的时期，这些目标是什么？我们选择的路径，也即我们选择的法律规则，是否的确能

---

[34] Id. 608.
[35] Roscoe Pound, "The Need of a Sociological Jurisprudence", 19 *Green Bag* 607 (1907).
[36] Roscoe Pound, *The Ideal Element in Law* (Indianapolis: Liberty Fund 2002) 234.
[37] Karl Llewellyn, "Some Realism About Realism—Responding to Dean Pound", 44 *Harvard L. Rev.* 1222, 1223 (1931). 这本书对卢埃林的作品和法律现实主义概况作了极好的介绍。
[38] M. McDougal, "Fuller v. The American Legal Realists: An Intervention", 50 *Yale L. J.* 827, 834—835 (1941).

够实现这些目标?[39]

这一时期的许多法律专家都只关注到了法律理论。现实主义者反对这种现象,因为这不是现实中的法律。当官员不执行法律或者公众不遵守法律时,法律规定就形同虚设。因此,卢埃林称:"依我看来,这些官员处理纠纷的行为即是法律本身。"[40]或者如库克所说:"从概括的角度来讲,法官过去的行为可被描述为我们所说的法律的规定与原则。"[41]

现实主义者抨击概念形式主义和规则形式主义。正如在前面章节提到的一样,"概念形式主义"是指法律规则、概念、原则有其预设的内容、含义和逻辑联系,形成一个必须由法官发现和制定的全面的整体。"规则形式主义"是指法官机械地运用法律进行判案。库克在1927年谈论道:两者都在法学院保留了标准的法律叙述。用概念形式主义者的话说就是"普通法必定是一个哲学系统、一个科学原则主体"。规则形式主义者将其描述为"每个导致判决的司法行为都包括一个纯推理过程"。[42]

通过引用实用主义者对抽象概念的评判,菲利克斯·科恩戏谑地将概念形式主义称为"卓越的谬论"——"神学的法理学概念"。[43]概念的内容不是预设的、不能改变的,而是由社会选择形成的。当亚瑟·科尔宾被问到是否相信法律原则的存在时,他作出了很现实的回答:"我当然相信。但我这么说,并不意味着法律原则是从天而降的。相反,我认为:我们可以搜

---

[39] Walter Wheeler Cook, "Scientific Method and the Law", 13 *A. B. A. Journal* 303, 308 (1927).
[40] Karl Llewellyn, *The Bramble Bush* (New York: Oceana 1951) 3.
[41] Walter Wheeler Cook, "Scientific Method and the Law", 13 *A. B. A. Journal* 308 (1927).
[42] Cook, "Scientific Method and the Law", supra 303, 307 (1927).
[43] Felix Cohen, "Transcendental Nonsense and the Functional Approach", 35 *Columbia L. Rev.* 809, 820—821 (1935).

集大量相似的案例(判决),在此基础上得出可取的结论,并将其运用于新出现的案件中。"[44] 另外,整体上看来,法并不是一套完备的、逻辑一致的系统,而是一系列复杂分散的个案,以及个案可能产生的影响。然而,这些个案及其影响尚未完全被归纳总结。

由于法律的主体和法律与事实的联系是无规则可循的,所以判决就是一种推理的过程,现实主义者认为这种观点是错误的。对于各项法规之间存在冲突和脱节之处,以及每条法规的例外,适用标准需要作出个案的判断,并且在特定的适用情况下,法律原则也许会导致多个结果。因此,不能机械地进行司法裁决。[45] 而且,普通法遵循先例的原则决定了,法官在特定案件中运用裁量权确立的法律规则是否有效,只有在后续的案件判决中才能确定。[46] 而且,由于每件案例的情况是独特的,主要事实是不同的,所以后续案件中的法官也许会称其不受先例的约束。现实主义者提出:法官一开始对案件会有一个粗略的判断,然后再反过来去寻找支持该案件的法律规定和原则[47],而不是从法律规定和原则出发,逐步推断,继而作出最终判决。根据法律规定适用情况的不同,必要时法官会对其初步判断进行修正。[48] 科恩认为:法官的判决通常反映出在社会问题上他们对自己所属阶层的态度。[49]

---

[44] Quoted in *Laura Kalman*, *Legal Realism at Yale*: 1927—1960 (Durham, N. C.: Univ. North Carolina Press 1986) 235, n. 13.

[45] Karl Llewellyn, "A Realistic Jurisprudence—The Next Step", 30 *Columbia L. Rev.* 443 (1930).

[46] See Herman Oliphant, "A Return to Stare Decisis", 14 *A. B. A. J.* 71 (1928).

[47] See Joseph Hutcheson, "The Judgment Intuitive: The Function of a 'Hunch' in the Judicial Decision", 14 *Cornell L. Quarterly* 278 (1929); Jerome Frank, *Law and the Modern Mind* (New York: Doubleday & Co. 1963) 109, 114—121.

[48] See Dewey, "Logical Method and Law", supra 23; Hutcheson, "The Judgment Intuitive: The Function of the 'Hunch' in Judicial Decision", supra.

[49] Cohen, "Transcendental Nonsense and the Functional Approach", supra 845.

第四章 法律现实主义者眼中的法律工具主义

大多数现实主义者将法律看作是律师和法官从事的行业，而不是科学的或者哲学的活动。简而言之，根据现实主义者的观点，从任何意义上讲，法律既不是客观形成的，也不是提前预设的，更不是完全既定的。法官不进行机械地推理，法律也不以中立的姿态凌驾于社会利益冲突之上。

与法律实证主义者的观点相呼应，科恩认为："法律使人们遵守服从，不是因为它的优越性、公正性或者合理性，而是因为隐藏在法律背后的权力。"[50]

早期现实主义的主要主张是关于如何推进法律机构实际运作的社会科学研究。卢埃林注意到关于"应当是什么"的问题应该暂时放在一边，而是对法律"实际是什么"有足够认识。[51] 更好地认识法律的实质是其作为社会工程的一个工具，其功能和效用得到改善的先决条件。

为了理解法律现实主义，很必要认识到法律现实主义者在法律范围内所提倡的观点也正在得到更加广泛的传播。正如之前提到的，人们普遍反感形式主义者的思维方式，并提倡应该更加关注具体的现实。实用主义者的工具主义观点认为意愿掌控思维领域，而且，司法判决带有个人偏见的观点不是源自现实主义者。1909 年，一位著名的政治学者承认："对司法部门的普遍批评是对所谓既定利益的过度肯定。"[52]

对于客观性的怀疑贯穿于许多科学领域。例如，1937 年，查尔斯·彼尔德关于历史方法客观性的思考：每位历史系的学生都知道，"在他们对材料进行选择和整理过程中，受其偏见、成见、信仰、喜好、大众的教育和经验所影响，特别是社会和经

---

[50] Id. 837.
[51] Karl Llewellyn, "Some Realism About Realism", 44 *Harvard L. Rev.* 1234 (1931).
[52] W. F. Dodd, "The Growth of Judicial Power", 24 *Pol. Sci. Quarterly* 193, 201 (1909).

济方面的"[53]。彼尔德认为,"如果历史学家们能够公开承认并阐述其偏见,而不是假设从一开始他们就主张自己毫无偏见",他们将更接近客观性这一目标。[54] 用"法官"代替"历史学家"并用"法律"代替"科学",这一结论可以被现实主义者适用于法官。这是那个时代对跨领域的学术追求的关注。

主张关于法律的社会科学研究应该将重点集中在"是什么"而不是"应该是什么"的这一观点并非现实主义者独有。20世纪三四十年代,政治学者之间发生了一场类似的争论,许多学者认为"只有当对方法的研究不再重点关注其结果时,政治研究才有可能成为一门科学"[55]。

根据历史学家爱德华·怀特的观点,现实主义者同样体现了经济大萧条时期惨淡的经济环境以及为寻找出路而所持"不达目的不罢休"的态度。"在开始这项任务的时候,他们所处的环境是:遭受经济剥削;他们愤世嫉俗的情绪;他们幻想的英雄,理性的实干家;他们的学术工具、行为科学;他们的执政哲学、经验主义哲学和实用主义哲学。除去神学色彩的现实主义者致力于通过实验进行决策,偏好实证主义而不是抽象主义,甚至对道德绝对性产生疑问。他们的这些行为都与第一次新政的精神相符。"[56]

法律构建视角下的现实主义

现实主义者通常被认为是对法律构建提出尖锐挑战的激进

---

[53] Charles A. Beard, "Written History as an Act of Faith", 39 *Am. Hist. Rev.* 219, 220 (1934).

[54] Hofstadter, *Progressive Historians*, supra 315.

[55] John Hallowell, "Politics and Ethics", 38 *Am. Pol. Sci. Rev.* 639, 640 (1944).

[56] G. Edward White, *Patterns of American Jurisprudence* (charlotteville, Va.: Michie 1978) 139.

第四章 法律现实主义者眼中的法律工具主义

分子。他们许多关于判决的观察都是故意挑衅(以前,霍姆斯和卡多佐曾经说过类似的话,但是没有这么犀利)。但是看一下1916年伊莱休·鲁特在律师协会做会长致辞的选段:

> 那些大量的不断增长的判决报道,在提供给当权者的大量的,不断增长的判决报告中,几乎所有问题的各个方面都告诫我们:如果一味遵循先例,我们即将彻底失去法律体系,而获得的是土耳其式的下级法官的统治模式:在每个案件中他都应当做他认为对的事……法律和制度的自然发展过程不会走纯推理或寻求科学方法之路。[57]

早在现实主义者提出其观点的数十年前,鲁特就在一个大型的律师聚会上,对现实主义者不确定争论的要旨以及否定法律是推理及科学的问题的观点做了阐述。鲁特也意识到了书本上的法律与现实社会中法律之间的差距:"不管立法机构、议会、法学家、法官如何做,人们如今正在制定他们自己的法律,同早前的普通法的发展一样真实。人们不认同的法规从来都不能长期强加于他们的。不管将其废止与否,这样的法规都会被人们反对,并变得形同虚设。"[58]

鲁特意识到现代大众社会不能建立在以前的个人主义观点上,而且他认为美国正不可避免地开始建立行政法主体,其内在机制、解决办法和必要的保护措施都有别于由法庭强制执行法律的旧式规则。[59] 而且,鲁特认为,法律正在被立法者用作促进集体利益的工具,而被律师用作促进自己和当事人利益的工具。在某种意义上,鲁特比未来的现实主义者更加现实。他们理想化地提倡法律应该被视作促进社会利益的工具。作为一名企业代理律师,鲁特从他自己的经验(也许是行为)中得到启示,并感叹道:立法和律师往往推进和保护的是私人利益,而

---

[57] Root, "Address of the President", supra 364.
[58] Id. 269—270.
[59] Id. 368.

不是公众利益。

现实主义者对于法律确定性的探索

鉴于现实主义者们喜欢严厉抨击法官和法学学者们关于概念形式主义和规则形式主义的陈词滥调,人们不难想到:他们的用意是想证明法律的内在不确定性和政治对司法判决不可避免的影响。大量的现实主义著作都可以从这个角度去解读。但是大多数现实主义者希望法律的社会科学研究能够推动提高法律运作效果的改革。[60] 他们所挑战的是概念形式主义和规则形式主义关于法律确定性本质和范围的观点,而不是实质上法律应该是确定的这一命题。现实主义者们的学术英雄霍姆斯积极地提倡用客观测试来使法律变得更加可预测,并坚持认为"法律的努力方向必须是尽可能缩小其不确定性的范围"。[61] 卢埃林认为"法律需要的是易于管理的确定性和可预见性,足以使法律继续发展"[62]。

为了理解这一点的含义,我们有必要将现实主义者对形式主义的批判分开来看。正如之前提到的,概念形式主义阐述的是法律原则和法律概念的内容和逻辑联系,传统的法律非工具主义观点与概念形式主义有所重叠。但是,规则形式主义阐述的是判决,而法律非工具主义观点并不支持规则形式主义。因此,这两种形式主义必须分开研究。一部分人也许会否认法律规则和法律原则存在既定内容,而认为法官会从一套给定的法律规则和原则中机械地推断出结果。相反,一部分人会接受法律规则和法律原则存在既定内容,但承认他们并不会在具体的案件中机械地推断出结果。其他排列组合也是有可能的,这里

---

[60] See Kalman, *Legal Realism at Yale*, supra Chap. 1.
[61] M. Cohen, *Law and the Social Order*, supra 204.
[62] Quoted in Kalman, *Legal Realism at Yale*, supra 8.

第四章　法律现实主义者眼中的法律工具主义

没有必要详谈。

现实主义者对概念形式主义持完全怀疑态度。他们坚定地认为法律规则、原则、概念是根本没有必要的内容。这种论点直接来源于并否定传统的非法律工具主义观点的核心主张。法律的内容是完全开放式的,形成或修改的问题取决于现实主义者期望的社会目标和他们所处的环境。概念形式主义免于现实主义批判的一个方面是常识性的观点:当法律在形成内容时,规则与原则在内部最好是相互一致的、有逻辑关联的。杜威写道:"考虑这些主张最大限度的普遍性和一致性的逻辑系统化是必不可少的,但不是最终的。它是工具,但不是目标。它是一种提高、促进、阐明、探索具体判决的方法。而且,最重要的是法律规定应该尽可能地形成系统的、宏观的逻辑体系。"[63]

至于规则形式主义,尽管现实主义者们(除了规则怀疑论者杰罗姆·弗兰克)否认司法判决机械的说法,但他们并不放弃规则形式主义的核心内容:法律规则能够并应该约束法律工作者和法官。法律规则和原则由于其不确定性而没有约束力的观点与现在法律中已表明的信仰相违背。如果每位法官或者政府人员都任意妄为,罔顾法律规定,那么提倡把法律概念和规则塑造成工具从而用以服务于社会利益是没有意义的。为此,法律工具主义观点预先假定法规具有正式约束力:当法规被其受众(法律工作者和公众)一致遵守时,法律是达成社会目的的有效工具。现实主义者意识到:当法律规定的适用更加具有可预测性,能够使人们有先见之明地预测到他们活动可能带来的法律后果时,其效用便得到提升。因此,杜威坚持认为:"有充分理由证明为何法律规定应当尽可能地明确和有章可循。"[64]

杜威的观察结果的主要意义是:一位始终如一的法律工

---

[63]　Dewey, "Logical Method and Law", supra 19.
[64]　Id. 25.

主义者能够通过对工具主义观点的思考接纳形式主义者关于遵守法规的观点。毫无疑问,基于类似的原因,霍姆斯和庞德一样也致力于追求法律的确定性和可预测性。他们两人都认为,法律规定所具有的约束性应该受到法律工作者,特别是法官的重视。[65]

棘手的问题:关于法律目标的问题

在20世纪30年代,在一次家庭争论中,庞德抨击与其观点接近的现实主义者[66],称他们在批评司法决策方式时走得太远,夸大法官在作出判决时所享有的自由限度。[67] 他也渐渐相信,法律现实主义者已将道德来源剥离出法律。[68] 少数现实主义者明确公开地信仰道德相对主义,把其作为现代科学和哲学的启示。[69]

对法律工具主义有启示的讽刺在于,这一否定是为了反驳庞德的观点。沃尔特·肯尼迪在其1925年发表的《作为法律哲学的实用主义》中提到:庞德反对天赋人权的观念[70],并主

---

[65] See Duxbury, *Patterns of American Jurisprudence*, supra Chap. 1; Gilmore, *Ages of American Law*, supra.

[66] See Summers, *Instrumentalism and American Legal Theory*, supra 19—38. 值得注意的是,不是所有的现实主义者都是实用主义的工具主义者,而且不是所有的实用主义工具主义者都是现实主义者。

[67] Roscoe Pound, "The Call for a Realist Jurisprudence", 44 *Harvard L. Rev.* 697 (1931).

[68] Roscoe Pound, "The Future of Law", 47 *Yale L. J.* 2 (1937).

[69] See Cook, "Scientific Method and the Law", supra 306; Underhill Moore, "Rational Basis of LegalInstitutions", 23 *Columbia L. Rev.* 612 (1923). 珀塞尔在《民主理论的危机》中讨论了现实主义的这一方面。Purcell, *The Crisis of Democratic Theory*, supra 90—94.

[70] Walter B. Kennedy, "Pragmatism as a Philosophy of Law", 9 *Marquette L. Rev.* 63, 68 (1924—1925).

张满足社会需要是"法律的最终目标"。[71] 以下段落是肯尼迪引自庞德的观点:"在任何人类行为和人类关系领域中,如果法律能够在不牺牲其他需求的前提下发挥其功能满足了社会需求,法律从本质上讲不存在永恒的固有局限,亦不存在制定过程中的限制。"[72] 肯尼迪回应道:如今存在许多"社会需求",其中一些是好的,而一些则是不好的,并且还存在相互矛盾的社会需求。庞德的回答是:我认为法学家仅仅认识和觉察到呈现在他们面前的问题,并将此作为确保各种社会利益的基础,这是不够的,他们应当更全面地考量各种问题之间的平衡与和谐从而达到社会利益的协调均衡。[73]

肯尼迪认为:"实用主义常常受到批判,是因为从某种意义上讲,它具有无政府主义和缺乏标准或原则的特点……作为一门实用科学,法律要求一个相当程度上的统一性、稳定性和确定性。将当事人的大量需求与诉讼主张混淆为杂乱的一堆,然后只要协调允许,就尽可能多地实现其需求和主张,这样做是不够的。"

凭借事后的认识,肯尼迪观点的重要性更加明显。庞德以及跟随他的现实主义者的主要缺点是关于"怎样判定法律所欲实现的社会目标"的观点太过天真或者不成熟。许多现实主义者接受功利主义,而其他人则认为社会科学能够帮助提供答案[74],另一些人则很明显像庞德一样认为:相互矛盾的社会利益能够达到平衡,另外一些人对此未发表看法。很不幸的是,只提出对法律的工具主义的理解,而不注重解决关于目标的问

---

[71] Id. 69.

[72] Id. 69, quoting R. Pound, *An Introduction to the Philosophy of Law* (1922) 97—98.

[73] Id. 71, quoting Pound, *An Introduction to the Philosophy of Law*, 95—96.

[74] See Martin P. Golding, "Jurisprudence and Legal Philosophy in Twentieth Century America—Major Themes and Developments", 36 *J. Legal Educ.* 441, 453 (1986).

题是不够的。按照法律工具主义的说法,也就是说,根据其自有标准,提倡法律工具主义观点是否明智的问题必须考虑其在实践中的应用,而不是凭空回答。如果最终法律不能够用来实现社会目的或公共利益,那么法律工具主义也许会违背期许的目标。

肯尼迪继续分析道:

> 实用主义将社会改革捧上神坛。社会学家的著作使我们在社会、婚姻和劳资关系中充斥着不平等。促进公平机制的救济途径和解决办法不断涌现。这些建议作为给政府影响的有效工具直指政府是必然的。如果我们能够接受这样一种想法:法律的存在只是为了实现"要求"与"需求",那么我们就很难质疑,对联邦和州立法机构的突发冲击是为了免除国家所有真实或者虚构的痛苦。但是,人们还有一个重大疑惑:法律是否能够承担社会改革和宗教改革的任务。对现存的通过立法使社会进入完美状态的观点,以及通过政府干预消除人际关系中的不足的观点,逐渐产生很多批评的声音,如果这些批评确实中肯,那么,实用主义法学家必须为此承担相当大部分的责任。这就是由于不受宪法原则的稳定影响或者自然权利的指导,而试图把人们所有的需求都努力写入成文法的结果。[75]

如果肯尼迪试图指责庞德实用主义的工具主义方法导致了人们向立法机构寻求救济,那么他就错了。早在19世纪后期,庞德第一次提出之前,此次实践就已经开始进行了,是由与法律思想无关的事件引起的。然而,肯尼迪认为实用主义的工具主义法律理论与此次实践是一致的,并为其提供了理论基础和社会地位的这一观点却是正确的。

肯尼迪的文章预言:对现实主义(以及实用主义哲学)的反对将爆发于20世纪30—40年代中后期。第二次世界大战及其余波促使了人们集体重新承认,美国社会及其价值观是正确

---

[75] Kennedy, "Pragmatism as a Philosophy of Law," supra 72—73.

的,从道德上讲,其优越于纳粹主义之恶。[76] 纳粹党统治下的许多恐怖行径是由政府以法律的名义实行的。有必要证明美国的法律和纳粹的法律有本质上的区别。法律现实主义者因为将法律理解为无正直与否之分的权力,并支持道德相对主义的观点,而受到全面驳斥。[77] 之前担任耶鲁法学院院长,后来担任芝加哥大学校长的罗伯特·哈钦斯原是现实主义观点的早期典范,后来他成为一位严厉的评论家,总结认为科学对法律的贡献微乎其微。[78] 哈钦斯赞成回归自然法的观点。1943年他曾指出:"我们知道世间存在自然道德法。我们可以理解自然道德法,因为我们知道人的本性并能够理解它。人的本性普世相同,虽能被不同文化所产生的不同习俗所掩饰,但是不能被消除。人是具有理性和灵魂的生命。"[79] 由于遭受此般猛烈炮轰,有几位现实主义者进行了公开的道歉。卢埃林写道:"我个人已经准备进行公开忏悔,因为我的言行引起了法律体系失去了其'道德成分'。"[80] 其他现实主义者暗示他们曾遭到不公平的误认。[81]

法律现实主义被有效地压制了。

庞德勇敢地解决了关于法律工具主义的棘手难题。但是,非法律工具主义观点的支持者遭遇了他们自身致命的弱点。肯尼迪在通过列举罗马教皇的通谕的例子,不经意地表明:他认为自然法学说支持法律制定最低工资标准,为人们提供生活

---

[76] Purcell, *The Crisis of Democratic Theory*, supra Chaps. 7, 8, 9, 10. 珀塞尔的书是一部杰出的现实主义思想史。

[77] See Lucey, "Natural Law and American Legal Realism: Their Respective Contributions to a Theory of Law in a Democratic Society", 30 *Georgetown L. J.* 493 (1942)(论述了法律现实主义的相对主义和实用主义鼓励绝对主义)。

[78] Purcell, *Crisis of Democratic Theory*, supra Chap. 8.

[79] Quoted in John Dewey, "Challenge to Liberal Thought", 30 *Fortune* 155, 180 (1944).

[80] Karl Llewellyn, "On Reading and Using the Newer Jurisprudence", 40 *Columbia L. Rev.* 593, 603 (1940).

[81] See Purcell, *The Crisis of Democratic Theory*, supra 172—174. 这项讨论得益于珀塞尔的记述。

必需品。肯尼迪当然知道其他人认为法定最低工资违反了合同自由原则,他们还认为罗马教皇的通谕不具有普遍权威性。考虑到现代社会生活方方面面的复杂性,在任何特定的情况下,如何定义合同自由、财产权、法定诉讼程序的内容和含义?当社会的构成是多样的,文化或社会是由无差异性或相互矛盾的原则、价值观或利益构成时,社会的顽固的并发症将出现。由于在这些问题上法官之间本身无法达成一致,那么人们就无法信任法官。因此,致力于非法律工具主义的法学家们正经受着他们曾经指责的法律工具主义者所面临的几乎相同的考验。他们不赞成法律工具主义者,认为其缺乏对法律作用的限制,法律工具主义者回应道:"限制,永远是具有争议性的。"

双方共同遭遇的困境的根源不只存在于法律领域,而是存在于当时的环境下。各种思潮随着17世纪的科学革命和18世纪的启蒙运动达到顶点。(在此之前,随着新教改革,罗马天主教打破了几个世纪以来知识分子主宰欧洲的局面。)实用主义者和现实主义者都只注意到各个知识领域的发展,而这些知识领域的客观性、普世价值、绝对真理都已失去它之前的基础。非欧几里得几何学的发现撼动了欧几里得几何学之前的无可置疑的真理地位;爱因斯坦的时空相对论使之前被认为是不可撼动的真理的牛顿的机械定律失去地位,并使人们提出了关于科学理论地位的问题。海森堡的不确定性原则暗示:观察会形成并改变人们所见。人类学研究为学术界和大众展现了丰富多样的道德体系。文化内涵体系和个人主观性的出现使世间万物变得丰富多彩。瓦尔特·惠勒·库克在他1927年发表的文章《科学方法与法律》中指出,通过这些事态的发展,他预测"相对论统治时期的开始建立在基础科学之上,注定要产生一场与其相应的革命。这场革命也许深刻而无声,但是在人类活动的各个方面它都是不可避免的。"[82]

---

[82] Cook, "Scientific Method and Law", supra 306.

逻辑实证主义也促成价值观危机的深化。这一哲学流派认为：所有真实或正确的判决要么是善于分析的结果——一个正确的判决归功于条款的含义明确，要么是经验主义的结果——一个正确的判决是由于相关事实被证实。不宜分类的价值观问题不能被判定为是否正确或者真实。[83] 1944年，一位评论家反对道："实证主义倾向的影响是破坏所有先验的真理和价值观。价值判断被认为是主观喜好的表现，而不是客观真理的表现。"[84]

另一个促成削弱价值观的思想混合是马克思主义理论。20世纪20年代到40年代，它在左翼知识分子中更是广为流传。恩格斯写道：

> 我们抵制任何向我们施加教条式道德的专横企图。不管道德法规是如何永恒不变、不可更改，它都假借了道德世界存在其永久性原则，并超越了历史和民族差异的托词。相反，我们主张过去所有关于道德的理论最终都是当时社会经济条件的产物。正如社会是在阶级对抗中发展的，道德也永远都是阶级道德。[85]

马克思主义的意识形态以毁灭性的方式削弱道德争论。通过暗示整个信仰体系，包括人们笃信的政治理想和道德价值观，向奉行这些信念的人掩饰了不为人知的特定阶级利益。一切道德立场都是值得怀疑的。"人们口中的信仰不能总根据表面价值观来做评判，而是要探究利益结构背后的思想。人们看重的不是思想的内容，而是它的作用。"[86] 这种怀疑论观点在马克思主义信仰者之外也同样广为流传。

---

[83] Brand Blanshard, "The New Subjectivism in Ethics", 9 *Philosophy and Phenomenological Research* 504 (1949).

[84] Hallowell, "Politics and Ethics", supra 643.

[85] Friedrich Engels, translated and quoted in Daniel Bell, *The End of Ideology* (Cambridge, Mass.: Harvard Univ. Press 2001) 448.

[86] Id. 397.

由于思想和势力都超出了现实主义者的控制,因此,为这本书提供核心内容的基础——法律工具主义思想的出现,以及与之相一致的相对主义观点的传播,这些将削弱社会利益的理念——早在20世纪40年代以前就开始了。现实主义者对法律最终目标问题所持的乐观态度失败了,但是这不只是他们的失败,因为无人能够回答这到底是谁所面临的窘境。尽管他们因为随后的事件背负了一些指责,但是我们可以这样认为:现实主义者在这些事件中起了延误的作用。至少在立法方面,法律工具主义方法在现实主义者宣传之前就是一种法律事实。道德相对主义是社会广泛的困境,不是只存在于法律界。

庞德在晚年表达了他对早期支持纯粹法律工具主义的悔意。为了设定限制,他提倡"如今复兴的自然法"。"如今理想因素在法律中的作用、对于价值观标准及其运用技巧的需要已被所有人接受……"[87]但是庞德不曾忘记法庭以保护天赋人权和普通法公正性的名义为社会改革设下重重消极障碍。为了防止法庭这样做,庞德提出必须发展司法判决理论,以强调"法律秩序一直是人类相互矛盾、相互重叠的要求、需要与欲望之间的实际妥协体系。在该体系中,这些要求与文明社会生活的需求所带来的源源不断的压力,迫使立法者、法官、行政者试图以最小的牺牲满足大多数的要求"[88]。庞德在与他自己进行斗争:一方面,他是改良派的法律工具主义者;另一方面,他是致力于法律公正性、担心法律工具主义过度泛滥的法学家。庞德最后的主要作品是对《法律中的理想因素》的探索,为法律工具主义提供一些限制。[89] 庞德及其研究开始变得毫无意义。

---

[87] Roscoe Pound, *The Formative Era of American Law* (Boston: Little Brown 1938) 28—29.
[88] Id. 125—126.
[89] Roscoe Pound, *The Ideal Element in Law* (Indianapolis: Liberty Fund 2002 [1958]).

第五章

20世纪最高法院的工具主义

1909年,政治学家多德在其所著的关于法院的一篇文章中注意到:"在公共政策领域,法院判决不一定取决于固定的法律规定,而是取决于法官个人关于政治和经济问题的意见。由于这些判决不能依据基本原则作出,所以当法庭成员发生变动时,这些判决难免遭到撤销或者修改。"[1]多德的这一预言后来成为20世纪最高法院的重要主题。这一章节将要讲述的是如何从法律工具主义的不同角度理解最高法院的审判活动以及法官。本章所涉事件包括:1937年的法院填塞计划(Court packing plan)及其结果,沃伦法庭带来的改革以及与此后至今最高法院有关的对这次改革的强烈反对。

法院重组计划

1937年,美国总统富兰克林·罗斯福失败的"法院填塞计划"被称为"一场伟大的宪法战争"[2],达到了"宪法改革"的

---

[1] Dodd, "Growth of Judicial Power", supra 198.
[2] Marian C. McKenna, *Franklin Roosevelt and the Great Constitutional War: The Court Packing Crisis of* 1937 (New York: Fordham Univ. Press 2002).

顶点。[3] 自从南北内战和重建后,这是美国最靠近一场真正的宪法危机的时候。

　　罗斯福新政的立法计划试图找到解决正在持续的经济危机以及自经济大萧条以来持续存在的最令人绝望的社会和经济问题的方案。为达到此目的,形成了主要的几条立法:《铁路退休法案》,该法案要求各铁路公司必须支付其员工的退休金。《全国工业复兴法案》,该法案将法规制定权授予行政部门,以解决各种经济问题。《农业调整法案》,该法案批准了通过控制农产品价格和产量的方式支持农业复兴。《烟煤法案》,该法案旨在通过设定价格和建立劳工制度帮助残缺的煤炭工业减少罢工。这四项新政法案在 1935 年至 1936 年全部被最高法院宣布无效。[4] 最高法院列举的废除这四项法案的具体理由不同,但是这些理由统一作为一个警告:新政策不可能在最高法院如此轻易地通过。正如针对社会福利法具有火药味的反对一样,最高法院宣布纽约新法规关于妇女最低工资的规定无效,也因此结束了那一任期。[5]

　　除了因为授权不被许可而一致认定《全国工业复兴法案》无效之外,法院作出的这些决定都是通过分散投票形成的,法官内部没有一致的判决意见。一些法官如路易斯·布兰代斯、哈伦·菲斯克·斯通和本杰明·卡多佐通常被认为支持社会福利立法;另一些法官如威利斯·范德万特、詹姆斯·麦克雷诺兹、乔治·萨瑟兰和皮尔斯·巴特勒就坚定地反对社会福利

---

[3] 在 1941 年的书中,发明这个词的功劳应归于宪法学者艾德温·科温。See also William E. Leuchtenburg, *The Supreme Court Reborn: The Constitutional Revolution in the Age of Roosevelt* (New York: Oxford University Press 1995).

[4] 逐一废黜了这些法案:*Railroad Retirement Board v. Alton R. R. Co.*, 295 US 330 (1935); *Schechter Poultry Corp. v. United States*, 295 US 495 (1935); *United States v. Butler*, 297 US 1 (1936); *Carter v. Carter Coal Co.*, 298 US 238 (1936).

[5] *Morehead v. New York ex rel Tipaldo*, 298 US 587 (1936).

立法。首席法官查尔斯·埃文斯·休斯和法官欧文·罗伯特观点不明确。[6] 休斯更倾向于赞成支持者,所以法官意见是四对四的对立趋势,这导致罗伯特法官的投票成为关键的一票。

这些判决激怒了罗斯福,但他并未在即将大选的那一年公开地对最高法院作出任何评论,也许是不想为共和党竞选主题——"罗斯福不惜以宪法为代价自主行事"提供添油加醋的机会。[7] 罗斯福获得了历史性胜利,赢得了除了两个小州以外的全局大胜;而且,民主党在众参两院获得了大多数席位,这引起了一些关于共和党即将衰落的推测。这不仅仅是罗斯福的巨大胜利也是对最高法院的强烈谴责。"尽管他们没有参与票选,但是法官们却显而易见地输了这场选举。一家报纸评论:"这次选举引起了人们为最高法院失权的欢呼。"投票者们压倒性地使最高法院废黜的法案条例重新生效。[8]

就在罗斯福就职典礼后的两个多星期,在对议会没有任何预先警告亦未与智囊团进行任何商议的情况下[9],罗斯福宣布了他的计划:议会应该颁布法律为联邦司法机构中超过70岁的每位法官设立附加职位。罗斯福将案子的积压处理归咎于年迈法官的缓慢工作节奏,并调整计划以解决这一情况。他对此项计划保持缄默,直到一个多月以后,但其实该计划已经很显然,他能够立即任命六位助理法官在最高法院任职,将最高法院的法官数量增加到15位,有力地制止最高法院反对他的新政立法计划。

---

[6] 佛瑞德·罗德尔把各个法官这一时期的精彩陈述和投票都写入他的《九个男人:从1790年至1955年最高法院的政治史》。Fred Rodell, *Nine Men: A Political History of the Supreme Court from 1790 to 1955* (New York: Random House 1995) Chap. 7.

[7] Donald Grier Stephenson, *Campaign and the Courts: The US Supreme Court in Presidential Elections* (New York: Columbia Univ. Press 1999) 149—153.

[8] Id. 154.

[9] See Leuchtenburg, *Supreme Court Reborn*, supra 82—83.

这个想法对于一贯精明的政客罗斯福来说是一场灾难、一次严重的失误。研究这一事件的历史学家们都对他对这个计划的准备和介绍过程中的战略误读表示疑惑。罗斯福被严厉地指控表里不一,因为该计划未能揭示他真正的目的。媒体将这一活动渲染为越权的独裁者与最高法院的正面交锋、一场对国家司法独立的历史传统带来的威胁。[10] 甚至连议会中民主党的成员都公开反对这一计划。民意调查显示,大多数公众都反对这一计划。[11] 这些反对意见不是基于对最高法院近期判决的支持[12],而是认为,与最高法院解决此问题的合适方式应该是通过修宪这一复杂但更加合法的程序。当罗斯福向公众解释为何未选择后一种方式时,他带着强烈的现实主义思想说道:"宪法修正案与宪法其他条款一样,其含义是由法官而非制宪者们或公众所解释的。"[13] 对手提出的另一个更好的解决方案,是用议会公认的权力来限制最高法院的上诉管辖权,减少其宣布经济立法无效的机会。罗斯福企图干预法院制度结构的做法有些过火,因此,这一计划在1937年7月被参议院否决。

该计划宣布不到两个月,最高法院则继续维持了一项华盛顿最低工资法。该法令与纽约的立法完全一致,但后者在10个月前已被宣布无效。[14] 这个决定被广泛认为是法院受该项

---

[10] McKenna, *Franklin Roosevelt and the Great Constitutional War*, supra 303—311.

[11] Stephenson, *Campaigns and the Court*, supra 157. 民意调查显示公众反对率为50%,而35%公众支持这一计划。

[12] The Court decisions were not universally unpopular. See Barbara A. Perry and Henry J. Abraham, "Franklin Roosevelt and the Supreme Court: A New Deal and a New Image", in *Franklin D. Rooseveltand the Transformation of the Supreme Court*, edited by Stephen K. Shaw, William D. Pederson, and Frank J. Williams (Armonk, NY: M. E. Sharp Pub. 2004) 13—35.

[13] 罗斯福的谈话引自 Bruce Ackerman, *We the People: Foundations* (Cambridge, Mass.: Harvard Univ. Press 1991) 417。

[14] *West Coast Hotel v. Parrish*, 300 US 379 (1937).

第五章 20世纪最高法院的工具主义

计划影响,而作出草率的、不合时宜的妥协,尽管实际上这个案子已经在罗斯福宣布该项计划之前就被法官们投票赞成。[15] 在后来的几个月里,最高法院支持保护劳工组织的《国家劳动关系法案》[16]和创建失业福利和老年福利的《社会保障法案》。[17] 这些决定从形式和实质上都显然违背了之前的反新政案件。最高法院并未真正尝试区分之前的案子与现在案子的区别,也未尝试解释改变的真正原因。对法院态度的转变起主要影响的是罗伯特法官以及休斯法官立场的转变。法官范德万特宣布他的退休将在当年六月生效。在接下来的两年内进行了四项新的任命。最高法院也不会再指责经济立法违反宪法限制了。

"及时缝一针,免得以后缝九针"(防微杜渐)。这一谚语能够很好地解释公众对于最高法院为何如此突然而彻底地转变。[18] 罗斯福观察道:"拒绝承认这些决定与最高法院斗争之间的某种联系是有些天真的。"[19] 对于许多观察者而言,这些事件证明了法官们对政治影响力的回应,不管其压力来自总统还是选举结果。[20]

此后谈起这件事的法官们否认他们曾屈服于压力,几位学

---

[15] Bernard Schwartz, *A History of the Supreme Court* (New York: Oxford Univ. Press 1993) 235.

[16] *National Labor Relations Board v. Jones & Laughlin Steel Corp.*, 301 US 1 (1937).

[17] *Steward Machine Co. v. Davis*, 301 US 538 (1937); *Helvering v. Davis*, 301 US 619 (1937).

[18] 现实情况是,在这些事件之前,休斯法院对社会福利立法已经日益宽容,较之前的塔夫脱法院而言,它更大比例地支持了这类立法。See Roger W. Corley, "Was There a Constitutionol Revolution in 1937", in *Franklin D. Roosevelt*, supra 36—59.

[19] Quoted in Schwartz, *History of the Supreme Court*, supra 237.

[20] See Robert A. Dahl, "Decision-making in a Democracy: The Supreme Court as a National Policymaker", 6 *J. Public Law* 283 (1957)。达尔(Dahl)认为最高法院总体上与主流公众舆论保持同步。

者也赞成他们的说法。[21] 巴里·库什曼认为变化的根源存在于之前不稳定的公共/私人学说的瓦解——这些学说认为,影响公共利益的商业(如铁路)应该进行单独管理,以保护相关利益——法院曾使用这一学说区分立法活动是否合宪。[22] 在1934年 Nebbia v. New York 案的判决中,最高法院支持对私人牛奶生产商进行价格规制,这标志着一个重大变化。法官罗伯特代表法庭多数意见写道:"各州有权自由采取任何被合理认为旨在提高公共福利的经济政策,并可通过立法实施与其目的相一致的该政策。法院无权决定该政策或有关立法无效。"[23] 这一理念摒弃了以往较严格的"影响公共利益的商业"标准,取而代之的是更加宽泛的"提高公共福利"标准,法院在对相关立法进行判决时将适用这一新的标准。

本书将讨论的第二个重点问题是,促使1937年作出支持社会福利立法的判决的原因究竟是法院填塞计划的压力,还是宪法学说的内部发展。关键是近乎普遍的观点认为,对法院施加的外部压力推动了这一判决结果。对于观察者来说,此次事件的深层含义在于,毋庸置疑,宪法的司法解释反映了法官的个人观点。这一事件比所有现实主义者著作都更能证明此点。在1936年的一个审查立法是否合宪的案件中,罗伯特以形式主义的观点表示:在宪法案件中,最高法院的唯一职责就是"将有关宪法条款与受到审查的法规放在一起,来判定后者是否与前者相一致"[24]。但是这一逐条比照的方法却在不同年份得出了完全相反的结果。法官们不能再自信地称之为照本宣读的法律圣人。根据历史学家爱德华·怀特的观点,在法院填塞计

---

[21] See G. Edward White, "Constitutional Change and the New Deal: The Internalist/Externalist Debate", 110 *Am. Hist. Rev.* 1094 (2005).
[22] Barry Cushman, *Rethinking the New Deal Court: The Structure of a Constitutional Revolution* (New York: Oxford Univ. Press 1998) Chap. 1.
[23] *Nebbia*, 291 U. S. at 537 (McReynolds, dissenting).
[24] *United States v. Butler*, 297 U. S. 1, 62 (1936).

第五章 20世纪最高法院的工具主义 **117**

划采取之前,直至20世纪30年代中期,许多评论者都认为判决可能受意识形态的预设影响。[25] 在计划宣布之后发生的一切,也印证了这一观点。

　　罗斯福的时期的检察长罗伯特·杰克逊对这些事件评论道:"最高法院能够坦率、彻底地转变其几个月之前仍坚持的观点,是永远值得记住的时刻。"[26] 杰克逊对"同一法院驳回了很多之前他们宣布合宪的判例"的事实感到惊讶。[27] 这使得他们吸取这样一个教训:在最高法院,一两名法官观点和政治立场的转变都会造成不同的影响很多人的政治后果和法律后果。

法律工具主义观点的含义

　　与最高法院迅速改变的立场一致,一系列案件推翻了长期以来的判例。Lochner案曾在1917年[28]被法庭默示推翻,1923年[29]得到肯定,在Nebbia案中又再一次被推翻,并最终被明示推翻。[30] 法官不能够再继续献策经济立法了。1938年宣判的律师界的著名案件 *Erie R. R. Co. v Tompkins*,推翻了100年前由法官斯托里判决的 *Swift v. Tyson* 案,后一个案件我们曾在第二章中提到,是非法律工具主义观点的经典案例。最高法院认为,尽管联邦法院在过去的几百年里一直基于普通法作出其判

---

[25] White, "Constitutional Change and the New Deal", supra.
[26] Robert H. Jackson, *The Struggle for Judicial Supremacy: A Study of Crisis in American Power Politics* (New York: Vintage 1941) 207—208.
[27] Id. 235.
[28] *Bunting v. Oregon*, 243 U.S. 426 (1917),维护了工厂工人的最长工时法。
[29] *Adkins v. Children's Hosp.*, 261 U.S. 525 (1923),主张制定最低工资法。
[30] See *Lincoln Federal Labor Union v. Northwestern Iron and Metal Co.*, 335 US 525, 535 (1949).

决,但并不存在联邦意义上的普通法主体。[31]

　　Swift 案件的失败标志着曾经占主导地位的非法律工具主义观点正式鸣响丧钟。在赞成新政的法院看来,非法律工具主义是 Lochner 案及其欲使普通法原则合宪化尝试的一个备受威胁的方面。"在这一传统框架中,普通法系的财产法、合同法和侵权法不是政治意愿的结果,但是它是司法推理的产物。"[32] 但是,在 Erie 案中法院指出,"布兰德将'普通法'视为(法院)实践其纯粹政治意愿的另一种表达方法"[33]。这种意识的潜在含义是要重申:立法权的预定轨迹不在法院,而在立法机构。"从此以后,法院对普通法所作的理性主义幻想是违宪的,普通法框架只是能够随意更改法庭多数意见的司法权宜之计。"[34]

　　最高法院未经过修宪程序即改变了其对有关根本重要性问题的宪法解释,特别是明显扩大了对经济事务的联邦立法权。在担任最高法院大法官之前,仍担任纽约州州长的首席大法官休斯观察道:"我们仍然根据宪法行事,但是宪法的内容由法官说了算。"[35] 在他任职期间的种种事件证实了其观点。

　　宪法含义的这一彻底改变相当于一系列宪法修正案所起的作用,正如南北战争后出现的重建修正案条款(第 13、14、15 条)。杰出的宪法学者布鲁斯·阿克曼曾明确表明这种观点:绝大多数选民对罗斯福新政措施的支持,以及宪法学说产生的持续变化表明,这实际上是在修订宪法。根据阿克曼的观点:至少等到同样无法阻挡的、拥护保守的反宪法革命发生之

---

[31] *Erie R. R. Co. v. Tompkins*, 304 US 64 (1938), overruling *Swift v. Tyson*, 41 US 1 (1842).

[32] Ackerman, *We the People*, supra 370.

[33] Id. 371.

[34] Id. 371—372.

[35] Hughes, *Charles Evans*, *Addresses* (New York 1908) 139, quoted in Sidney Ratner, "Was the Supreme Court Packed by President Grant," 1 *Pol. Sci. Quarterly* 343 (1935).

前[36]，宪法学说的转变不仅是合法的，而且不应受更为保守的最高法院重新解释的限制。

姑且不论阿克曼观点的优越性，我们来思考一下他提出的有关美国法律文化的这一观点：法院对宪法解释的转变在名义上与实际上起到了与修订宪法文字相当的作用，这是杰出的宪法理论学者均赞成的观点。这是一个关于法官解释权的戏剧性说法：法官拥有完善法律条文意义的解释权，这几乎等同于编写宪法的权力。阿克曼承认，尽管立法机构在白纸上撰写法律条文与法官对成文条款进行不同解释是有很大不同的，但是最终都是让法律成文。根据这样的观点，那么法律就是一件可由意志（立法意志或是司法意志）决定的空的容器，尽管其已经被填满。

对于法官通过解释赋予法律新意义这一权力的认识，使得有关争议从法律领域蔓延到司法领域。如果起作用的阶段只是让法律成文，那么争论将依然集中在立法。如果法院的判决可以打败立法过程，或者如果法律的含义可以被法官重写（或是被缩小、被扭曲），那么直到法院作出明确判决之前，这场战争仍未胜利。阿克曼意识到：1937 年的革命造成的持续后果之一是"自觉将**变革的法官任命**作为宪法变革的核心**工具**"[37]。

与法律工具主义有关的另一项发展，是最高法院否定其有权审查立法决策的明智性或真实性。正如之前提到的，19 世纪的标准观点是立法权仅限于制定促进公共利益的法律。"基本理念认为：政府，尤其是治安权的唯一合法目标，是保护个人权利或促进**社会**公共利益。只有旨在促进'公共福利'而非纯粹为促进'私人利益'而制定的政府规定才能得到法院维持。"[38]根据这一理念，法院评估立法目的的适当性，宣布那些不能满

---

[36] Bruce Ackerman, *We the People*, supra.
[37] Id. 26（第一个强调为原文所加，第二个强调为引者所加）。
[38] Tribe, *American Constitutional Law*, supra 571（强调为原文所加）。

足此项要求的立法无效。法官雷诺茨在 Nebbia 案中持反对态度,并公开声称这项权利:"但是,坦率地讲,我认为最高法院应该注意立法的智慧。"[39] 在 Nebbia 案中,这一观点被否决。如果某一特定立法是基于有效立法权制定的,如后来被广泛适用的贸易条款,最高法院是不敢贸然对国会有关公共利益的决定进行审查的。[40] 尽管司法监管的缺位差点导致最高法院宣布,立法不需要以公共利益为目标[41],这种司法顺从的结果就是取消对于有利于特定群体的立法的实质性审查——只能寄希望于立法者个体的良心来保障立法的公正性。相比于仅仅通过法律那几句敷衍了事的序言来体现立法对于公共利益的追求,这种做法其实并无本质的差异。

法院填塞计划后,法律工具主义在法律文化方面取得了若干重大进展。(非法律工具主义)遭到现实主义者批判的普通法概念形式主义观点在 Erie 案中被最高法院否决。由于法官观点和立场的改变导致了宪法学的彻底改变,这一改变支持了现实主义者的怀疑。法官职权逐渐被看作是影响法律变化的工具。

沃伦法院的改革及对改革的反对

法院填塞计划后,尽管最高法院将继续对经济立法发放通行证,但最高法院的顺从态度并没有持续很久。对于司法全新的、史无前例的信心从 1953 年任命首席大法官厄尔·沃伦开始,特别是在个体权利领域。除了关注点不同,沃伦法院的运行也与 1937 年投降的阻挠派法院有着性质上的不同。阻挠派法院主要是阻碍了立法提案。相反,沃伦法院的许多重要宪法

---

[39] *Nebbia*, 291 U. S. at 556(雷诺茨的反对意见)。
[40] 首个案件为 *United States v. Darby*, 312 US 100 (1941)。
[41] Tribe, *American Constitutional Law*, supra 582.

第五章　20世纪最高法院的工具主义

判决提出了由政府遵守的规则与程序,这在方式上等同于立法。这两类法院有着不同的推动力:1937 年前的法院阻止了旨在解决社会情况的立法提案,而沃伦法院把作出促进社会变革的判决宣布看作自己的使命。尽管存在这些区别,但在其任期即将结束之前,自由主义沃伦法院的批判者们的其中一项指控是,它代表了保守且不可信任的 Lochner 法院再次回归。

沃伦法院在具有里程碑意义的布朗诉教育委员会案(*Brown v. Board of Education* 1954)中表达了其立场:最高法院在法律上宣布整个南部地区实行的种族隔离教育无效,认为其违反了第 14 修正案中的平等保护条款。如今,几乎没有人会反对这一主张:合法的种族隔离是极其不道德的(尽管相当多的南方人在那时不同意)。这表明奴隶制度是美国历史上不可磨灭的污点。但是,从法律的角度而言,布朗案的判决总是令人怀疑的。[42] 尽管不够明确,但历史记录支持这一结论:第 14 修正案的批准者没有理解该条例,禁止种族隔离合法化。[43] 许多人认为种族隔离是一种生活方式,反映了神的自然秩序。在批准期间,许多州赞成批准在学校或任何地方实行种族隔离的修正案。[44] 阻碍 Brown 案的是半世纪前的判例 *Plessy v. Ferguson* 案。[45] 本案认为,种族合法化并没有触犯平等保护条款,因为

---

[42] 最近,几位主要的宪法理论家提出了可供选择的方案来更改这已成文的判决。Jack M. Balkin, *What Brown v. Board of Education Should Have Said* (New York: NYU Press 2001)。五十年后,这一执行强有力地证明了法律推理的漏洞以及此判决的重要性。经过各种斗争表明,这一判决在标准宪法条款内很难被证明是合理的。在我看来,我们对 Brown 和 Bolling 案最好的理解是:由于法律强迫赋予了种族隔离一种独特的道德不当,使其在当代宪法体系中已成为"独特的"案件——这是一次政府强制行为中划时代的恶事件。在一个忠于法律的体系中,这是不被允许的。

[43] See Alexander M. Bickel, "The Original Understanding and the Segregation Decision", 69 *Harvard L. Rev.* 1 (1955).

[44] Charles Hyneman, *The Supreme Court on Trial* (Westport, Conn.: Greenwood Press 1974) 189—194.

[45] *Plessy v. Ferguson*, 163 US 537 (1896).

将设施隔离依然可以是平等的。

就法律构建而言,Brown 案明显的错误在于它严重缺乏宪法分析的正常步骤。这个案件不包含对重要案件的分析或者宪法原则的引用。实际上,这种观点的出现基于心理学和社会学的主张:合法的种族隔离会把奴隶的标志形象强加于黑人,因此是不被宪法允许的。卢卡斯·鲍威在对沃伦法院的研究中详细描述了对此判决的评议:"每一位阅读 Brown 案的律师肯定都会问'法律在哪?'"[46] 在同一天宣判的 *Bolling v. Sharpe* 案[47] 更加凸显了 Brown 案给人留下的不稳定的法律性质:此案认定哥伦比亚地区合法的种族隔离违宪。因为根据其规定,第 14 修正案的平等保护条款仅限于应用于各州,然而哥伦比亚地区不属于州,Bolling 案认为宪法第 5 修正案的正当法律程序条款与平等保护条款并非完全相斥,并依据前者作出了判决。

尽管国内许多人对 Brown 案表示支持,但也相继有一些人对判决提出了强烈抗议和公开反抗,特别是南部人群。几个南方的州立法机构声称,该判决是最高法院违反宪法的"篡权"行为,因此,判决均"无效且不具任何效力"。[48] 1956 年,19 位参议员和 77 位众议员把一份声明写入了《国会记录》,其中一部分是:

> 我们将最高法院一系列学校案件的判决视为司法权的明显滥用。这使美国联邦司法机关涉足立法活动的趋势达到高潮,削弱了议会的权力,侵犯了国家和人民享有的权利。

---

[46] Lucas A. Powe, *The Warren Court in American Politics* (Cambridge, Mass.: Harvard Univ. Press 2000) 40.
[47] *Bolling v. Sharpe*, 347 U. S. 497 (1954).
[48] Collected and quoted in Hyneman, *Supreme Court on Trial*, supra 21. 海尼曼的书于 1963 年首次出版,是对沃伦法院的持续批评。

美国最高法院在没有法律依据的情况下，开始肆无忌惮地行使其司法权力，用他们个人的政治和社会观点取代国内的既定法律。[49]

1958年，国家首席法官会议宣布了一系列决议并附带一份报告，43位首席法官中36位批准将其通过：

由于缺乏对司法适度的制约，最高法院常常扮演政策制定者的角色。

美国长期以来自吹自擂认为：我们拥有一个法治的政府，而不是人治。我们相信，只要研究过最高法院近期的判决，都会对这句话产生一定程度的质疑。[50]

考虑到法官之间的人际网，这算是各州首席法官，对于坐上最高法院席位的同仁们最强烈的谴责了。甚至崇尚自由主义的法学教授们都认为法律实施种族隔离从道德上讲是说不过去的，并且他们表示：沃伦法院的判决在宪法判例和原则方面都缺乏足够依据。[51]

Brown案只是一个开始。沃伦法院继续对警察行为和刑事诉讼方面实行各种宪法保护。通过不正当搜查获得的证据在庭审中不能被采用[52]；通过强制手段获得的被告人陈述是不被允许的[53]；在受审讯之前，羁押人应当被告知权利或选择放弃权利[54]；贫困的被告有权获得由政府提供的律师；等等[55]。最高法院规定选区必须按照人口比例划分，以"一人一票"的形

---

[49] *The Congressional Record*, March 12, 1956, vol. 102, pp. 4460, 4515—4516, set out in Hyneman, *Supreme Court on Trial*, supra 19.

[50] Id. 23.

[51] See Herbert Weschsler, "Toward Neutral Principles of Constitutional Law", 73 *Harvard L. Rev.* 1 (1959).

[52] *Mapp v. Ohio*, 367 U.S. 643 (1961).

[53] *Escobedo v. Illinois*, 378 U.S. 478 (1964).

[54] *Miranda v. Arizona*, 384 U.S. 436 (1966).

[55] *Gideon v. Wainwright*, 372 U.S. 335 (1963).

式，而选区划分权之前属于由立法机关决定的政治决策。[56] 同时也增强了对色情文学的保护[57]，禁止了学校祷告[58]。最高法院还认定，尽管法律条文中没有规定，但"隐私权"是一项既存的宪法权利。[59]

沃伦法院的影响是极大地扩大了个人享有的政治权利与公民权利，使得人们有权运用这些权利对抗州和联邦政府。沃伦法院的改革范围比主要解决经济立法和国家权利扩张问题的新政法院带来的改革宽泛得多。除此以外，沃伦法院驳回判例的数量是前所未有的。在最高法院的整个历史中，直到沃伦法院之前，有88件判例被驳回。沃伦法院驳回了45件判例，其中有33件是在1963年到1969年期间，有7件是在一届任期内。[60]

20世纪60年代中期，当"公众普遍价值观的共识正处于分裂状态时"，沃伦法院在几乎不受限制的情况下施展它的力量，以宪法价值的名义更改法律。[61] 法官约翰·马歇尔·哈伦在一次表达异议中，提出了许多评论家的观点：反对给予已经享受社会福利的人以新的保护措施的决策，因为这一决策反映了目前的一种观点，即最高法院具有一种特别的智慧与能力以带领这个国家摆脱目前的困境，这一能力仅仅在制定新的宪法原则应对新问题时，受到司法独创性的限制。[62]

---

[56] *Baker v. Carr*, 369 U. S. 186 (1962); *Reynolds v. Sims*, 377 U. S. 533 (1964).

[57] *Kingsley International Pictures Corp. v. Regents*, 360 U. S. 684 (1959); *Jacobellis v. Ohio*, 378 U. S. 184 (1964).

[58] *Engel v. Vitale*, 370 U. S. 421 (1962); *School District of Abington Township v. Schempp*, 374 U. S. 203 (1963).

[59] *Griswold v. State of Connecticut* 381 U. S. 479 (1965).

[60] Powe, *Warren Court and American Politics*, supra 486; Philip Kurland, *Politics, the Constitution, and the Warren Court* (Chicago: Univ. Chicago Press 1970) Introduction.

[61] Id. 496.

[62] *Shapiro v. Thompson*, 394 U. S. 618 (1969).

最高法院的拥护者认为，在国家历史转型关键时期，最高法院支持通过道德（宪法）原则来应对法律和社会的症结。一部分人认为，最高法院已经回溯到传统自然法原则的路径。例如，法官威廉·道格拉斯时常以这样的方式提出其判决意见。然而，在许多观察者看来，这一说法的问题在于，这些道德（即宪法）原则似乎是法官个人通过批准，而强加于每个人的政策和价值倾向。[63]

沃伦法院的崇高志向不只是要进行法律改革，而且要用法律作为手段改造更好的社会。[64] 这是法律工具主义视角下对司法权力的最佳表达。评论家们把这种雄心壮志看作是沃伦法院的狂妄自大，认为其对自身角色的不合适的定位注定要以失败告终。

尽管如今不再可能看到由沃伦法院改革引发的来自保守地区和南方的强烈仇恨，但是四十余年后提起最高法院仍然会引发保守派的议论。评论家指控沃伦法院放纵罪犯，反对宗教，鼓励不道德的行为，践踏集体（或者南方的）价值观。而且，评论家们为沃伦法院贴上了"激进分子"的标签。

即使那些支持沃伦法院改革的人也对其判决存在的法律依据感到怀疑和不安，并担心以后保守派法院会破坏其改革，更糟的是利用相同的方法使得宪法司法体系右倾。毕竟，如果沃伦法院能够做到，也不能阻止以后的最高法院通过相似的手段推进一套相反的价值观。

伯格法院继承了沃伦法院的趋势

在1968年的总统选举中，理查德·米尔豪斯·尼克松将关于沃伦法院及其自由主义判决作为主要的竞选议题。就在

---

[63] Kurland, *Politics, the Constitution, and the Warren Court*, supra.
[64] See Powe, *Warren Court and American Politics*, supra 486—487.

选举的前几日,尼克松承诺他任命的官员不会是司法激进分子:"高等法院的候选人……是严格的宪法解释者,必须深知其职责是解释法律而不是制定法律。他们将自己视为宪法的守护者,人民的公仆,不是随意将其自身的社会力量和政治观点强加于美国人民的超级立法者。"[65] 总统尼克松任命沃伦·厄尔·伯格为首席法官,填补沃伦辞职后的空缺。几年后,他任命哈利·布莱克蒙、刘易斯·鲍威尔及威廉·哈布斯·伦奎斯特。最高法院实质上是被重组了,但是尼克松所表达的愿望却受到挫败。

伯格法院形成十二年后,宪法学者文森特·布拉斯总结道:"实质上,从每个有意义的措施来看,伯格法院一直是激进的法院。"[66] 把废除联邦和州立法的可能性用作"司法能动主义"的措施,伯格法院比沃伦法院更加激进。"司法能动主义"这个术语是原创的,其含义也暗指尼克松。[67] 沃伦法院在15年里宣布23条联邦法规、186条州法规违宪;相对地,伯格法院在17年里废除了32条联邦法规,309条州法规。[68]

伯格法院在其他方面也采取激进主义立场,特别是在其与联邦和州政府界定权力范围,以及建立新的宪法原则方面。合

---

[65] E. E. Kenworthy, "Nixon Scores Indulgence", *New York Times*, November 3, 1968, p.1, 79, quoted in Stephenson, *Campaign and Courts*, supra 181.

[66] Vincent Blasi, "The Rootless Activism of the Burger Court", in *The Burger Court: The Counter-Revolution That Wasn't* (New Haven: Yale Univ. Press 1983) 208.

[67] "司法能动主义"的首次使用见 Arthur M. Schlesinger, "The Supreme Court: 1947", *Fortune*, January 1947, Volume XXXV, 201。

[68] Congressional Research Service, "The Constitution of the United States of America: Analysis andInterpretation", and 2000 Supplement (Washington, D. C.: Government Printing Office, 1996, 2000) reproduced in Thomas M. Keck, *The Most Activist Supreme Court in History: The Road to Modern Judicial Conservatism* (Chicago: Univ. Chicago Press 2004) 40—41. See also BernardSchwartz, *The Ascent of Pragmatism: The Burger Court in Action* (Reading, Mass.: AddisonWesley Pub. 1990) 398—413.

第五章 20世纪最高法院的工具主义

众国诉尼克松案是一次具有划时代意义的判决,要求尼克松根据特别检察官所发传票的指示,移交磁带和文件,该案大胆地宣称最高法院的权力凌驾于总统之上。[69] 在弗曼诉佐治亚州案中,最高法院将宣布所有死刑立法违宪并废除。[70] 法院正式批准义务校车接送学生作为废除种族隔离的补救措施。[71] 而且,法院承认巴克案中的平权运动的合宪性。[72]

伯格法院任期内发生了最高法院当代史上的转折性事件。在罗伊诉韦德案中,三位尼克松任命的法官,代表多数意见宣布关于禁止堕胎的州法无效,认为宪法隐私权授予妇女对其身体的控制权。[73] 此观点提出了为期三个月的计划,在此计划中,随着胎儿在母体内的逐渐发育,州管理堕胎的权力将越来越大。这不同于任何成文的宪法观点。对反对者来说,罗伊案是与司法僭越立法权,以及法官将个人观点以解释宪法的名义强加于公众不为匹配的例子。

对于期望司法更大程度的谦逊的许多观察者来说,最高法院持续不断的能动主义是一个意外惊喜。尽管伯格法院作出了很多保守派赞成的判决,但是,特别是在其早期,伯格法院的许多判决更倾向于自由派。[74] 在受到保守派批评的案件名单中,罗伊案、弗曼案和巴克案这三件大案的重要性远超过许多沃伦法院案件。一种倾向性解释是沃伦法院的若干自由主义成员,包括法官道格拉斯、威廉·约瑟夫·布伦南、瑟古德·马歇尔,仍任职于伯格法院。五票即可决定法院判决,每位大法

---

[69] *United States v. Nixon*, 418 U.S. 683 (1974).
[70] *Furman v. Georgia*, 408 U.S. 238 (1972).
[71] *Swann v. Charlotte-Mecklenburg Board Of Education*, 402 U.S. 1 (1971).
[72] *Regents of University of California v. Bakke*, 438 U.S. 265 (1978).
[73] *Roe v. Wade*, 410 US 113 (1973).
[74] 关于伯格法院左翼判决的强有力观点见 Earl M. Maltz, *The Chief Justiceship of Warren Bwger, 1969—1986* (Columbia, S.C.: Univ. of South Carolina Press 2000)。

官只有一票。

另外两种倾向性解释是：一是对先例的遵循，二是解释现存法律原则含义的技巧，这些都巩固了沃伦法院自由主义判决的地位。"法律保守主义"要求原则的一致性和对判例的尊重。即使判例在法律依据上存在异议，法官们也有义务尊重它。由法院立场的改变引起的迅速的、彻底的变化暗示人们：法规是政治性的而非法律性的，由法院决定其效力。令保守派懊恼的是，尽管沃伦法院被指控其具有政治性，但其通过一套与大多数保守派的反革命相违背的法律价值为其提供了保护措施。

与本书主题相一致的、关于伯格法院混合遗产的另一种解释是：伯格法院的很多判决反映了实用主义决策，特别是平衡了相冲突的利益[75]，这一点与价值取向广泛的沃伦法院的决策相反。宪法分析中的利益平衡的起源应直接追溯到庞德和现实主义者的实用法律工具主义。[76] 法官斯通，20世纪30年代最高法院中新政的忠实支持者，于1936年在哈佛大学做了一个演讲。根据法律工具主义观点，他支持利益均衡。"我们逐渐更趋彻底地认识到，法律不是一种目标，而是达到目标的一种手段——对政府特别关注（因而也是法律特别关注）的经济利益和政治利益进行适当的控制。（司法）选择确实会取决于对不同社会和经济利益的取舍权重，从而最终决定赞成某条法规。"[77] 利益均衡出现在20世纪30年代至60年代这一特定的宪法背景中，但是到20世纪70年代至80年代它已经在宪法分析中广泛运用。例如，罗伊案就是利益均衡的判决。尽管在宪法分析中常用利益均衡，但是"利益认证、利益评估、利益比较

---

[75] See Blasi, "Rootless Activism of the Burger Court", supra; Schwartz, *The Ascent of Pragmatism: The Burger Court in Action*, supra.

[76] T. Alexander Aleinikoff, "Constitutional Law in the Age of Balancing", 96 *Yale L. J.* 943, 955—963 (1987).

[77] Harlan Fisk Stone, "The Common Law in the United States", 50 *Harvard L. Rev.* 4, 20 (1936).

系统目前尚未发展"。[78] 尽管他们通过某一标准措施来衡量社会价值,但是由于缺乏这样一个系统,当法官们在对利益进行取舍时,通常会根据其自身对于有关价值的理解决定。

伯格法院利益均衡的判决和量身定制的判决以不确定模式分散开,显然是各方在特定案件中为拼凑足够的票数形成多数意见的结果。[79] 这看起来像政治手段。一份1981年出的研究报告,通过对最高法院之前三十年的判决结果进行分析,对这一印象有着强有力的支持,该分析揭露了一些法官的投票与其政治态度之间的惊人的高度关联。例如,法官道格拉斯在所研究的94.3%的自由权案件以及82.1%的经济案件中的投票都倾向于自由派。但是,法官伦奎斯特却在相同的公民权利案中和经济案中分别只将4.5%和15.6%的投票投给自由派。[80] 那么,人们不需要依靠任何适用于此特定案件的法律知识,便可根据法官的政治观点推断其判决意见,这些判断往往是具有很高程度的可信度的。在此研究之前,最高法院的研究者们就已经意识到这些关联性。法官把法律当成实现其想要达到的目标的工具,从而使得很多法院判决变成政治联盟或者法官之间共同目标的产物。

伦奎斯特法院的能动主义

也许这一解释最扑朔迷离的部分,是伦奎斯特法院的记录。伦奎斯特法院被公开反对"司法主导下的政府"的共和党总统所任命的官员占据,他们却起誓只挑选那些尊重立法机关作为政府

---

[78] Aleinikoff, "Constitutional Law in the Age of Balancing", supra 982.
[79] See Maltz, *Chief Justiceship of Warren Burger*, supra.
[80] C. Neal Tate, "Personal Attribute Models of Voting Behavior of United States Supreme Court Justices: Liberalism in Civil Liberties and Economics Decisions, 1946—1978", 75 *Am. Pol. Sci. Rev.* 355 (1981).

立法主体的人来任职法官。罗纳德·里根总统提拔伦奎斯特为首席法官,并任命了萨德拉·戴·奥康纳、安东宁·斯卡利亚和安东尼·肯尼迪;乔治·布什总统还任命了戴维·苏特和克拉伦斯·托马斯。然而,尽管运用相同的方法——宣布立法无效——但是最高法院的能动主义仍然有增无减。伦奎斯特法院所废除的联邦法规的数量是沃伦法院的两倍(伦奎斯特法院47条,沃伦法院23条),尽管所废除的州法规较少(伦奎斯特法院132条,沃伦法院186条)[81],但是也足够多了。伦奎斯特法院每年宣布违宪的联邦法规的平均数量是最高法院有史以来最高的。根据这些和其他措施,有一项研究总结:伦奎斯特法院是"有史以来最激进的最高法院"[82]。和伯格法院一样,伦奎斯特法院试图激怒政界的左右两派。

在受到密切关注的凯西案中,一部分原因是法院不愿意推翻此前判例,因此多数意见维持了罗伊案的结论。这个判决激怒了基督徒中的保守派,他们发誓直到最高法院支持禁止堕胎权利,否则他们不会善罢甘休。凯西案不切实际的观点受到了反对方的嘲笑:"自由的核心是每个人可以给生存的概念、世间万物和人类生命之谜的概念以及人生意义作界定的权力。"[83] 在劳伦斯诉得克萨斯州案中,最高法院推翻了近期的判例(尽管在凯西案中拒绝推翻之前的判例),宣布州法认定的"同性恋鸡奸是侵犯个人隐私的违宪行为,因此构成刑事犯罪"是无效的。[84] 法院同样将反对男同性恋权利法案视为违法平等保护

---

[81] 数据更新至伦奎斯特任期结束,你可以在 http://faculty.maxwell.syr.edu/tmkeck/Book 1/Research Updates.htm 找到数据。See also Keck, *Most Activist Supreme Court in History*, supra 40—41.

[82] Id.

[83] *Planned Parenthood of Southeastern Pennsylvania v. Casey*, 505 US 833, 851 (1992).

[84] *Lawrence v. Texas*, 539 US 558 (2003), overruling *Bowers v. Hardwick*, 478 US 186 (1986).

条款。[85] 最高法院宣布弗吉尼亚州的一所军事学院"只招收男生"的招生政策无效,并不允许其歧视女性。[86] 最高法院允许密歇根大学法学院将种族作为作出录取决定的一项考虑因素[87],而且,最高法院宣布对青少年和智障人士实施死刑是不符合宪法的[88]。

回想起对沃伦法院的攻击,愤怒的保守派谴责这些诉讼是所谓至高无上的最高法院的"一种司法僭越政治的行为"。"实际上,司法机构已明确告诉我们,我们的生活应当如何安排,这些最重要的问题在'人类'的知识范围以外。"[89] 评论家义愤填膺地说道,这些判决都是聪明的文化精英的观点。法官斯卡利亚气愤地在几个判决中写下反对意见,并指控多数意见"已经开始将当前社会的倾向(在一些案件中,仅仅是受过法律训练的社会精英的少数倾向)逐步融入我们的基本法律之中"。[90]

尽管自由主义对最高法院的一些主张表示支持,但仍有所不满,几乎对每一项判决都感到不安。伦奎斯特法院认为州政府或联邦政府的一些平权运动政策违反了第十四修正案。[91] 一条规定在公共团体中禁止歧视男性同性恋的州法规(赞成童子军的"禁止男同性恋者为童军团长"的规定)被认为违反了结

---

[85] *Romer v. Evans*, 517 US 620 (1996).
[86] *United States v. Virginia*, 518 US 515 (1996).
[87] *Grutter v. Bollinger*, 539 US 306 (2003).
[88] *Roper v. Simmons*, 543 US 551 (2005); *Atkins v. Virginia*, 536 US 304 (2002).
[89] Michael S. Muncie, ed., *The End of Democracy: The Judicial Usurpation of Politics, The Celebrated First Things Debate with Arguments Pro and Con* (Dallas: Spence Pub. 1997) 5. 这本书编写了保守派杂志《首要事务》的研讨议题,尖锐地批评了伦奎斯特法院。
[90] *United States v. Virginia*, supra at 567.
[91] *Adarand Constructors Inc. v. Pena*, 515 U.S. 200 (1995). 在 *Gratz v. Bollinger*, 539 U.S. 244 (2003)中,法院认为密歇根大学的平权运动政策也在其中。

社自由。[92] 由于超出了贸易条款规定的立法权力范围[93]，伦奎斯特法院宣布诸多联邦法规无效。六十年后才开始仔细审查传说中的立法目标，使得左派产生对新政型立法可能受到威胁的担忧。后来的一系列判决，连同根据第十一修正案[94]和第十修正案[95]为各州寻求新保护措施的案件一起，标志着后来被贴上标签的"联邦主义革命"的兴起。在这次"联邦主义革命"中，最高法院开始帮助州政府限制联邦政府的立法权，并在诸如"主权"等模糊概念的基础上，绘制出对新的政府权力的宪法限制。[96] 这类案件中最突出的是布什诉戈尔（Bush v. Gore）一案[97]，它激怒了自由派。很显然，多数人的政治决定使乔治·布什坐上了总统之位。

自由主义宪法学者卡斯·桑斯坦宣称：伦奎斯特法院致力于"非法的司法能动主义"，它"不是在宪法规定明确时，而是在宪法规定尚未明确、明智的人仍存有异议之时，伦奎斯特法院非常渴望驳回议会（和州政府）的立法"[98]。卡斯·桑斯坦观察到：很多法规的失效"都与共和党议程中的极端因素相契合"。[99] 在另一个相反的政治派别里，保守派法官罗伯特·博

---

[92] *Boy Scouts of America v. Dale*, 530 U. S. 640 (2000).
[93] *United States v. Lopez*, 514 U. S. 549 (1995); *United States v. Morrison*, 529 U. S. 598 (2000).
[94] *Seminole Tribe of Florida v. Florida*, 517 U. S. 43 (1996); *City of Boerne v. Flores*, 521 U. S. 507 (1997); *Board of Trustees of the University of Ala. V. Garrett*, 531 U. S. 356 (2000).
[95] *New York v. United States*, 505 U. S. 144 (1992); *Printz v. United States*, 521 U. S. 898 (1997).
[96] See Jack M. Balkin and Sanford Levinson, "Understanding the Constitutional Revolution", 87 *Virginia L. Rev.* 1045 (2001); Timothy Zick, "Are the States Sovereign?" 83 *Wash. U. L. Q.* 229 (2005).
[97] *Bush v. Gore*, 531 U. S. 98 (2000).
[98] Cass Sunstein, "A Hand in the Matter", *Legal Affairs*, March-April, 27—30, http://www.legalaffairs.org/printerfriendly.msp 2, 3.
[99] Id. 2.

克在他的评论中对此进行了严厉的批判：

> 最高法院使我们深刻而清晰地认识到被寡头政治统治意味着什么。与我们生活息息相关的，最重要的道德、政治、文化决策正逐渐不受民主控制。法院多数意见长期将其自身的意愿作为基本法的命令来执行。[100]

> 虽然里根和布什都下定决心要任命遵循宪法初衷的法官，但经过十二年的执政后我们看到的却是一个远不受束缚的最高法院。大多数法官都变成比以往更加傲慢的权力主义者。[101]

保守派宪法学者玛丽·安·格伦登非常悲观地问道："如今最高法院中'保守''谦抑'的法官们在行使他们的司法权力时，为何比沃伦法院时'自由''激进'的法官们更加独断傲慢？"[102]

这个谜是可以被解释的。任命作出这些判决的大法官们的保守派总统们有两项独立议程：第一项是"阻止司法控制政府"[103]，即法官否决立法和试图使其个人观点合法化的实践；第二项是执行在社会上和经济上持保守主义的法律。[104] 当沃伦法院进行自由主义改革的时候，这两项议程是相辅相成的：法院的能动主义推进了自由主义政治构想，对受到束缚的法院的需求也促进了保守派政治构想。但是，这两项议程很容易发

---

[100] Robert H. Bork, "Our Judicial Oligarchy", in *The End of Democracy*, supra 10.

[101] Id. 16.

[102] Glendon, *A Nation Under Lawyers: How the Crisis in the Legal Profession is Transforming American Society* (New York: Farrar Strauss 1994) 117.

[103] See Raoul Berger, *Government By Judiciary: The Transformation of the Fourteenth Amendment* (Cambridge, Mass.: Harvard Univ. Press 1997).

[104] 汤姆斯·凯克（Thomas Keck）认真地研究了《历史上最激进的最高法院》。这本书上去除了这两项议程，并写道当他们产生冲突时，发生了什么。

生冲突。

当保守派逐渐控制最高法院并希望借此职位来实施他们实质的政治议程时,他们之间潜在的冲突已经开始显现了。在这些情况下,司法限制的实施妨碍了保守派实现其政治目标。例如,为了削弱联邦政府的管制权,经济保守派希望复兴新政前的贸易条款。[105] 这就需要倒退到半个多世纪前的最高法院司法体系,并继承由议会制定的、有力的经济立法监管制度。实施这项议程暗示了最高法院要以两种不同的司法能动主义形式实现它:推翻长期以来的判例和宣布议会立法无效。推翻联邦法规的行为促进了保守派所支持提倡的"州权"。不管保守派是企图推动其议程,还是反对能动主义,基本立法职位的功能还有待争论。当州立法机构制定了一项自由政策——禁止歧视男性同性恋或者促进教育中的平权运动——保守派会敦促法院废除这些恼人的条款,要求司法能动主义。当一个州支持保守派的政策时——将同性恋鸡奸宣布为违法行为、限制堕胎或者制定反同性恋权利条例——保守派会希望解散法院,并谴责司法能动主义。

同保守派一样,左派上演着另一个版本的摇摆不定,凡事取决于大法官的政治倾向:当法官是自由派时,左派支持法院能动主义;但是当法官逐渐变得保守时,左派就越来越反对法院能动主义,一些支持左派的人甚至提出:"司法审查权应该被废除或者削减。"[106] 在那些把法律看作是促成其政治目的之手段的人看来,像这样时而支持时而反对"司法能动主义"的态度是不可避免的。司法能动主义的坚定反对者应当希望法院能够放弃司法审查权,除非该立法明显违宪,而不论立法潜在的政治倾向或司法机构的政治倾向为何原因。

---

[105] See Richard Epstein, "The Proper Scope of the Commerce Power", 73 *Virginia L. Rev.* 1387 (1987).

[106] Mark Tushnet, "Democracy Against Judicial Review", *Dissent* (Spring 2005).

我们应该认识到：在"司法能动主义"和遵守任何特定关于宪法解释的实质性理论之间，一直存在着潜在问题。如果某条特定立法违背了特定的宪法理论，那么这条立法将会被宣布违宪，国会将为此承担责任。例如，首席法官斯卡利亚和托马斯要求法官们根据立宪者们当初的立宪原意来解释宪法规定。他们声称，这个方法更忠实于民主宪法制度。2005年的一项研究发现：在对联邦立法的合宪性进行审查的案件中，托马斯大法官在任时投票废除了65.63%的立法，斯卡利亚则投票废除了56.25%，这两个比例值在众多大法官中分别居第一位和第三位（肯尼迪大法官以64.06%居第二位）。[107] 这样看来，保守派比其更顺从国会的自由派的同事史蒂芬·布雷耶（28.13%）、鲁斯·巴德·金斯伯格（39.06%）和约翰·保罗·斯蒂文斯（39.34%）更加"激进"。如果斯卡利亚和托马斯在案件中能够获得大多数票，那么最高法院就会把一半以上受到质疑的联邦立法废除，以向国会表明其对于国会行权的合宪性表示质疑，认为其很难与民主制度相一致。

大法官奥康纳与肯尼迪的投票倾向则摇摆不定，他们时而支持自由派观点，时而又支持保守派观点。因此，"能动主义"判决的作出可能使保守派与自由派都不满，但是在不同类型的案件中两派的态度不同。[108] 在现实和认知中都充满了"能动主义"，因为双方都获得了胜利，并且双方都试图将自己的损失归因于司法能动主义支持对方之故。然而，大部分的判决遵循的政治路线都是可预测的（由奥康纳和肯尼迪所选择的路线决定），这就有点像是宪法政治，而不是宪法本身。

在21世纪初期，为了对立法造成冲击，最高法院表现出对政治机构权威的不屑，并根据其个人喜好投票。也许是受法律

---

[107] See Paul Gerwith and Chad Golder, "So Who Are the Activists?" *New York Times*, A 19, July 6, 2005.
[108] Keck, *Most Activist Supreme Court*, supra Conclusion.

现实主义者的影响,加上1937年的革命、沃伦法院的改革、伯格法院对此前改革的延续,以及罗伊案这一系列事件逐渐积累的影响,一种无形的却非常真实的自我约束意识成了最高法院判决中的重要组成部分。斯卡利亚和托马斯已经将其归咎于其他大法官,但是他们坚决否认自己也有同样的行为,声称遵循宪法原意的理论能够限制司法裁量权,并且在大部分的案件中都认为受审查的法规违宪。然而,很多观察者已经注意到,他们的判决在很多时候与他们的个人观点相一致。[109]

这不是宪法的初衷。在《联邦党人文集》第78篇中,赞成违宪审查的亚历山大·汉密尔顿准确地预料到了这个问题,并说明了不合适之处:"如果说,这样的法院在与立法机关发生龃龉的情况下,或可任意歪曲立法机关制宪的原意,此种说法实在无足轻重。解释法律是法院的责任。如果法院以主观意志代替客观判断,同样可以造成以一己之见代替立法机关原意的情况。"[110]

一部分人会说,尽管最高法院试图尽力掩饰,但是它总是以意识形态为目的对法律进行工具式地操纵。也许区别在于,一种观点认为最高法院的做法不合适应当坚决被抵制或掩饰,另一种观点则认为最高法院的做法是可以接受的。首席法官伦奎斯特写道:"打算重组最高法院的总统,都试图任命那些认同其政治原则或哲学原则的人为最高法院法官。世界上没有什么理由可以解释总统为何不这么做。"[111]虽然总统用沉默的方式表达了此想法,但早期就任的法官们未曾如此公开表明这一观点。然而,公众对此观点表达了极度不满和愤慨,因此

---

[109] Robert M. Howard and Jeffrey A. Segal, "An Original Look at Originalism", 36 *Law & Soc'y. Rev.* 113, 133 (2002).

[110] Alexander Hamilton, James Madison, and John Jay, *The Federalist Papers* (New York: Bantam Classic 2003) Federalist 78, p. 476.

[111] William H. Rehnquist, "Presidential Appointments to the Supreme Court", 2 *Constitutional Commentary* 319 (1985).

导致1937年罗斯福类似的企图未能成功。

法律工具主义的五种类型

本章将介绍最高法院与法律工具主义相关的五种类型。第一种是认为法院具有通过其判决来主导社会变革的权力。首席法官布伦南曾明确表示最高法院拥有这种权力:"我在最高法院的主要责任是全力解决公众强烈关注的宪法问题(包括社会出现"严重分裂"的问题),根据法律条文平息公众的争论。至关重要的社会、经济和政治趋势也许会因此被引导了。"[112] 相同的观点也反映在最高法院在凯西案的建议中:人们必须接受罗伊案的结论并向前看。法律工具主义的第一层含义是:相信司法判决具有能够通过其决定改变社会的权力。

法律工具主义的第二种类型是最高法院适用的常规方法,正如斯蒂文·史密斯所说:

> 从最明显的方面而言,宪法通过法律工具主义或"方法——目的"的方式展现了其理性一面。学者们指出,不管是第十四修正案的第一次修订还是贸易条款,从本质上讲,最高法院的大多数教条理论都是以同样单调枯燥的法律工具主义术语的形式提出。因此,法律被视作实现社会目标的手段,据此法律的合宪性取决于这条法律所要实现的目标的重要性,以及这条法律作为实现目标的手段的有

---

[112] William J. Brennan, "The Constitution of the United States: Contemporary Ratification", in *Interpreting Law and Literature: A Hermeneutic Reader*, edited by Sanford Levinson and Steven Mailloux (Evanston, Ill.: Northwestern Univ. Press 1988) 14—15 (emphasis added).

效性和必要性。[113]

"法律是推进目标的工具"这一观点在这篇文章中具有明显的优势。[114]

与史密斯提到的有关,法律工具主义的第三种类型是最高法院所日益普遍适用的利益均衡分析。"目前,利益均衡已经应用于宪法领域的各个主要方面。"[115]最高法院认为"形式主义"区分不切实际,其决定主要在于在各种相互矛盾的利益之间寻求适当平衡。权衡和比较各种利益时,法官不可避免地进行社会政策选择;而且,利益均衡包括"暗箱操作"的判决——得出某些利益比其他利益更重要的结论,但是没有经过证明或是提供具体的衡量标准——这使得大法官可以在不受检查或评估的情况下根据其个人喜好作出判决。[116] 利益均衡与规则的适用根本是两回事。

法律工具主义的第四种类型则认为最高法院的教条式分析与普遍的怀疑论有关。仅根据大法官对判决的法律依据的表述进行表面的判断越来越难。最高法院的研究者通常根据大法官的政治观点预测并理解其判决。很多关注最高法院的当代政治学家、法律学者、法律记者、宪法课堂上的学生甚至很多关注最高法院的民众均认为,大法官将宪法原则作为工具,利

---

[113] Steven D. Smith, "The Academy, the Court, and the Culture of Rationalism", in *That Eminent Tribunal: Judicial Supremacy and the Constitution*, C. Wolfe, ed. (Princeton: PrincetonUniv. Press 2004) 105. Smith cites Robert F. Nagel, "Rationalism in Constitutional Law", 4 *Constitutional Commentary* 9 (1987).

[114] See Albert W. Alschuler, *Law Without Values: The Life, Work, and Legacy of Justice Holmes* (Chicago: Univ. Chicago Press 2000).

[115] Aleinikoff, "Constitutional Law in the Age of Balancing", supra 965.

[116] See Christopher Wolfe, "The Rehnquist Court and 'Conservative Judicial Activism'", in *That Eminent Tribunal: Judicial Supremacy and the Constitution*, edited by Christopher Wolfe (Princeton: Princeton Univ. Press 2004) 224.

用它掩饰对其个人有利的判决结果。[117] 宪法通常被看作政治。宪法理论、宪法原则和宪法语言都是大法官用来实现其个人目的所使用和操纵的工具。

法律工具主义的第五种类型与人们如何看待法官的职权有关。为了鼓励公众从法律工具主义角度理解法官，最高法院一直没有受理与罗伊案类似的案例，直到布什诉戈尔案的出现。公众曾在堕胎问题上存在严重分歧，现在仍然如此。此判决抑制了最高法院在此二十年间不断对宪法进行未曾预料的解释这一趋势。罗伊案后，最高法院变成了特定群体的目标，这些特定群体的首要目的在于，使得顺从其政治观点的个人能够坐拥法官职位，从而使其观点可以成为法律。这种做法是将司法席位作为使其政治观点法律化的关键策略。

由于最高法院（在制度上和象征上）的突出地位，上述的法律工具主义的各种类型都渗透到了整个司法制度。在21世纪初期，很多法官似乎相信他们有权力主导社会改革，而且许多法律分析是以"方法—目的"论为导向的，广泛应用利益均衡测试能够使法官致力于不受约束的法律工具主义推理，持怀疑态度的观察者将法官的判决视为对法律规则的操纵并以此达到自己渴望的目的，假设各个群体将制定法律来支持他们的观点，那么他们会努力地与志同道合的人一起完善司法体系。正如以下章节所述，法律工具主义的每层含义都展现在了当代法律文化中。

"党派巩固"是由两位当代著名的宪法学家杰克·巴尔金

---

[117] Harold J. Spaeth and Jeffrey A. Segal, *Majority Rule or Minority Will: Adherence to Precedent onthe US Supreme Court* (Cambridge: Cambridge Univ. Press 1999); Harold J. Spaeth and Jeffrey A. Segal, The *Supreme Court and the Attitudinal Model Revisited* (New York: Cambridge Univ. Press 2002).

和桑福德·列文森提出的宪法理论。[118] 巴尔金和列文森的论点是:法律的意义是由社会运动和政治党派塑造的,并与法律传统中普遍接受的认识与实践相互作用。对于法律传统的普遍性解读与理解限制了对法律的合理解读,但是宪法条款的各种解释在任何特定时期都是有可能的,而且迫于社会和政治的压力,主导性观念会随着时间而改变。在这样的过程中,曾经看似荒唐的宪法条文解释,后来很有可能变成标准观点。巴尔金和列文森认为:"法律材料是社会各方群体斗争的地点之一,从而使得法律材料和法律理念都能够获得多种解释。"[119] 在党派巩固理论看来,宪法正是在将法律作为实现目标的一种手段的斗争中获得其实际含义的。

---

[118] See Jack M. Balkin and Sanford Levinson, "Legal Historicism and Legal Academics: The Roles of Law Professors in the Wake of *Bush v. Gore*", 90 *Georgetown L. J.* 173 (2001).

[119] Jack M. Balkin, "'Wrong the Day it Was Decided:' Lochner and Constitutional Historicism", supra 714.

第二部分

当代法律工具主义

第六章

20世纪70年代法律界的工具主义

如今,法律工具主义观点已被普遍接受,因而鲜有评论与质疑。然而,在20世纪六七十年代,它在法律教育上的创新性中得到了认可,也引起了关注。下文将简单讨论法律程序学派,它为法律界的这一关键时期奠定基础。从法律现实主义时期到20世纪70年代,法律程序思想是法学界的主流思想。尽管几十年前法律程序思想突然陷入一片反对声中(其原因稍后详述),但有理由相信,"在过去五十年里它一直居于统治地位"[1]。

法律程序思想在吸收了很多法律现实主义观点的同时,也为其存在的诸多问题提供了解答。"二战"期间,人们对美国式法律制度的善的集体追崇以及对纳粹德国式法律政权的恶的谴责,使得法律现实主义受到压制。很多人认为,美国的法律不只是原始的国家权力。在冷战的最盛时期,面对苏联共产主义的威胁,对道德和法律合法性的追求同样强烈。然而,20世纪三四十年代,相对主义观点已在知识分子中传播开来(其原因已在第四章结尾部分详述),使得辨认和捍卫普遍的或客观的道德原则或法律原则变得较难。

民主变成了自由社会区别于极权主义社会的关键特点。杰出的理论家们竟认为,相较于自然法观点,民主同道德相对主义更加协调。汉斯·凯尔森,一名逃离了纳粹德国、有犹太血

---

[1] Edward L. Rubin and Malcolm M. Feeley, "Judicial Policy Making and Litigation Against Government", 5 *U. Penn. J Const. L.* 617, 635 (2003).

统的法律哲学家认为,自然法在历史上一直与专制主义政府有密切关系:"如果人们相信专制的存在,那么随后就会相信绝对价值的存在,绝对的善的存在。让多数票决定什么是政治利益难道是有价值的吗?"[2]凯尔森断言,相对主义观点无比适合民主国家,因为相对主义承认人们对基本价值的选择也许是错的,并认识到人们需要尊重所有观点的持续开放的讨论。这正是民主所推崇的。

约翰·杜威也把绝对原则与专制主义政治相联系,并把这一组合与现代科学方法进行对比。"实际上,问题出在教条(过于僵化以至于他们最终必须诉诸武力)和对敏锐观察的依赖之间,这种观察是由我们拥有的智慧所引导的,是科学方法的核心。"[3]主张坚持客观原则的专制主义政府对现代科学是不利的,因为他们无所不包的意识形态镇压或扭曲了调查——例如纳粹对"犹太物理学"的诋毁——然而,科学却因为思想的公开交流而日益昌盛。杜威认为民主主义与现代科学的实用主义观点有共同之处,两者都接受讨论和实验,都适合于不断变化的世界:"民主主义的信念使科学方法伦理能够延伸到所有其他人类活动和制度中。"[4]因此,杜威通过将其等同于民主主义而为知识的实用主义理解平反,并将二者确定为一致反对绝对原则和专制主义政府。

这些论点自然遭到自然法原则支持者的反对,但是在某种意义上,这种无定论的争论是无关紧要的。[5]法律理论家们没有其他选择,其对法律的理解只能与既存的法律相对主义保持一致。由于缺乏对客观道德原则或法律原则的识别及认同,法律之合法性的唯一明显的其他来源要求我们将重点从内容转向程序。这就是法律程序学派的目标。

---

[2] Hans Kelsen, "Absolutism and Relativism in Philosophy and Politics", 42 *Am. Pol. Sci. Rev.* 906, 913 (1948).

[3] Dewey, "Challenge to Liberal Thought", supra 182.

[4] Id. 188.

[5] Felix Oppenheim, "Relativism, Absolutism, and Democracy", 44 *Am. Pol. Sci. Rev.* 951 (1950).

法律程序主义对法律现实主义的回应

追溯到 20 世纪 40 年代,法律程序思想孕育于哈佛法学院法学教授和诸多优秀学生的关系网中。他们中很多人曾经都是赫赫有名的法庭书记,后来变成了法学家,把法律程序的思想传授给下一代学生。其中曾发挥主要影响的是曾任哈佛大学教授,后任最高法院大法官的费利克斯·弗兰克福特的学术著作和司法观点,他强调对司法权的限制和对法律的目的解释;另外还有朗·富勒的法理学著作,他强调法律以及法律过程的程序方面,并认为法律就其本质而言是充满了各种社会目的的。由亨利·哈特和阿尔伯特·萨克斯于 1958 年编写的、作为其授课教材使用的《法律程序》在法律程序学派思想的传播中起了主要作用。在将近二十年的时间里,全国各地诸多法学院都复制这本书的手稿,并把它用作教学材料,尽管这本书到 1994 年才正式出版。而那时手稿已经太过陈旧且很难再使用了。这段独特的历史——被广泛应用的教学材料迟迟没有得到出版——充分说明了法律程序思想的命运。

法律程序主义提供的材料开启了当代的独特观点:法律是满足社会需要的工具。哈特写道:"每个法律问题都是关于目的的问题,都是关于达到特定目的的手段的问题……"[6] "不

---

[6] Quoted in William Eskridge and Philip Frickey, "An Historical and Critical Introduction to *The Legal Process*", in Henry M. Hart and Albert M. Sacks, *The Legal Process*, edited by William Eskridge and Philip Frickey (Westbury, N. Y. : Foundation Press 1994 [1958]) lxxxii. 埃斯科利奇和佛瑞奇的文章为这个学派的思想做了很好的介绍。我的叙述也来自如下文章:G. Edward White, "The Evolution of Reasoned Elaboration: Jurisprudential Criticism and Social Change", in *Patterns of American Legal Thought*, supra; Jan Veter, "Postwar Legal Scholarship on Judicial Decision Making", 33 J. Legal Educ. 412 (1983); Neil Duxbury, "Faith in Reason: The Process Tradition in American Jurisprudence," 15 *Cardozo L. Rev.* 601 (1993); Gary Peller, "Neutral Principles in the 1950's", 21 *U. Mich. J. L. Reform* 561 (1988).

只是法学家一直重视政策这一概念在法律中的广泛性,以及它同时在成文法令的解释以及不成文法的发展方面的影响。"[7] 这正是霍姆斯、庞德和现实主义者们曾经的观点。根据法律程序学派的主张,当法律、行政法规和普通法被解释和应用时,潜在的社会目的应该具有控制性影响。"那么,当法院解释普通法判例时就有责任弄清楚引用该判例的目的,从而才能得出某条原则、原理或者标准。同样地,当一个法官解释法规的时候,他首先必须确认法规的目的以及它具体体现的政策和原则,然后向与政策或原则最为一致的解释进行推理。"[8] 无论是在通过司法发展的普通法中,还是在法规的司法解释中,目标性解释能够使法律逐步发展以适应变化的社会环境,同时忠于其暗含的目的。

如前文所述,到19世纪末期,大部分制定法已被看作是工具主义立法,但不包括普通法。霍姆斯、庞德和现实主义者对于传统观点的批判旨在瓦解把普通法分类到非法律工具主义范畴的思想。正如这些说法所示,法律程序思想接受这样的观点:实际上,普通法和制定法在满足社会需要的功能这一点上是相似的。正如现实主义者,法律程序思想的支持者反对概念形式主义关于法律概念和法律原理的固有内容或必要内容的观点;相反,他们赞同的是广义上的功利主义。哈特和萨克斯断言:作为一个正式的问题,美国宪法和各州宪法都基于人人平等的理念,使美国社会致力于公共福利这个目标——似乎仅仅是追求所有人民总体效益的最大化的目标以及要求平等分配的必然结果的另一种表述。[9]

法律程序主义者们认为,基本问题是关于社会利益和社会

---

[7] Hart and Sacks, *The Legal Process*, supra 148.
[8] Eskridge and Frickey, "An Historical and Critical Introduction to *The Legal Process*", supra xcii.
[9] Hart and Sacks, *Legal Process*, supra 105.

需求的合理分歧和关于公平分配的争论。选择必须做出,而自由裁量权是不可避免的。他们的核心观点是,社会政策应该是既定的,原则的确定应当能够有助于社会政策决定的适当履行,因此在作出决定时应当遵循正当程序。这就是"**制度制定的原则**",它"表达了这样的判断:通过正当程序达成的决定应当对全体社会有效,除非通过并且只能通过正当程序对其做出改变"[10]。

每项法律制度都有其特有的优势和劣势与其独特的能力——因此,问题应该相应地肯定或否定这些制度。立法机构能够搜集与社会热点问题相关的信息并实施全面的计划。作为民主机构,立法机构对于社会政策的所有争论均具有最终发言权。然而,整体一致性却不是立法程序的优势。法院能够基于其对法律概念的认可与发展对利益双方的争论进行缜密的分析并解决争论。但是,法官们是通才,缺乏在某领域的专业知识,因此,他们搜集信息和监管的能力有限,并且缺乏敏锐的洞察力或合法性来做出具有复杂社会后果的政策抉择,诉讼案件的二元化结构对于解决多中心问题并不是很有效,法官们零碎、个案性的判决不适合于综合性法律体制的实践。行政机关具有相关领域的专业知识,他们跟进实际情形,并可以灵活地调整他们的措施,以便更好地在具体情况下实现政策指令,他们还拥有独一无二的优势去参与规则制定、政策执行、模式调节,以便实行政策。但是,他们所做出的基础政策决定,不应是可选择的事项而应是专业的意见,特别是当决定超出既定法律政策的执行范围或者与其相冲突时。

因此,法律程序思想赋予立法机构以优先权,并将法院和行政机构视为重要的合作者、但仅为执行立法目的的下位机构。法

---

[10] Id. 4(强调为原文所加)。

官必须以立法目的为指导,解释法规,填补法规的漏洞。[11] 而且,法官们作为立法机构在法律发展中的推动者,创设与立法机制和此前存在的原理相一致的普通法规则,往往受限于立法机构。

如今,这些观点引起的共鸣标志着法律程序思想已深深地渗透到美国法律文化中。从广义上讲,法律程序思想仍然存在。它还标志着法律程序思想主义者已将早期对于现代立法与行政制度中逐渐强大的官僚法律机构的理解进行了精巧的完善与表达。在法律程序学派之前,法律界的重心仍然是在法院和普通法。直到20世纪30年代后,各个法学院才开始广泛开设有关立法与行政法的课程。法律程序主义者通过将立法机构与行政机构均视为立法主体而给予同等关注与地位,打破了之前的模式。对公法的认可,对于从支持立法机构和行政机构远离普通法到共同参与立法这一巨大转变,是一个迟来的肯定。菲利克斯·弗兰克福特注意到,直到1875年,最高法院中超过40%的争议是关于普通法诉讼,但是到1947年,这项数据几乎降至零。[12]

鉴于法律程序思想对立法机构制定法律这一至高无上的权力的认可,其对于立法目的的强调看似奇怪但却与其主张相一致:他们认为,司法解释也许与法规的语言相反,有时甚至与立法者的期望和想法相反,但是这都是合法的。哈特和萨克斯赞成"推翻""文义解释"规则[13],这一解释方法认为解释法律应当按照其文本的原意,而不必考虑其结果。当法规表述很差,或者当法规用语没有虑及或预料某些可能性时,应当进行目的解释而非文义解释。体现这一观点的最著名案件就是合众国

---

[11] See Eskridge and Frickey, "An Historical and Critical Introduction to *The Legal Process*", supra xcii-xciv.

[12] Felix Frankfurter, "Some Reflections on the Reading of Statutes", 47 *Columbia L. Rev.* 527, 527 (1947).

[13] Hart and Sacks, *Legal Process*, supra 1235—1247.

诉美国卡车运输公司案。在此案中，最高法院认为，"即使文义解释没有造成荒谬的结果，但是只要文义解释导致了整体上与立法政策不相符这一不合理的结果，那么最高法院都应当进行目的解释，而非文义解释"[14]。

根据法律程序方法，法院也可因为另一理由作出与立法者意图相反的司法解释。哈特和萨克斯认为："法院可以通过试图想象自己处于制定措施的立法机构的位置而得出立法目的。"然而，跟随这一观点后，他们立即明确表示了一种完全不同的思想：

> 但是，法院不应当以愤世嫉俗的政治观察者的态度进行这样的解释，仅考虑到立法活动当时的短期政治态势。
>
> 除非有确定无疑的相反证据，不然，我们应该假设立法机构是由合理追求合理目标的理性人士组成的。
>
> 我们应该最终假设，不管这些人是否持有与法院相同的合理理念，他们都试图负责地并善意地履行其宪法职权与职责。[15]

以这种方式了解立法目的，其目的不在于揭露立法者的真正意图，而是法院所认定的理性立法者在颁布合理立法时所可能的意图。除了基于这两种不同的对立法目的的理解方式会导致不同的结果这一明显的反驳之外，"理性"测试还为法官们创造了用他们自认为合理的判断代替立法机构判断的机会。

哈特和萨克斯要求法官们既要满足隐藏在立法背后的直接目的，还要同时满足整体意义上的法律制度的一般目的，这使得做出的解释偏离立法本身的语言更远。[16] 即使人们承认法律系统存在一般目的（当然这一观点是值得怀疑的），如果认为

---

[14] *United States v. American Trucking Assoc.*, 310 U. S. 534, 543—544 (1940).

[15] Hart and Sacks, *Legal Process*, supra 1378.

[16] See Duxbury, "Faith in Reason", supra 664—665.

法官在解释立法时应当对他们做出识别并使他们与具体目的相一致,势必会赋予法官一项复杂的任务以及大量的操作空间。尽管哈特和萨克斯声称,法官们的目的解释能够帮助立法机构履行其职能,但是他们也承认"采取这种方式思维的法官将有可能冒称自己具有立法机构的职能"[17]。

更为激进的现实主义者提出司法判决是法官个人观点的产物,法律程序思想对于这一建议提供了进一步的支持。法官在制度局限内进行判决,他们有义务在周全考虑各方理性辩驳后,以不偏不倚的方式作出判决。判决是(应该是)根据权威法律原理进行逻辑解释后做出的书面观点。[18] 哈特写道,"宣扬理性,具有敏锐观察力的创造性,设立客观公正的原则"[19]的判决,至少是合理作出的判决,包括对法律原理进行"合乎逻辑的阐述"。个人偏见和失误可以通过上诉程序进行修改。在此上诉程序中,法官们会进行辩证的判决,反复地就可适用的法规的合理解释进行交流。依照这种观点,激进的现实主义者们的错误在于他们没有意识到这些制度限制会使自由的司法裁量权受限。

通过合乎逻辑的阐述,司法判决融入"使集体思想逐渐成熟的过程中"[20]。被法官们精炼的法律原则反映了普遍的社会目标,并作为现存法规和法律学说的合理启示而出现。朗·富勒写道:这些原理不是法官们共享的文化价值观下意识的感情流露,也不是自然法意义上的原则,法官们将这些原则发展为

---

[17] Hart and Sacks, *Legal Process*, supra 1148.
[18] See Lon L. Fuller, "The Forms and Limits of Adjudication", 92 *Harvard. L. Rev.* 253 (1978). 这篇他死后发表的文章自1957年发表后一直流传至今。
[19] Henry Hart, "The Supreme Court, 1958 Term—Forward: The Time Chart of the Justices", 73 *Harvard L. Rev.* 84, 99 (1959).
[20] Id. 100.

"探寻共同目标含义的积极参与者"[21]。法官对这些原则的逐步发展是法律"自身净化"的过程。[22]

达成社会共识的基础

法律程序学派是已经渗透20世纪50年代这一黄金时代的思想与大众文化在法律界的体现。社会仍然沉浸在第二次世界大战胜利的余味中,持续的经济繁荣、莱维顿式的城郊社区、流行的电视剧、大众消费文化和美国处于世界一流大国和西方领导国家的地位上。正如丹尼尔·贝尔在其关于20世纪50年代的研究中所说的:"这是繁荣的50年代体现出的无动于衷。"[23]

这种共识的决定性因素是对各种意识形态的扬弃——任何形式的法西斯主义、共产主义、乌托邦主义以及激进主义在政治领域的毁灭。[24] 伟大的意识形态后来都掺入了很多负面因素。贝尔当时曾写道:"在西方世界,知识分子关于政治问题达成了一个粗略的共识:对福利国家的接受;权力分化的愿望;混合式经济体系和多元化政治体系。"[25] 人们普遍认为,分歧可以在共同范围内解决。"战后政治学家……将美国民主主义视为一种合理的现象,是达成广泛合理共识的产物。"[26] 法律程序学派具有同样的假设。"富勒、哈特和萨克斯曾认为美国体制从根本上讲是良性的,而且在社会目标达成大体共识的背景

---

[21] Fuller, "Forms and Limits of Adjudication", supra 378.
[22] Id. 377.
[23] Bell, *The End of Ideology*, supra 308.
[24] Judith N. Shklar, *After Utopia: The Decline of Political Faith* (Princeton: Princeton Univ. Press 1957).
[25] Bell, *The End of Ideology*, supra 402—403.
[26] Duxbury, "Faith in Reason", supra 651.

下,他们曾对改革前景抱以乐观的态度。"[27]

令人欣慰的法律程序论点,在接受现实主义者的批评、并保持法律完整性的基础上,逐渐产生出了居中观点,从程序的角度而非实体性角度来理解。相对于良好的或必要的法律原则(法律原则不再能够被肯定地确认)而言,良好的程序会变成法律利益。如美国的法律体系,遵循这些程序将有利于促进社会利益的发展,并赋予公民遵守法律的义务。判决都应该在法律限制内进行,所有关于社会的权宜之计的纯理论问题都应该由立法机构而非法官们作出判定。立法机构、法院、行政机关共同努力,一起制定并形成有利于社会的各项政策。

但是,由于法律程序思想渗透到社会事件和法律事件中,所以在它被逐步接受的同时,也开始遭到破坏。当时共同的观点受到一种盲目草率的庇护,完全无视黑人在美国社会中的糟糕生存环境,将其排除出主流社会。即将开始的民权保护运动将要粉碎这一社会自满的表象。

更为及时的是,沃伦法院具有改革主义特色的判决与基本法律程序的原则不一致。这一冲突对于法律程序理论家来说更加痛苦,因为参与者大多是与法院在许多方面目标一致的自由主义者。[28] 但是,根据法律程序主义的标准,最高法院的判决变得以结果为导向,更接近于法官个人道德观或者政治取向的产物而非法律分析的产物。法律程序学者因为以结果为导向的各种判决而排挤 1937 年前的最高法院,因而当沃伦法院延续这种判决时,发现不能再被接受了。

法律程序学派的灭亡始于 1959 年维斯切勒的一篇文章《论宪法的中立原则》,此文章批判了沃伦法院关于民事权利的

---

[27] Veter, "Postwar Legal Scholarship on Judicial Decision Making", supra 420.
[28] 关于此冲突可参见 Eskridge and Frickey, "An Historical and Critical Introduction to *The Legal Process*", supra.

判决,认为其不受宪法原则的支持。[29] 维斯切勒承认,布朗案是一项可以带来积极社会变革的具有重要意义的判决,但他对于布朗案基于社会学和心理学不合理的观点也表示出了质疑。维斯切勒的论点是,关于社会问题,立法机构有权以他们喜欢的任何方式,并且可能是误导性的方式立法,除非明显地违反宪法原则——维斯切勒没有找到这样一条宪法原则。至少在理论上,有区别的教育设施也可以是平等的,结社自由原则平等地支持种族隔离与融合。不是所有的法律程序学者都同意他的论点,但是它与法律程序思想相一致。超过一千页厚厚的《法律程序》资料明显没有提及当时最受争议的布朗案,该案获得的大量启示都被此书略过了。

那些同情黑人,而不赞成法定种族隔离的法学院学生不能支持此观点。法律程序思想的"中立原则"似乎反对道德原则的存在。在布朗案和沃伦法院的其他判决中,坚持前者似乎就要阻碍法律作出正确的判决。《哈佛法律评论》的学生编辑们毫不隐讳地指出了这种令人苦恼的困境:"弗兰克福特—哈特学派强有力的逻辑时常强加于人。人们被迫做出选择,要么基于其缺乏统一的、原则性的依据而拒绝先进的司法观点,要么在公开或伪装的结果导向中放弃对原则的坚持。"[30]

沃伦法院的支持者提出了对法律程序思想的各种批判。其中一种观点质疑法律程序试图回避实体问题:"中立原则"的观点存在难以置信的狭隘或不合逻辑的问题。宪法包含或者体现出各种实体性原则,所以法院无法避免要作出有关什么是正确的实体性判决,对各种法律制度和其各种程序必须从道德上或者实体上作出评估和判断,所以将其实体/程序一分为二是

---

[29] Herbert Weschler, "Toward Neutral Principles of Constitutional Law", 73 *Harvard L. Rev.* 1 (1959).

[30] "With the Editors", 83 *Harvard L. Rev.* xxv, xxvi (1970).

不可行的。[31] 另一项批评认为:法律程序学派对立法程序抱有一种天真的观点。当特定人群被系统地排除在外时[32]——无论是对选区划分的不公正,还是通过设立应当禁止的人头税或文化水平测试等障碍阻碍投票——或者是当立法关注受到不公待遇的弱势群体,以及当立法和行政行为受特别利益驱使时,这样的立法都不值得遵从。[33] 在这种情况下,由于程序不公正,所以就会产生不良结果,人们就会对法律程序中,立法目的是合理的、应该遵从这一假定产生怀疑。"合乎逻辑的阐述"作为对法律原理是如何发展、如何判定案件的解释,其可信性也会遭到怀疑。例如,侵权法就包括了一系列时有冲突的法律思想,一些强调道德责任,一些强调损害赔偿,一些强调法律的威慑力,而另一些则强调经济效益或社会财富的最大化。[34] 这些不同的思潮不能完全通过"法官推理"达成一致。法官们必须从同样可取的规则中作出取舍。

后来的程序理论家们对这些相互冲突的法律观点进行了改良,例如,针对给予特定少数群体歧视性待遇的民主进程以更多关注。[35] 到了20世纪60年代末,程序理论方面虽然有进一步发展,但是与其本身的相关性都不大,因此,存有共识的时代结束了。

---

[31] See J. Skelly Wright, "Professor Bickel, the Scholarly Tradition, and the Supreme Court", 84 *HarvardL. Rev.* 769 (1971); Laurence Tribe, "The Puzzling Persistence of Process-Based Constitutional Theories", 89 *Yale L. J.* 1063 (1980); Richard Davies Parker, "The Past of Constitutional Theory And its Future", 42 *Ohio St. L. J.* 223 (1981).

[32] See Peller, Neutral Principles in the 1950's, supra.

[33] Eskridge and Frickey, "An Historical and Critical Introduction to *The Legal Process*", supra cxxiv.

[34] See Duxbury, "Faith in Reason", supra 665—666.

[35] See John Ely, *Democracy and Distrust* (Cambridge, Mass.: Harvard Univ. Press 1980).

冲突蔓延至法学院

20世纪60年代和70年代见证了美国大规模的社会剧变：关于公民权利的游行和抵制；暴力抗议越南战争；公开反对校车制度；刺杀总统肯尼迪和其子罗伯特·肯尼迪；谋杀马丁·路德·金和马尔科姆·艾克斯；进行政治恐怖主义和轰炸、银行抢劫的美国左翼恐怖组织"气象员"、黑豹党和共生解放军；性爱革命和毒品；水门事件中的腐败；由于石油短缺而引起的经济恐慌；高失业率和高通胀率的必然组合。

法律被牵涉到社会分裂中，引起了各方谴责。左翼分子认为法律常常作为权力和特权的保护伞，以警棍和警犬回应和平游行和静坐抗议。右翼分子则认为，公开地、挑衅地进行非暴力反抗威胁了社会秩序，但是顺势而为的执法却为这些反抗提供了支持。进步派为沃伦最高法院作出正确公正的判决而欢呼喝彩的同时，右翼分子却鄙视最高法院试图为激进主义的篡位者将其自身的自由主义观点写入宪法。各方人士都认为，"法律自由主义危机"明显即将爆发。[36]

之前我们也提到，《哈佛法律评论》指出了由沃伦法院引起的进退两难的局面。由于受法律程序学派的显著启示，由《哈佛法律评论》的学生编辑们编写的"编辑评论"使这个时代的鲜明之处变得更加引人注目。编写法律评论的成员们都是超级精英——最聪明者中最优秀的一群，他们面前都有一条通向未来出色的法学教授、法官、律师和政府官员的美好道路。在1967—1970年的刊物中，"编辑评论"这一专栏明显没有遵循过去用户讨论世俗评论的惯例，编辑们发表了一系列集锦的评论，作为对发生在他们身边的一些事件的回应——选文如下：

---

[36] Lestor Mazor, "The Crisis of Legal Liberalism", 81 *Yale L. J.* 1032 (1972).

4月15日晚上,警方与示威者在哈佛广场进行了一场激烈的斗争。但是,其破坏性影响的扩散范围大大超出了原有的参与者及现场。大量戴着头盔的警察驻守在距离甘尼特楼(《哈佛法学评论》的办公地点)一个街区的地方,从北面对哈佛广场进行戒严。许多学生三五成群地站在戒严线以外,观察并好奇着几条街区外发生的事情。在围观者没有任何明显挑衅行为的情况下,警察突然快速前进,跑向暴乱者并狠狠地鞭打他们。学生们逃离现场并躲避警察的攻击,到甘尼特楼或其他附近的建筑中寻找庇护,而其他一些学生则没有这么幸运。当一位评论编辑为了躲避来势汹汹的警察,把他的钥匙插入甘尼特楼的门锁里时,被一位经过的警察从背后用棍棒殴打。双方都没有停止相互殴打,对头部的打击只是对法律人无谓的伤害。

和许多其他城市一样,本地警方增加新警员的根本原因是受错误思想的驱使,对这种意识形态进行打压。[37]

随着事态的恶化,包括大量编辑在内的哈佛大学法学院学生都纷纷离开学校,去参加反战活动:

> 如众多其他机构一样,《哈佛法律评论》也发现,最近几周内受目前国内环境的影响,本刊的正常运作越来越难。对柬埔寨的入侵和肯特州立大学、杰克逊州立大学和其他地方的官方谋杀案已引起无数公民的激烈回应,他们认为有必要直接采取措施以改变目前的国家政策。
>
> 因此,不管是否采取直接的政治措施,最近几周成为国家头条新闻的甘尼特楼事件已经使我们所有人付出了沉重的代价。我们都更加喜欢我们之前作为全日制法学院学生

---

[37] "With the Editors", 83 *Harvard L. Rex.* xxxiii(1970).《和编辑们》中的陈述包括《哈佛法律评论》的个别问题,但是当这些问题进入每卷后,就不复存在了。它们在海恩在线法律评论档案中能够查阅到。

和《哈佛法律评论》编辑的角色,而不是现在被强迫成为政治示威者和制度危机的管理者的角色。但是,只要国家仍然处于目前这种不稳定的状态,我们也许都会被迫继续在我们不希望的战场上进行斗争。我们的目标是使我们自己和我们的体制恢复到不久之前的状态,然而当这个听起来并不怎么鼓舞人心的目标发展依然缓慢时,斗争的结果也必然会是不断的挫败,甚至是绝望。[38]

不可避免的是,这一系列的白热化事件,特别是名誉扫地、独裁主义的法律和政府,都影响着法学院学生对法律教育和法律本身的认知:

> 在诸多备受推崇的传统遭到质疑的阶段,就算这些传统没有遭受严厉的抨击,法律推理会引来越来越多的批判也是不足为奇的。越来越多的学生质疑律师式的逻辑和分析是否是解决当代问题的有效工具。这些学生认为,法学院和其传授的分析方法不是澄清相关的问题,而是刻意地模糊相关问题。在评估法律逻辑时,至少有一位不满的学生将其称作"大脑的诡计",因为这大概是受到心怀不轨的、立法者们的操纵。
>
> 应当承认,在某些判决意见中(以及在很多课堂中)被认为具有逻辑性的见解,只不过是有利于自己的诡辩。值得注意的是,纯粹的逻辑不会为所有问题提供解决方案。在达成许多解决方案的过程中,不管决策者通过仔细的分析能够找出和阐述多少相关问题,价值判断或美学选择都是不可避免的。实际上,某些案件中"合乎逻辑的"解决方案甚至也许并不合适,因为将某些情感因素或者可能的非逻辑因素考虑在内,才是合适的。[39]

---

[38] "With the Editors", 83 *Harvard L. Rev.* xxxv, xxxv—xxxvi (1970).
[39] "With the Editors", 83 *Harvard L. Rev.* xxxi (1970).

编辑们对其怀疑的立场做了缓和,并力劝法律逻辑仍然拥有其价值,它"最近受到的藐视"并非完全应得的。但是,编辑们多次重提他们的主要观点:"当问题可以适当地简化非逻辑方法的办法时,那么这就是对法律推理的误用,其目的是用大量假定的分析,模糊价值判断。[40]

哈佛大学法学院曾是法律程序学派的起源地,其学说十分繁荣。结合他们的观察,早期提到的法律程序思想似乎要求为了法律推理而牺牲道德原则,我们不难理解法律评论的编辑们所做的这些表述。在《哈佛法律评论》本卷的第一页,编辑们就对沃伦大法官的退休表示了同情:"本期献给首席大法官沃伦,在其他政府部门还未采取行动时,是他勇敢而有怜悯心地领导了一场法律改革。"[41]

《哈佛法律评论》第1969—1970年刊的编辑部成员们,包括路易斯、詹姆斯·戈德雷、理查德·帕克、艾勒·卢普、马丁·瑞迪、罗纳德·罗汤达和路易斯·赛德曼,都将赴全国最好的法学院继续他们辉煌的事业。值得强调的是,与哥伦比亚大学、耶鲁大学、威斯康星大学、加州大学伯克利分校和其他法学院相比,哈佛大学法学院没有那么激进。如今,在美国法律文化中盛传的主要法学理论和法学教授、法官、执业律师的观点都根植于这一由20世纪六七十年代的法学院学生或年轻的法学教授发起的动乱时期。不管人们支持哪方,人们的法律观点受到同时代事件的影响是必然的。如今的法律观点也存有这段至关重要的时期所留下的不可磨灭的印迹。

法学界中的法律工具主义与道德相对主义

1968年,法律历史学家卡尔文·伍德沃写道:彻底的法律现实主义在法学界中占主导地位。尽管法律程序学派在一定

---

[40] Id.
[41] Dedication, 83 *Harvard L. Rev.* 1 (1969).

意义上成功地改良了现实主义者最激进的观点,但是其对概念形式主义和规则形式主义的尖锐批评未能引起普遍关注。伍德沃评论道:"至少在更好的法学院里,'功能主义者们'和'现实主义者们'不再是一个充满敌意的世界里孤独的外星人。实际上,从影响上而非数量上来说,他们的重要性可能超过了兰德尔式方法。"[42]他还可以补充道,毕业于更好的法学院的学生可能将成为各地法学院的教授,进一步传播这些观点。鉴于现实主义思想的功能性/目的性被法律程序思想的拥护者所采纳,那么在某种程度上人们会安心地接受这两种思想。

伍德沃意识到:法律工具主义观点的胜利不能仅仅归功于现实主义者们:

法律从最初的虚无缥缈变成一个实实在在的社会改革工具。与此同时,律师从一个类似神父的人物变成一个社会工程师。这使得全社会的世俗化趋势在长达几个世纪的发展中达到顶点。法律教育不仅反映了这种长期的趋势,并为这种趋势做出了贡献。[43]

在20世纪的时候,全社会都经历了一次对客观存在的原则的信仰缺失。[44] 随着一股似乎不可抵挡的势头,在每个过去的十年里,"对于善与恶的分辨作为一门智慧的学科都在不断遭受系统化的、实际意义上的摧毁"[45]。1955年,政治思想家沃尔特·李普曼曾表达了其担忧:"自然法学派不能够应对当代的多元主义——来自工业革命和广大人民的解放。"[46]在苏联

---

[42] Calvin Woodward, "The Limits of Legal Realism: An Historical Perspective", 54 *Virginia L. Rev.* 689, 732 (1968).

[43] Id. 733.

[44] 关于对这些观点的前所未有的探究所导致的这种状态,参见 Richard Tarnas, *The Passion of the Western Mind: Understanding the Ideas that Have shaped our World View* (New York: Harmony Books 1991).

[45] Arthur Allen Leff, "Economic Analysis of Law: Some Realism about Nominalism", 60 *Virginia L. Rev.* 451, 454 (1974).

[46] Walter Lippmann, *The Public Philosophy* (New York: Mentor Books 1955) 85.

集权主义出现后,社会各方又经历了两次世界大战带来的方方面面的罪恶和苦难,使人们对理性的信仰以及18世纪和19世纪的政治思想带来的人类进步遭受了严重打击。[47] 如第一部分所述的非法律主义观点的瓦解为法律工具主义观点的盛行奠定了基础,也是这一社会大背景的一部分。

从积极的方面看,被人们新接受的法律工具主义观点具有重要的优势。罗斯福新政完全建立在法律提案和法律机构的基础上,证明了法律可被有效地用作社会政策的工具;(在支持者眼中)沃伦法院推动了社会正义的进程;在当代,各州法官们由于越发关注如何降低由大众社会带来的社会风险而正在慢慢地歪曲普通法。但是,伍德沃告诫人们:"(关于这些观点的)能够预言到的结果是:这一代的法律教师将很难相信(深信)法律能够存在于不可靠的法院的解释之外;这一代的法学院学生也将不会被法律的各种必要手段所限制。"[48]

十年后,担任康奈尔大学法学院院长的罗杰·克雷姆顿写道:法律工具主义已经变成"法学院里的常见信仰"[49]。这种每天由法学教授传授给学生们的"正统"智慧,以及一种"对系统化、原则和公认的智慧的怀疑态度"是"法律和法律职业的工具主义路径"[50]。克雷姆顿将对法律的这些态度归功于(或归咎于)霍姆斯、法律现实主义者以及实用主义:

> 如今,法律往往只被人们从工具主义视角理解,认为其缺乏自身的价值,而非从在我们的民主制度中暗含的有关特定"过程价值观"的角度理解。我们仅就在公共领域解决分歧的方法达成了一致,但其他方面却仍然存在分歧。

---

[47] See Robert A. Nisbet, *Social Change and History* (New York: Oxford Univ. Press 1969).
[48] Woodward, "Limits of Legal Realism", supra 734.
[49] Roger C. Cramton, "The Ordinary Religion of the Law School Classroom", 29 *J. Legal Educ.* 247 (1978).
[50] Id. 248.

第六章　20世纪70年代法律界的工具主义

大量的目标来自社会中的政治过程或私人利益。从法律工具主义角度讲,律师的任务就是利用并操纵法律程序为他们的当事人谋取利益。[51]

克雷姆顿把这种盛行的法律观点描述为一个与律师的愿景相配的空壳,因为律师为了当事人的利益,从工具主义角度利用了法律规则和法律程序。

在受现实主义影响的法学教授中,兰德尔关于法律研究的案例教学法经历了一场彻底的革新,从支持原则化的法律本质变为推翻它。现实主义者马克思·雷丁描述了案例教学法的初衷:

> 确实,案例教学法是一种辩证的教学法,但其主要目的并不是以这种教学法训练学生,而是给他们灌输一些被认为是有价值的法律观点。这些观点就构成"正确的学说""真正的学说"或"正确的理论""真正的理论"——但无人将它称之为"正统的理论"。如果学生记住了这些观点并认为它们是无可辩驳的,那么他们就算学有所成。[52]

在20世纪70年代及其以后的怀疑风气中,许多法学教授反对最高法院的判例——他们训练学生批判地审视司法推理,并证明几乎在每件案件中法院的推理都是可以被推翻的。因此,最受欢迎的教学方法是要求学生为另一方提出同样充分的证据,或者让学生先建立一方的观点,然后再驳倒这种观点。运用案例教学法给我们的启示是:世界上没有无懈可击的"正确学说"或"正确理论"——所有事物均可以辩驳。

对于法律的纯粹工具主义特征,人们会不由自主地耸耸肩说"那又怎样",这在当今已经是一种惯例。伍德沃和克雷姆顿认为,尽管这种情况出现了几十年,但是,它仍然值得进行详尽

---

[51] Id. 257.
[52] Max Radin, "The Education of a Lawyer", 25 *Cal. L. Rev.* 676, 681 (1937).

的评论。因为这种情况与之前已经根深蒂固的教授法律的方法相反。对纯粹法律工具主义观点在法学院流行所带来的未知的影响,他们曾公开表示担忧。在美国历史上,整个法律文化从未以法律工具主义视角看待过法律。

同时,对政府的批判也进入了全盛时期。另一位杰出的法历史学家爱德华·怀特在1973年观察到当代生活存在"官员们的目标与其选民的目标之间存在公认的差距,以及一种普遍的判断:当这些官员们敷衍选民们的要求时,他们却正在努力推进自己的目标"[53]。例如,"负责管理工业企业有关公共利益的各项活动的"行政机关通常"将'公共利益'界定为其'被管理者'的利益"[54]。对政府不满的批评者"存有这样一种观念,认为像'公共利益'和'社会福利'这样的术语已经失去其意义。这些术语具有非常广泛的、不同的、矛盾的解释,以至于他们无法作为考评标准使用"[55]。

怀特观察道:"在20世纪70年代,美国文化最有决定性以及可能是最重要的方面,是共同价值观和共同目标的分裂。关于美国社会成员能够一致认同的普遍价值观存在着两种完全相反的标准。"[56]除了价值观的尖锐分歧这一事实之外,前景也十分暗淡:因为如果没有绝对的道德标准,这些分歧就不可能得到解决。1971年,罗伯特·伯克写道:"除了引入本身不存在的,客观或固有的,有效的且人们对其没有分歧的,特定道德或伦理体系外,没有办法能够解决这些问题。"[57]1974年,阿瑟·莱夫评论道:缺乏客观的道德基础"是现代精神生活中的

---

[53] G. Edward White, "The Evolution of Reasoned Elaboration: Jurisprudential Criticism and Social Change", 59 *Virginia L. Rev.* 280, 295 (1973).
[54] Id.
[55] Id.
[56] Id. 296.
[57] Robert H. Bork, Neutral Principles and Some First Amendment Problems, 47 *Indiana L. J.* 1, 10 (1971).

一个事实,作为极少数既可怕又陈腐的东西之一为人们所了解。[58]

在法律学界,公众对这种认识的高潮集中于莱夫1979年的一篇文章《无法言说的道德,违反常规的法律》中。文章提出了一个绝望的请求,即在这个显然毫无依据的世界里寻求一些道德和法律依据。现代人相信客观原则可以在理性和科学的环境中得到更好的保护,于是为了达到一个未知的、显然不可逾越的目标而放弃了上帝和自然法:"**世上本不存在不容置辩的评估体系。无法证明一个道德或法律体系优于任何其他体系,除非在某种程度上评估人宣称具有决定性的、不可辩驳的、无法勘验的发言权。**"[59]莱夫的文章具有纪念意义地去掉了"天佑吾辈"之类的字眼。[60] 罗伯托·昂格尔在其非常具有影响力的文章(在激进的左派中)《知识与政治》(1975)中认为,现代对于价值主观性的信仰把深层的矛盾植根于自由法律系统中,而且没有显著的方案来解决这种矛盾。文章末尾写道"说吧,上帝。"[61]当时,人们能明显地意识到,社会和法律已经无法挽回地与旧的附着点割裂开来,但同时又没有一个新的附着点可以取而代之。

在20世纪40年代曾迫使法律现实主义者沉默的、令人厌恶的道德相对主义在20世纪60年代和70年代的冲突中已成为一种生活方式。对许多人来说,这无疑是一篇有关如此信念的文章:"在一个多元化且包容性强的社会中,不可能期望个人或团体在很多基本价值观方面保持一致。"[62]对社会共识的假

---

[58] Leff, "Economic Analysis of Law", supra 455.
[59] Arthur Allen Leff, "Unspeakable Ethics, Unnatural Law", 1979 *Duke L. J.* 1229, 1240 (1979) (强调为原文所加)。
[60] Id. 1249.
[61] Robert M. Unger, *Knowledge and Politics* (New York: Free Press 1975) 295.
[62] Cramton, "The Ordinary Wisdom of the Law School Classroom", supra. 252.

设具有很强依赖性的法律程序学派失去了其自身的可靠性;其提出的答案也不合情理地回避了这些难题。

直至 20 世纪 70 年代,贯穿当代法律文化并相互推动的两种流派出现了。法律本质上是一种工具的观点已经赢得了法律学界的认同。这种认同是在全社会存在的、尖锐的、社会群体之间的对道德价值以及公共利益的分歧的背景下产生的,与能够解决这些分歧的客观标准的有效性的信念的丧失同时存在。

更为广义而言,这两者之结合所带来的意义并未被早期的法律工具主义拥护者所充分认识。当法律工具主义观点被提出时,其拥护者不断强调法律就是实现社会目标的一种工具,并且他们还认为有关社会目标的纷争是能够解决的。随着事件的发展,这种观点的前半部分逐渐得到认可,而对于后半部分的信心却逐渐削弱。但是,如果没有了后半部分,法律工具主义观点的含义就从善意转化为恶意。1968 年,伍德沃曾提出了一个重要的问题:"功能论难道没有教导所有人把法律当作任由**其**自行处置的工具吗?"[63]

自从 20 世纪 70 年代法律工具主义观点被法律学界普遍接受后,法学院学生就被传授这样一种理念:把法律当作一种纯粹的工具。他们如今已经进入到了社会及社会的各个权力结构中,包括公司律师、公益律师、法学教授、法官、接受过法律培训的立法者及其员工、行政机关的官员、行政分支的官员和游说律师。法律工具主义对于法律和社会的影响将在以下章节中进行讨论。

---

[63] Woodward, "The Limits of Legal Realism", supra 735(强调为原文所加)。

第七章

法律学说中的工具主义

几乎所有如今流传的、关于法律的主要理论和实证观点都是在20世纪60年代和70年代期间发展而来，或植根于这一时期，并用工具主义术语来界定法律。法律的经济分析、批判法学研究及其成果、法律运动与社会运动、法律实用主义和法治的正式版本，这些学说都将其核心观点建立在"法律是实现目的的手段"这一基础上。许多学派都从法律工具主义的观点看待他们自己以及他人的学术研究。也就是说，作为对于能否实现客观性的普遍怀疑的结果，人们普遍认为法律理论和法律知识不可避免地要受到政治的影响，正如政治会影响判决一样。

以上我们根据各种思想学派的核心法律工具主义元素对其作出了概括，并按照前文所列举的方式排列。这一关注点非常集中的调查显示了法律工具主义观点是如何渗透到法律的理论思想中的。本章结尾部分将简单介绍坚持反对法律工具主义趋势的非法律工具主义理论。

法律的经济分析

法律的经济分析的最初假设是"法律体系的参与者都是旨

在实现其效用最大化的理性行动者"[1]。基于这一假设,以理查德·波斯纳大法官为杰出代表的众多法律经济学家开始对法律主体、法律习惯和法律制度进行全面的审视:侵权法、物权法、合同法;刑法、税法、公司法、证券法、反垄断法、婚姻法、程序法、执法、行政法规制定、立法;几乎是对法律可想到的方方面面。这种分析是纯粹的工具主义路径,检验在所有情况下法律是否都是达到特定目标的有效手段。

法律经济学的拥护者提出了实然观点与应然观点。实然观点是指:即使法官没有明示或暗示地把社会财富最大化作为他们的目标,但是在很大程度上(虽然不是在全部意义上),法律特别是普通法规则的实施也是为了实现社会财富的最大化。在实现财富最大化的背景下,意味着法律规定促进了商业活动、产品和服务转移给最看重他们的人(假设以他们的支付意愿为衡量标准)。由波斯纳提出的、关于财富最大化是如何发生的双重解释是:许多现存的普通法原则形成于19世纪末期,当时放任主义观点在法官中占据主导地位,而且当他们作出判决时,法官们通常旨在增加社会财富[2],这也就相当于实现财富最大化。法律经济学的实践者通常会怀疑判决和法规的司法表述,而且他们反对这样一种说法:法律本身拥有自治权或者完整性。

应然观点是法律应该以实现财富的最大化为导向。支持这一观点的理论是,没有人会反对一个致力于社会财富最大化的法律体制。另一支持观点认为,我们的自由主义文化对社会和法律存在普遍的功利主义导向,而且财富最大化为功利主义的实现提供了道路。人们的诸多不同的欲望和利益难以量化,所

---

[1] Richard A. Posner, "The Economic Approach to Law", 53 *Texas L. Rev.* 757, 61 (1975).

[2] Richard A. Posner, *The Problems of Jurisprudence* (Cambridge, Mass.: Harvard Univ. Press 1993) 354—359.

以根据支付意愿来衡量欲望是一种方便而普遍适用的价值尺度。如果商业活动、产品、服务流向那些最珍视它们的人,那么社会整体会变得更好。

在20世纪70年代中期,随着法律经济学派影响的不断扩大,亚瑟·列弗观察道:法律经济学派的主要优势在于,它为法律应当实现的目标这一无法解决的分歧提供了明显的解决方案。[3] 法律必须关注最大化人们(集合意义上的人)不必通过签订合约的方式即可得到心中所想的能力。财富最大化是社会目标,而法律就是实现这一目标的手段。

拥护者认为:随着法律经济学的到来,法律现实主义者把法律用作实现社会目标的工具的计划最终实现了。奥利弗·温德尔·霍姆斯经常被引用的话佐证了这一看法:"从法律的理性研究而言,倒霉的人也许是现在的人,而未来的人将是用数据说话的经济学大师。"[4] 由少量易于掌握的观点构成的经济分析可以为检验法律决定的客观性和产生可预测的法律结果提供了道路。我们可以根据一条清晰普遍的标准检验法律规则和司法判决——基于可以复制的计算而评估。[5] 这是一种新型的形式主义,主张计算的精确性和客观性。

许多批评直指法律经济学,在此我们不必一一详尽列出。[6] 通常存在的一种批判是:实现效用的最大化既不是法律唯一的目的,也不是法律最重要的目的[7];但是,许多支持者并不赞成这一极端的说法[8],而是认为实现效用的最大化是法律最重要的关注点之一。另一种批评意见认为,尽管法律经济学

---

[3] Leff, "Economic Analysis of Law", supra 456—459.
[4] Holmes, "Path of the Law", supra 469.
[5] See Posner, "Economic Approach to Law", supra.
[6] Leff, "Economic Analysis of Law", supra. 列弗早期的批评仍然有效。
[7] See Anthony T. Kronman, "Wealth Maximization as a Normative Principle", 9 *J. Legal Studies* 227 (1980).
[8] 甚至波斯纳最近都已承认"财富最大化"是"一个不令人满意的通用标准"。

声称是一门客观的学科,隐藏于无所不在的表格和数学计算背后的是其保守主义倾向。[9] 支付意愿是受支付能力的影响,这就涉及公平分配的问题,但法律经济学派通常不涉及分配问题。[10] 另一种普遍的反对意见是,在实践中,经济分析需要大量有争议性和简化性的假设以得到分析结果,因此其结果并不能运用于现实社会情况中;而且,法律经济学派所要求的计算太过于复杂,超出了大多数法官和法律学者可以运用或评估的能力范畴。

尽管存在以上种种限制,在过去30年中,法律的经济分析对法律学说和司法分析的影响要比这一章节中提到的其他法律理论分析更加深远,特别是在反垄断法和侵权法领域,尽管我们可以肯定,部分原因是其他学派几乎没有明显的影响(也许除法律实用主义理论外)。法律理论家布莱恩·比克斯注意道:"经济分析的部分作用在于其提供了很大程度上的法律工具主义方法,这十分符合法律分析和法律评估:这带来一个问题,这些法律规定能否达到预期的目标,并且是否可以有更好的法规予以代替?"[11]

批判法学

20世纪70年代同样迎来了美国批判法律研究运动,这对于法律经济学派来说属于激进左派。这两个产生于同一时代的学派就如同孪生兄弟,都是法律现实主义的一好一坏的产

---

[9] Morton J. Horwitz, "Law and Economics: Science or Politics?" 8 *Hofstra L. Rev.* 905 (1981).

[10] See generally Thomas Cotter, "Legal Pragmatism and the Law and Economics Movement", 84 *Georgetown L. J.* 2071, 2012—2138 (1996).

[11] Brian Bix, *Jurisprudence: Theory and Context* (Durham, N.C.: Carolina Academic Press 2004) 190.

物——取决于其敏感性和政治性。[12] 法律经济学派吸收了现实主义者们重要的经验教训，并延续了现实主义这门颇具建设性的结果主义（功利主义）及科学导向；但是批判法律研究运动进一步发展这种批判，采取了现实主义者的政治激进态度而放弃了其曾天真地推进的对法律的社会科学研究。由于两派都对法律学说持怀疑态度，所以许多主流的法律学家对这两种学派都感到诧异。[13] 尽管他们存在这些共性，他们的命运截然不同：法律的经济分析是法律分析中一块非常兴盛的领域，并被各位法官在其各自领域所吸收；而批判法律研究不再以具体运动的形式出现，且对法律学说已经不再有显著的影响，尽管其对学界的影响没有结束。批判法律研究的支持者将这些不同的反响解释为美国的保守主义法律传统，其支持法律经济学派的保守方面；另一种解释是，批判法律研究主要是提出各种批评，而法律经济学派却提出了一种实用的公式。

尽管批判法律研究运动包括多个部分，但是其核心是三个主要观点[14]，都在该运动的口号"法律即政治"中体现了。第一，法律规则主体如此不确定以至于法律不可避免会在不同案件中有不同解释，这是法律现实主义所讨论的主题：

> ……法规的不确定性来自这样一种现实：法律常常吸收并合法化很多或者所有在有争议性的问题中相互冲突的利益，以及广泛并相互冲突的"逻辑"或"理性"争议及其策略，但没有提供任何法律要求的价值或争议的等级层次，也没有提供在特定情况下如何判断孰轻孰重的方法。于是，法官们所作的选择从根本上讲都是以其自身价值或政

---

[12] See Joseph Singer, "Legal Realism Now", 76 *California L. Rev.* 465 (1988).

[13] See Owen Fiss, "The Death of the Law", 72 *Cornell L. Rev.* 1 (1986).

[14] 关于批判法律研究的信息丰富的综述是 Joseph W. Singer, "The Player and the Cards: Nihlism and Legal Theory", 94 *Yale L. J.* 1 (1984).

治取向为导向的。[15]

第二点是法律的政治性隐藏于"法治,而不是人治"这样的措辞或"自由""权利"这样庄严的术语所表现出的法律的中立性和客观性的幌子中。第三点是法律偏向于统治阶级。20世纪60年代和70年代的社会骚动的直接目击者见证了各种方式,足以说明"法律体系不是一套所有人都可以控制操纵的中立技术,而是一场偏帮富人和有权势之人的游戏"[16]。他们决心揭露法律体系中隐藏的服从和偏见。

批判法律研究运动完全从法律工具主义角度去解释法律。在1977年5月举行的批判法律研究运动开幕会议的邀请函上写着:"无论是从促进统治者的具体利益还是从现有秩序合法化的意义上讲,法律都是社会、经济、政治统治的工具。"[17]这不是"粗俗的"马克思主义原有的、将法律构建为精英统治的直接武器的法律工具主义观点,相反,法律展示出一定程度的自治权以提高其凌驾于社会各部分的冲突之上的可信度。"但是从长期看,整体意义上的法律将根据社会权势群体的利益而成形。"[18]根据这种说法,民主利益群体的多元主义理论是令人困惑的。每一块利益碎片都分配给各种竞争群体以使他们保持平静,并使这个体系看似可信,但是从整体上讲,"这只是对现存权力关系的重塑"[19]。

---

[15] David Kairys, "Introduction", in *The Politics of Law: A Progressive Critique*, 3rd ed. (New York: Basic Books 1998) 2. 这本书包含了一系列优秀的文章,反映了对这个部分的批判研究。

[16] Robert W. Gordon, "Some Critical Theories of Law and Their Critics", in *Politics of Law*, supra 644.

[17] Quoted in Louis B. Schwartz, "With Gun and Camera Through Darkest CLS-Land", 36 *Stanford L. Rev.* 413, 417 (1984).

[18] Mark Tushnet, "Perspectives on the Development of American Law: A Critical Review of Friedman's 'A History of American Law'", 1977 *Wisconsin L. Rev.* 81 (1977).

[19] Gordon, "Some Critical Theories of Law and Their Critics", supra 464.

另外两个目前仍然存在的批判法学学派——批判女权主义理论和批判种族理论分别源于20世纪60年代的女权主义运动和民权运动,但是他们都与批判法律研究运动结合发展进而从中脱离出来。他们两者都支持法律工具主义观点。批判女权主义者们把法律视为"实行和维系大男子主义社会秩序"的工具。[20] 批判种族主义者则强调法律是"复制种族统治的结构和惯例"的工具。[21] 双方所持理论基础与批判法律研究运动相同。"很久以前,有权的行动者和演讲者在共同文化与语言中灌入了他们对世界的理解、偏好和视角。虽然宣称中立和公正,但是这些语言却不可避免地能够体现他们的利益。"[22] 支持者们列举出充分的证据来支持他们的观点。女性为了捍卫自己的投票权必须战胜各种抵抗,由于女性在法律上从属于她们的丈夫,所以直到最近,男性对女性实施家庭暴力也还是无须受到惩罚。奴隶制被载入宪法,并由法律严格执行。[23] 奴隶制的灭亡导致法定的种族隔离,加强白人的统治;黑人基于特定禁止性规定而被禁止投票。[24] 除此以外,在各种刑事司法体系中,黑人受到的待遇总是且仍将比白人更加粗暴严厉。[25] 进一步而言,整个20世纪60年代,很少有女性或者黑人学生被

---

[20] D. Polan, "Toward a Theory of Law and Patriarchy", in *Feminist Legal Theory*, edited by D. K. Weisberg (Philadelphia: Temple Univ. Press 1993) 419.

[21] Kimberly Crenshaw, et. al., "Introduction", in *Critical Race Theory*, edited by K. Crenshaw, et al. (New York: New Press 1995).

[22] Richard Delgado and Jean Stefancic, "Hateful Speech, Loving Communicates: Why Our Nation of 'A Just Balance' Changes So Slowly", 82 *California L. Rev.* 851, 861 (1994).

[23] 对弗里德曼时期的法律镇压的歪曲总结可参见 Friedman, History of American Law, supra 218—229。

[24] Id. 504—510.

[25] 关于这一方面的研究综述见 Shawn D. Bushway and Anne Morrison Piehl, "Judging Judicial Discretion: Legal Factors and Racial Discrimination in Sentencing", 35 L. & Soc. Rev. 733 (2001)。

法学院录取,而且这两类人在顶尖律师事务所当合伙人或者当法官、法学教授是非常少见的。尽管女性和黑人在这些类别中所占数量有所增加——法学院的男女学生比例大致相当——但是在顶尖职业中,女性和黑人比例仍然大大地落后于白人男性。[26]

这些批判法学学派除了目标群体不同以外,其实他们的主要区别是批判法律研究运动倾向于将法律体系视为严重腐败,甚至无药可救的体系。这种观点导致其对手将批判法律运动支持者谴责为不属于法律学术界的法律虚无主义者。[27] 然而,批判女权主义者与批判种族理论者都愿意利用法律提供的工具作为推进他们议程的手段,比如反歧视法和权利主张。

法律与社会运动

繁荣兴盛的法律与社会运动,也被称为法社会学研究,是第三种20世纪六七十年代出现的、起源于法律现实主义的法律思想。[28] 法律与社会运动的主张是对法律与社会的社会科学研究,它是一个由法律经验主义取向整合而成的广泛综合体,包括法律史学家、研究司法判决的政治学家、研究各种问题的法社会学家(研究法律职业、公众对法律的态度、关于女性和黑人的法律问题、死刑等)、犯罪学家、法人类学家、行为经济学家、比较法学家、法律与发展学者和其他各种思想的专家。在关于法律理论的章节中讨论经验主义者可能有些奇怪,但是许

---

[26] See ABA commission on Women in the Profession, A Current Glance at Women in the Law 2005, www. abanet. org/women/ataglance. pdf.
[27] Paul D. Carrington, "Of Law and the River", 34 *J. Legal Educ.* 222 (1984).
[28] 关于这场运动的概述可参见 Brian Z. Tamanaha, *Realistic Socio-Legal Studies: Pragmatism and a Social Theory of Law* (Oxford: Clarendon Press 1997)。

多经验主义者都是高度理论化的,他们都将其研究建立在一整套关于法律的理论假设之上,并且他们的很多重要观点与之前提及的两种思想有重叠之处。

对于法律学说和法律活动的本质与影响,法律与社会运动同法律经济学和批判法律研究运动持相同的批判怀疑态度。正如法律经济学一样,法律与社会运动延续了由现实主义者提出的社会科学议程,但是它并未像法律经济学那样联系保守派观点,也反对(早期)法律经济学强调抽象建模的非经验主义路径。与批判法律研究运动者一样,法律与社会运动的许多核心成员公开与政治左派结盟。法律社会学协会过去几任会长自豪地把法律社会运动称为"改良派政治",并声称他们的工作是一种"左派自由主义学术"形式。[29] 与批判法律研究运动一样,社会法学研究的主题始终是揭露法律领域中的主流意识形态。[30] 但是,由于批判法律研究运动反对社会科学,并将其称之为客观主义者支持现状的骗人把戏,所以这两种思想永远不可能完全认同对方。[31] 尽管许多法社会学家从个人感情上同情自由主义政治,但是他们仍旧认为法社会学研究的政治化是不适宜的,而且对他们致力于形成关于法律的可靠知识是不利的。尽管如此,仍然有很多早期成员同时属于这两种思想群体。[32]

法社会学家采取了以不同方式呈现的、彻底的法律工具主义思想。前面已经提到,法律工具主义思想的主题之一是,不管统治者是精英、男性还是白种人,法律都是一种统治工具。

---

[29] Sally Engle Merry, "Resistance and the Cultural Power of Law: 1994 Presidential Address", 29 *L. & Soc. Rev.* 11, 12 (1995); Kitty Calavita, "Engaged Research, 'Goose Bumps,' and the Role of the Public Intellectual", 36 *L. & Soc. Rev.* 5 (2002).

[30] See Special Issue, "Law and Ideology", 22 *L. & Soc. Rev.* (1988).

[31] See David Trubek, "Where the Action is: Critical Legal Studies and Empiricism", 36 *Stanford L. Rev.* 575 (1984).

[32] Duxbury, *Patterns of American Jurisprudence*, supra 435—450.

法律与社会运动早期的核心主题源于现实主义者,包括研究成文法律规则与法律官员的实际行为之间的差距、法规与社会中人们实际行为的差距[33]、与法律不一致但却更有效的其他社会秩序的来源的影响。[34] 这些研究的重点旨在于确认法律作为社会秩序和社会变革的工具的实际功效。[35] 这些研究长期以来的主题是提醒人们社会生活的复杂性及其给法律带来的重重障碍。基于此,法律实际上往往是社会变革中毫无功效的工具。"长期的工具主义有效性研究只得出了千篇一律的结论:法律规定很少能产生预期的结果,因此其社会重要性微乎其微。"[36]法律与社会运动所持的法律工具主义视角也以其他方式体现出来。在法律社会学范畴中,一种主要的思想(与本书的主题相一致)集中关注社会中各种利益的冲突。这种"冲突路径的标志"就是对法律的工具主义解读:"法律的内容(与形式)常被看作是社会权力制衡的一种附带现象。"[37]研究司法判决的政治学家从现实主义观点吸取灵感[38],其中许多研究表明了法官的态度与其判决的统计相关性,而且这些研究表达了这样一种观点:法官们是"身着黑袍的政客",他们带着工具主

---

[33] See Tamanaha, *Realistic Socio-Legal Theory*, supra 101—103.
[34] 经典研究可参见 Stewart Macaulay, "Non-Contractual Relations in Business: A Preliminary Study", 28 Am. Soc. Rev. 55 (1963);还可参见 Robert Ellickson, *Order Without Law: How Neighbors Settle Disputes* (Cambridge, Mass.: Harvard Univ. Press 1991)。
[35] See Richard Abel, "Law Books and Books About Law", 26 *Stanford L. Rev.* 175 (1973).
[36] John Griffits, "The Social Working of Legal Rules", 48 *J. Legal Pluralism* 1, 14 (2003).
[37] David Nelken, "The Gap Problem in the Sociology of Law: A Theoretical Review", 1 *Windsor Yearbook of Access to Justice* 35, 46 (1981).
[38] C. Herman Pritchett, "The Development of Judicial Research", in *Frontiers of Judicial Research*, edited by J. B. Grossman and J. Tanenhaus (New York: J. Wiley 1968) 28—29.

义观点操纵法律规定,使其实现与他们个人意愿相一致的目标。[39]

在法律与社会运动中出现的一部理论著作与本书第一部分的主题十分契合。菲利普·诺内特与菲利普·塞尔兹尼克将其1978年出版的《转型中的法律与社会》明确定位为实用主义、庞德和现实主义者的传统。他们认为,通过更为强调使用某种工具以实现社会目标的方式,现代法律正在向更高形式的法律发展。他们把这个新阶段称之为"回应型法",在此阶段中,"为了实现公共目标,工具主义进行了更新"。[40] 他们认为,与之前形式主义时期、法律与政治相分离、判决严格遵循法规而不计后果的"自治型法"相比,这是一种进步。在这一更加高级的新阶段,"法律判决的逻辑与道德判断和实际判断的逻辑变得紧密一致"[41]。20世纪70年代的其他几位重要法理论家也注意到司法判决的风格正在经历明显的变化,脱离严格的法律应用而更加倾向于工具主义推理以实现社会目标,尽管很少有人对此发展抱乐观态度。[42] 诺内特和塞尔兹尼克提出规范主义观点的时机不好,至少从自由主义学家的立场看是这样的。伦奎斯特法院和一大批保守派大法官并未采纳此观点。当司法部门由保守派占领时,关于法官应该作出道德判断和政治判断的建议并不吸引自由主义学者。

法律与社会运动的另一方面是其为调和两种意识形态之间

---

[39] H. R. Glick, *Courts, Politics, and Justice* (New York: McGraw Hill 1983) 243.

[40] Phillippe Nonet and Philip Selznick, *Law and Society in Transition: Toward Responsive Law* (New York: Octagon Books 1978) 15. 另一本书罗列了相似的发展框架,但没有那么乐观。Roberto M. Unger, *Law in Modern Society: Toward a Criticism of Social Theory* (New York: Free Press 1976).

[41] Nonet and Selznick, *Law and Society in Transition*, supra 89.

[42] See Unger, *Knowledge and Politics*, supra; Patrick S. Atiyah, *From Principle to Pragmatism: Changes in the Function of the Judicial Process and the Law* (Oxford: Clarendon Press 1978).

的直接冲突所作的努力。一方面,很多实践者致力于经验主义社会科学,其中包括对知识的追求。另一方面,也有很多实践者致力于左派政治,期望他们的工作能够推进社会公平的改革进程。这就提出来一个明显的问题:一项左派政治议程是否会以及在多大程度上会影响已存在的知识?他们的研究成果是否仅仅是以科学包装的左派教条?认为自由主义法学教授在大学和法学院中具有数量优势的保守派的评论人士认为正是如此。

法社会学家面临的困境比相互冲突的动机更加严重。实质上,这是一种认识论方面的困境,他们怀疑客观知识的可能性。一位有独到见解的历史学家理查德·塔纳斯对给当代知识带来困扰的不明朗事态进行了总结,并称之为"后现代背景",这是我们之前章节中提到的思想的产物:

"在某种程度上讲,现实不只是被大脑所感知,而且是被大脑所建构的。许多这样的建构是有可能的,但是并没有至高无上的建构……不存在没有渗透理论的经验主义'事实',也不存在先验的逻辑观点或者形式原则。所有人类的理解都只是一种解释,且并没有一种解释是决定性的……"

因此不只是在哲学、宗教或艺术范畴,而且在科学范畴,真理和现实的本质都是十分模糊不清的。人类永远不可能超越其自身主观性的各种倾向。[43]

法社会学家就这些思想对社会科学研究所带来的明显逐渐削弱的影响进行了讨论。"批判经验主义者"强烈要求法社会学家放弃空洞的、残留的科学主义,并接受他们的工作是政治性的这一主张。[44] 作为回应,"后经验主义者"承认旧的有效

---

[43] Tarnas, *Passion of the Western Mind*, supra 396—397.
[44] See David M. Trubek and J. P. Esser, "From 'Scientism Without Determinism' to 'Interpretation Without Politics': A Reply to Sarat, Harrington, and Yngvesson", 15 L. & Soc. Inquiry 171 (1990).

性标准和可靠性标准以及中立的立场不再合理,而且他们承认社会学家无法逃避其"背景",但坚持认为他们在产生并非完全政治性的知识,尽管他们不能准确地解释在何种程度上以及如何产生的。[45] 虽然这些认识论问题尚未得到解决,勤勉的法社会学研究者们继续进行他们的研究,尽全力弄清事实,暂时搁置其对社会科学事业的怀疑——怀疑什么因素将会导致社会瘫痪。[46]

具有讽刺意味的是,社会科学家们所主张的法官的个人观点能够影响其判决的观点反过来讽刺了社会科学家自己。由塔纳斯总结的相关思想逐渐削弱所有关于知识和客观性的说法。无论是法官、社会科学家、学术人士,还是其他任何人,都无法逃脱一整套错综复杂的主观性网络。根据这一说法,人们对任何事物的认知都受到集体与个人思想利益的影响。如果判决只是实现预期目标的工具,那么对法律的社会科学研究也只是实现预期目标的有关研究设计、方法理论、主题选择和结果解释的工具。这种对于自身的讽刺应该会使法社会学者暂停他们有关判决就是一种政治的假设;如果法社会学者坚持认为他们的工作不是纯政治性的,假定双方主张的客观性受到同一套观念体系的挑战的话,那么他们应该接受法官们提出的相同说法。

法律实用主义

20 世纪 80 年代晚期到 90 年代早期,一部由坚持"法律实

---

[45] See Austin Sarat, "Off to See the Wizard: Beyond Validity and Reliability in the Search for a Post-Empiricist Sociology of Law", 15 *L. & Soc. Inquiry* 155 (1990).
[46] 赞成一个观点:缺乏基础也不能削弱社会科学研究的地位。See Tamanaha, *Realistic Socio-Legal Theory*, supra Chap. 2.

用主义"的理论家们撰写的著作面世了。[47] 尽管法律实用主义思想已长期渗透到法律文化中,但是它并未被认为是一种专门的理论思想(有一些除外)。[48] 法律实用主义在学术著作中的迅速成名要部分地归功于关于哲学家理查德·罗蒂的杰出著作。[49] 在哲学实用主义相对被忽视一段时间后,他曾使哲学实用主义重新盛行起来。

这次实用主义潮流的特点是持各种政治观点的学者都参与其中,其中包括法律经济学专家理查德·波斯纳,批判法律研究运动中的资深人士莫顿·霍维茨和玛莎·米诺,批判女权主义者玛格丽特·雷丁,批判种族理论家马里·玛丽松田和大批不隶属于特定思想流派的主流学者。[50] 互相妖魔化的理论家们——批判法律研究运动者和波斯纳——发现他们鼓吹的是相同的运动。实用主义判决的代表人物本杰明·卡多佐大法官被奉为共同偶像。[51] 各派在实用主义上的伟大融合——尽管也有反对者[52]——并非各学派和解的结果。在关于"法律应该是什么样的"问题上,这些学者各持有不同的愿景,存在很大的分歧。这些敌对各方之间相互融合的事实证实了长期以来存在的批评:实用主义在目标方面一片空白,在价值方面不给予

---

[47] 关于这一课题的文献很丰富。早期优秀的资料是论文集"On the Renaissance of Pragmatism in American Legal Thought", 63 *S. Cal. L. Rev.* 1569 (1990)。

[48] The main exception to this assertion is Robert S. Summers, *Instrumentalism and American Legal Theory*, supra.

[49] See Richard Rorty, *Philosophy and the Mirror of Nature* (Princeton: Princeton Univ. Press 1979); Richard Rorty, *Consequences of Pragmatism* (St. Paul: Univ. of Minn. Press 1982).

[50] 跨越政治光谱的详尽清单,参见 Cotter, "Legal Pragmatism and the Law and Economics Movement," supra n. 1。

[51] See Tamanaha, *Realistic Socio-Legal Theory*, supra 43—47.

[52] See Steven D. Smith, "The Pursuit of Pragmatism", 100 *Yale L. J.* 409 (1990); Ronald Dworkin, *Law's Empire* (Cambridge, Mass.: Harvard Univ. Press 1986) 161.

任何特别回应。杜威称,实用主义与民主政治有密切联系[53],然而实用主义却没有指出什么是善,人们如何生存,发展哪种经济制度,或者任何其他本质性问题。实用主义是一个关于知识是如何产生的的理论,不涉及任何具体内容。

实用主义潮流的另一个特点是:它为当代法律提供的借鉴并不显著。詹姆斯、皮尔斯和杜威的实用主义哲学主要是对绝对真理理论的负面批评。他们的主要论点是:知识是具有前后关系的和工具主义色彩的,来自我们在一个研究共同体中的各种活动。各种研究所证实的一切知识都是正确的。当庞德、杜威和现实主义者们在 20 世纪早期提出实用主义思想时,他们就打击当时盛行的、包含各种抽象原则的非法律工具主义观点,认为其以刻板狭隘的方式应用于案件,并不考虑其社会后果。实用主义取代了这一思想。到 20 世纪六七十年代,法律工具主义已成为"法学院的普遍观点"。几十年以来,法官们一直在考虑社会政策和他们判决的社会后果。概念形式主义法官如今极少,几乎不存在;法官们会继续支持法规形式主义,但是不是从过去机械的角度去支持。当每个人都以现实主义角度理解法律,就几乎没有理由追求法律实用主义。[54]

法律理论对实用主义的提倡戛然而止,正如它爆发时一样突然,但是波斯纳是个明显的例外。罗蒂声称,如今法律实用主义是"陈腐平庸的",因为它的观点在很早以前就已经被法律文化所吸收。[55] 法学家们也很快意识到,实用主义式的判决未必会促进达成他们有关法律应当是什么的政治愿景。以下是实用主义观点的典型特点:

---

[53] See Michael Sullivan and Daniel Solove, "Can Pragmatism be Radical? Richard Posner and Legal Pragmatism", 113 *Yale L. J.* 687 (2003).
[54] 一个更加充足的论点的大意是,法律理论对实用主义影响微薄。Tamanaha, *Realistic Socio-Legal Theory*, supra Chap. 2.
[55] Richard Rorty, "The Banality of Pragmatism", 63 *S. Cal. L. Rev.* 1811 (1990).

180 第二部分 当代法律工具主义

在我看来,实用主义意味着采用这样一种态度看待问题:具体地,实验性地,没有幻想,并且充分意识到人类理性和知识的局限性、文化传递的困难性、**真理**的不可得性、保持多种研究途径的重要性、研究对文化和社会制度的依赖性,以及最重要的,所有社会思想和社会行为都被评价为实现重要的人类目标的工具,而不是目标本身。[56]

大多数法律实用主义者会发现这个描述是与他们的观点是一致的。他们同意"法官们必须作出最好地满足现存及未来需求的判决"[57]并且"法官们必须作出选择,要么为手上的案子提供实质正义,要么保持法律的确定性和可预测性"[58]。

但是令人不快的不利因素暗藏在这些言语间。前面提到的关于实用主义的特点描述是由法律经济学的首创者、联邦上诉法院的长期法官波斯纳记录的。想象一下,在负责的案件中决定什么是"现在和未来的需求"、什么是"实质正义"或者什么是"重要的人类目标"的实用主义法官正是波斯纳本人。由于这种想法,很多左派法学家被波斯纳排斥在外。波斯纳反复提出法律的中心目标应该是实现财富的最大化。很多左派学者却把更加平等的财富分配作为首要目标,如果他们是实用主义法官,那么他们会试图落实。这些潜在的不同结果是实用主义判决导致的。

波斯纳是一位多产的传奇人物,创作了大量宣传法律实用主义的书籍。最近,他虽不再强调但仍致力于法律经济学。波斯纳赞成大法官卡多佐关于法律的目标是"社会福利"的言论[59],而且他已经多次表明:"我们应该从工具主义角度去看

---

[56] Posner, *Problems of Jurisprudence*, supra 465(强调为引者所加)。
[57] Richard A. Posner, *The Problematics of Moral and Legal Theory* (Cambridge, Mass.: Harvard Univ. Press 1999) 242.
[58] Id.
[59] Benjamin N. Cardozo, *The Nature of the Judicial Process* (New Haven: Yale Univ. Press 1921) 66.

待法律规定。"[60]"所有的实用法理学都意味着…它反对法律是基于持久不变的原则基础之上的、通过对这些原则的工具化使用而实现的,它认为法律是实现社会目标的工具。"[61]实用主义判决"坚决反对形式主义"[62]。

在一本最近关于实用主义的书中,波斯纳试图更多关注实用主义判决的特点,列举出了十二条结论。其中,最重要的结论就是:实用主义判决最基本的标准就是其合理性。[63]

没有固定的程序来保持法律规定和具体案件的结果之间、持续性与创造性之间、长期与短期之间、系统化与独特性之间、规则与标准之间的平衡。实际上,考虑到所有因素,对未来的实用主义法官所能做的最好的告诫就是"尽你所能作出最合理的判决"。[64]

如果判决的最终标准是"合理性",那么波斯纳认为没有必要谈论超出"合理性"的问题的想法也是正确的,可惜波斯纳未能留心观察自己的观点却忙于其他难以捉摸的探索中,以至于未能将此相当固定下来。

尽管很容易被淹没在其极富肯定性的各种言语中,但是波斯纳也承认,下面的认识至关重要:实用主义哲学不一定要支持实用主义判决(波斯纳式或其他类型)。遵循这种判决风格也许会导致这样一种结论:"合理性"标准为法官们提供太多余地,或者由于法官们对合理性的不同判断,使合理性在不同的法官中存在各种变化,而这些对于法律的确定性和可预测性是非常不利的。波斯纳充分意识到了这一点:

---

[60] Richard A. Posner, *Overcoming Law* (Cambridge, Mass.: Harvard Univ. Press 1995) 391.
[61] Id. 405.
[62] Richard A. Posner, *Law, Pragmatism, and Democracy* (Cambridge, Mass.: Harvard Univ. Press 2003) 85.
[63] Id. 59.
[64] Id. 64.

实用主义哲学并不希望法官成为实用主义者,这一点与实用主义思想完全一致,正如功利主义不希望法官认识到他们的角色是使效用最大化一样。人们也许会相信,如果法官们严格适用法律规定,那么整体效用会实现最大化,因为自由裁量权及其造成的不确定性可能会被认为降低而非提高了效用。同样地,一个致力于通过法律体系产生的结果来判断该法律体系的实用主义者也许会认为:如果这些法官只是纯粹地适用法律而不是作出实用主义判决,这样将会产生最好的结果。[65]

确定性是一个法律制度所能传递的最为重要的社会价值。它使得人们可以安排自己的活动,协调好自己的行为。但是,在一个实用主义的裁判制度下,我们却无法预先知道法律规则事后是否会得到适用。在法官群体根据大量社会目标或正义的不同观念去裁判案件的时候,这种确定性更是会大大降低。这些案件的结果会因为审判该案法官的不同而产生巨大的差异。法律规则统一适用的原则就会因此而被破坏。考虑到这些后果,一个实用主义者很可能会决定,实行实用主义裁判制度所带来的高昂成本会得出(实用主义地得出)这样一个结论:法官应该依法裁判。一个一贯的实用主义者会认为,这要取决于法律制度那些有价值的目标以及在实践中如何才能更好地实现这些目标。正如波斯纳所言,"那些满脑子实用主义思想的实用主义法官很可能其实反而是个形式主义者"[66]。

形式法治

尽管人们对"法治"这一政治理想的含义存在分歧,但是

---

[65] Posner, *Problematics of Moral and Legal Theory*, supra 241.
[66] Posner, *Overcoming Law*, supra 401.

"法治"是当代西方自由民主国家一种卓越的政治理想。[67] 大多数法律理论家对于法治的理解是"形式主义"的,认为其精髓在于政府必须遵守已经公开制定的法律规定。一个具体的形式法治是由法律理论家朗·富勒(法律程序思想的主要贡献者之一)在20世纪60年代提出的。根据富勒的观点,法律必须以概括的方式陈述,它必须清晰、确定、公开、稳定;法律从业者的行为必须与法规一致;法规不具有追溯效力,不得相互矛盾及要求不可能的情况。[68] 只要法律满足这些形式要求,法律包含什么内容是无关紧要的。富勒称,形式法治对实质内容不作要求提高了法律的工具主义能力:"形式法治对法律的实质性目标漠不关心,并且形式法治准备用同等效率实现各种目标。"[69]这纯粹是法律工具主义。法律只是一个空壳,一个实现目标的工具。

关于法治问题最有影响力的一篇文章是20世纪70年代由法学理论家约瑟夫·拉兹写的。他在文章中明确地提出了法治的特点,这些特点与富勒提出的相似。在拉兹的文章阐述中,法律工具主义思想得到了淋漓尽致地体现:

> 除了其他特点之外,一把好刀应当是一把锋利的刀。同样,遵循法治是法律的固有价值,而且是最重要的固有价值。法律的精髓在于通过法规及适用法规的法院来引导人们的行为……就如同其他工具一样,法律的优点在于作为一种工具其服务的目标与其本身都是道德中立的。[70]

---

[67] See Brian Z. Tamanaha, *On the Rule of Law: History, Politics, Theory* (Cambridge: Cambridge Univ. Press 2004).

[68] Lon L. Fuller, *The Morality of Law*, 2nd ed. (New Haven: Yale Univ. Press 1969) Chap 2.

[69] Id. 153.

[70] Joseph Raz, "The Rule of Law and its Virtue", in *The Authority of Law* (Oxford: Clarendon Press 1979) 225—226.

184 第二部分 当代法律工具主义

法律是一种工具,就像刀一样,能够用来切蔬菜,也能够用来杀人。那么,法律工具主义思想就变成了最为人们广泛接受的法治理念,也是美国法律体系和政治体系的典型特点。

现存非法律工具主义观点

各种自然法思想都不缺乏生动的阐述者。[71] 约翰·菲利斯使阿奎那的天主教自然法思想恢复生机。[72] 欧尼斯特·温里布赞同由古典自然法学派支持的法律形式主义思想。[73] 迈克尔·摩尔曾明确提出道德现实主义理论,认为存在客观存在的、为法律问题提供正确答案的法律与道德实体。[74] 罗纳德·德沃金认为,每个个案中的法律问题只有一个正确的答案,由法官在考虑社会固有的道德与政治原则的基础上得出。[75]

尽管这些理论学者都详细地阐述各种非法律工具主义思想,但是他们也允许法律工具主义观点在很大范围内进行广泛应用。不可否认的是,法律应该促进社会目标的实现。在关于公正、利益和权利这些重大问题上,自然法理论往往以高度概括的方式发挥其功效,但很少谈及停车规定、安全规定和银行

---

[71] 关于自然法的优秀概述可参见 Brian Bix, "Natural Law Theory: The Modern Tradition", in *The Oxford Handbook of Jurisprudence and Philosophy of Law*, edited by Jules Coleman and Scott Shapiro (Oxford: Oxford Univ. Press 2002)。

[72] John Finnis, *Natural Law and Natural Rights* (Oxford: Clarendon Press 1980).

[73] Ernest J. Weinrib, *The Idea of Private Law* (Cambridge, Mass.: Harvard Univ. Press 1995); Ernest J. Weinrib, "Legal Formalism: On the Immanent Rationality of Law", 97 *Yale L. J.* 949 (1988).

[74] Michael S. Moore, *Educating Oneself in Public: Critical Essays in Jurisprudence* (Oxford: Oxford Univ. Press 2000).

[75] Dworkin, Law's Empire, supra; Ronald Dworkin, *A Matter of Principle* (Cambridge, Mass.: Harvard Univ. Press 1985).

规定等等实际问题。这些理论都承认,把法律作为工具来处理世俗复杂的局面是现代生活的现状。

　　罗纳德·德沃金提出了关于普通法、宪法和立法的成熟理论,这与之前的一种主张法律包含各种作为社会固有产物的各种原则的非法律工具主义观点最为接近。罗纳德·德沃金反对这样一种说法:法律是由立法者自由意愿填充的空壳。同其他所有人一样,德沃金面临的主要困难在于如何识别与运用这些原则尚未达成一致观点。正如道德哲学家阿拉斯泰尔·麦金泰尔在一本关于自然法的书中观察到的一样:"当今社会最普遍的事实是,在基本问题上的道德分歧的广度与深度。"[76] 德沃金关于法律问题的分析一贯坚持自由主义,以至于有怀疑认为他将自己的政治观点提升至更高水平(正如菲利斯的自然法解释与其天主教立场相契合一样)。关于如何将笼统的原则运用到具体的案件中,以及援引的原则相互矛盾时(比如,保护胎儿生命的权利和妇女控制自己身体的权利之间)应当如何处理,仍然存在很多尚未解决的问题。而且还有一个急需解决的问题是,谁应当作出这些决定。德沃金认为应当由法官来从事这项"赫拉克勒斯任务",认为应当把激烈争论的政治问题交由不受行政责任束缚的、彼此之间也存在分歧的法官而非民主政治中来解决。

　　在现代这个大胆怀疑时代,建构合理而有效的非工具主义观点为时已晚。

不依赖法律理论

　　尽管没有调查佐证,但是我们可以很合理地认为:大多数

---

[76] Alastair MacIntyre, "Theories of Natural Law in the Culture of Advanced Modernity", in *Common Truths*: *New Perspectives on Natural Law* edited by E. B. McLean (Wilmington, Del.: ISI Books 2000) 93.

法学家并不认同以上讨论的任何一种法律理论思想。很多法学教授讲授并借鉴法律经济学思想,但他们并不赞成其中较为极端的说法。批判法律研究运动业已结束。批判女权主义者和批判种族理论家的著作在法学界处于边缘地位。一名"法律实用主义者"的身份似乎并不意味着他与人们看待法律的观点有多少不同(虽然实用主义判决思想是一个实实在在的选择,我们将在十三章进一步阐述其影响)。很多未参与法律与社会运动的法学教授在他们的学术著作中提到了经验主义材料。各种自然法理论都很艰难。尽管很多学者偶尔采纳这些思想的一个方面或者多个方面,但是他们都会发现这些思想全都过于狭隘或极端。如果说存在一种普遍的、共识性的法律理论观点,尽管不是具体的思想学派,那应当是对法律的程序方面的强调——正当程序、公正审判、一致性等等——以及法律程序学派的一些残余思想。形式主义法治与这种观点是一致的。

首要任务是将学生培养成为律师的法学家们可以在不支持任何特定理论思想的情况下完成其任务,实际上很多法学家也确实是这样做的。这不会使前面提到的调查显得多余。它的潜在含义是,除了停留在边缘的自然法学派以外,抛开各种纷繁复杂的思想学派之间的不同态度、倾向、理论假设和政治立场,这些思想学派都是在用工具主义的方式解释法律。不偏向于任何一种法律理论的法学家也同样如此。

第八章

法律职业中的法律工具主义

法律职业的首要规则表明:律师业的核心是手段(律师)与目的(当事人)之间的关系:"律师作为法律界的一员,他代表的是他的当事人。"[1]"律师应该遵循当事人关于代理目标的决定。"[2]确定了律师与当事人之间明确的工具主义关系后,这些法规将告诫人们"律师代表当事人并不意味着律师能够得到当事人政治、经济、社会和道德观点和活动的认可"。[3] 其中隐含的意思是,虽然律师被用作促进当事人实现不道德目标的工具,但是这并不会使律师变得不道德。法律实践在灌输一种其他意义上的法律工具主义:律师以工具主义态度对待法律本身,使用并操纵法律规定和法律程序,以此来推进当事人实现其目标。法律规定和法律机制都是法律界的工具,律师用他们来达成目的。进一步而言,很多律师把法律实践看作是他们发财致富的手段,使用和操纵法律规定和法律程序,使其促成他们的私人目的。

执业律师早已在刚刚提到的三个方面具有工具主义行为。从非法律工具主义观点到法律工具主义观点的转变在之前的几章中已有记述,这种转变特别关系到法律精英的观点,比如大律师中领导者的观点、杰出法官的观点和法律教师的观点。

---

[1] *American Bar Association Model Rules of Professional Conduct* (2002), Preamble: A Laywer's Responsibilities [1].
[2] Id. Rule 1.2 (a).
[3] Id. Rule 1.2 (b).

这并不意味着这些发展对法律实践没有影响。理想会影响人们的行为表现,所以我们假设法律理想的改变会对律师的行为举止有所影响。而且,律师们已被法律教育社会化,所以20世纪60年代和70年代在法律学术界中根深蒂固的法律工具主义观点对法律实践必然有一定影响。正如历史学家罗伯特·戈登所说,这不是纯粹的巧合。"自20世纪70年代以来,智慧的法律顾问——律师——政治家的守旧观念已经衰退了。"[4]

有多种迹象显示,如今的法律界处于非常糟糕的状态。在20世纪90年代早期,热销的书籍《迷失的律师》《背叛的职业》《法律职业危机》警示着人们目前法律界的处境。[5] 这几本书共同的主题是律师已经失去他们曾经作为社会栋梁、律师政治家、公众领袖、正义的化身、公共利益保护者的理想和理念。20世纪70年代的水门事件、20世纪80年代的储贷危机(loan debacle)都是由律师挑起的,被称为衰落的累赘。忧心忡忡的人哀叹道,律师已变成"不道德的技术人员",对合法性的外部限制施加压力(有时甚至超出压力)。只要他们的当事人要求,他们就可以做任何事情,不管这些事情是多么道德沦丧或是多么危害社会。20世纪90年代早期进行的调查发现,律师在道德和正直方面的公信力非常低(律师的公信力等同于汽车修理工,大大低于会计和医生。)[6]

在20世纪90年代末和21世纪初,另一轮对法律职业不断恶化的担忧再次来临。律师事务所中猖獗的欺诈计费行为曾

---

[4] Robert W. Gordon, "A New Role for Lawyers? The Corporate Counselor After Enron", in *Lawyers' Ethics and the Pursuit of Justice*, edited by Susan D. Carle and Robert W. Gordon (New York: NYU Press 2005) 381.

[5] See Anthony Kronman, *Lost Lawyer: Failing Ideals of the Legal Profession* (Cambridge, Mass.: Harv. Univ. Press 1993); Sol Linowitz, *The Betrayed Profession: Lawyering at the End of the Twentieth Century* (New York: Knopf 1994); Glendon, *Nation Under Lawyers*, supra.

[6] John P. Heinz, et. al., *Urban Lawyers: The New Social Structure of the Bar* (Chicago: Univ. of Chicago Press 2005) 77.

遭到曝光，包括系统的拖延时间。[7] 人们的注意力聚集在了年轻同事所面临的困境上。他们通常每周工作超过60个小时，伤透脑筋地完成高额计费这些无情的苦差事。这使得他们意志消沉、萎靡不振。[8] 律师们是安然公司发生大型公司欺诈和其他公司丑闻的主要推动力。律师在会计师事务所和主要企业律师事务所的搭档们会创造和推广非法避税项目。[9] 律师在备受尊重的司法部法律顾问办公室写下了声名狼藉的"酷刑备忘录"，通过扭曲适用的法律来极力促成批准酷刑。[10]

几乎每隔一周就会有一份关于律师的新报告，其中包括律师在执业中的不道德的行为或是犯罪行为。一位杰出的辩护律师被指控协助恐怖分子。代表犯罪团伙成员的律师被指控传递建议死刑的相关信息，包括在审讯中殴打两位合作证人的儿子。[11] 一位律师在股东集体诉讼案中以充当指定的原告为交换条件，收受回扣超过200万美元，他因此而受到指控。在这20年期间，他为律师事务所赚取了4400万美元。[12] 但是这

---

[7] See Lisa G. Lerman, "Blue-Chip Bilking: Regulation of Billing and Expense Fraud by Lawyers", 12 *Georgetown J. Legal Ethics* 205 (1999).

[8] See Patrick J. Schiltz, "On Being a Happy, Healthy, and Ethical Member of an Unhappy, Unhealthy, and Unethical Profession", 52 *Vanderbilt L. Rev.* 871 (1999); Susan S. Fortney, "Soul for Sale: An Empirical Study of Associate Satisfaction, Law Firm Culture, and the Effects of Billable Hour Requirements", 69 *UMCK L. Rev.* 239 (2000).

[9] See Paul Braverman, "Helter Shelter", *American Lawyer*, December 2003; PaulBraverman, "Evicted from the Shelter", *American Lawyer*, January 2004.

[10] 关于所涉及的问题很好的一个解释，包括对文学的概述，见Robert K. Vischer, "Legal Advice as Moral Perspective," 19 *Georgetown. J. Legal Ethics* 223 (2006).

[11] Robert Worth, "Mob Boss's Lawyer Charged With Aiding Murder Plot", *New York Times*, June 25, 2005, B4.

[12] John Broder, "Ex-Lawyer is Indicated on Kickbacks in Lawsuits", *New York Times*, June 25, 2005, A10. Timothy L. O'Brien and Jonathan D. Glater, "Robin Hoods or Legal Hoods? the government Takes Aim at a Class-Action Powerhouse", *New York Times*, July 17, 2005, B1.

间律师事务所和两位高级合伙人被控告共谋、洗黑钱和敲诈勒索。[13]

正如第三章重述的一样,当我们评估这些事件带来的影响时,我们应该清楚地知道对于律师的关注已持续了几个世纪。[14] 在水门事件发生的前一年,美国律师协会会长已经开始根据他的观察进行每年一次的演讲:"这是一个关于常识的问题,现在美国人比任何时期都更加关注律师和法定诉讼程序。"[15] 这句话以前已经说过,但是还是会被再次提起。

我们必须认识到在过去的美好时光里也不是所有事都是那么美好。当时法律职业被限制在一个狭小的社会精英范围内——白种盎格鲁-撒克逊男性新教徒——不包括妇女、黑人、犹太人、天主教徒和蓬头垢面的下层社会(工人阶级和移民者及其后裔)。在20世纪70年代以前,妇女和黑人是不允许进入法律界担任要职的。当地律师协会是法律精英人士的专属领域。美国法律界上层人士的工作总是与公司利益有密切联系。[16] 有些人认为,整个专业议程存在利己主义的灰暗面,其运作主要是为了提升地位和收入,特别是精英律师。[17] 公司律师起草了第一份职业规则,目标是规范在城市中社会地位较低

---

[13] Stephanie Kirchgaessner, "Prosecutors Indict Milberg Weiss", *Financial Times*, May 19, 2006, 15.

[14] 一项研究记载着大律师从1925年至1960年宣称危机的规律性。Rayman L. Solomon, "Five Crises or One: The Concept of Legal Professionalism, 1925—1960", in *Lawyers' Ideals/ Lawyers' Practices: Transformation in the American Legal Profession*, edited by Robert L. Nelson, David M. Trubek, and Rayman L. Solomon (Ithaca, N.Y.: Cornell Univ. Press 1992).

[15] Edward L. Wright, "Self-Discipline of the Bar: Theory or Fact?" 57 *A. B. A. J.* 757, 757 (1971).

[16] See Geoffrey C. Hazard, "The Future of Legal Ethics", 100 *Yale L. J.* 1239 (1991).

[17] See Richard Abel, *American Lawyers* (New York: Oxford Univ. Press 1989); Jerold Auerbach, *Unequal Justice: Lawyers and Social Change* (New York: Oxford Univ. Press 1976).

的种族律师的行为。[18] 律师们争取实行自我管理以逃避外界的监视和干预。整个律师行业集体为很多服务活动设置费用,实行垄断,并通过限制非律师人员进入律师行业和禁止广告来限制竞争。如果是非律师人员(进行"未授权的法律事务"会受到刑事处罚)提供该服务活动,那么费用会便宜很多。这些打着"保护公众"幌子进行的活动能够使律师以公众为代价人为地进行收费。

鉴于这样的背景情况,我们要谨慎地提出问题:律师行业中新一轮的抱怨是否会使整个行业焕然一新?而且,就引起这些抱怨的变化是否会对公众不利这个问题,我们要保持开放的头脑。马克·加兰特已经对法律界进行了为期几十年的领先研究,而且,他观察说"我们确实是生活在文学中所说的怀念律师业黄金时期的黄金时代"[19]。把如今受到折磨和过度劳累的(虽然他们获得丰厚的薪酬)公司律师或刑事辩护律师与亚伯拉罕·林肯、路易斯·布兰戴斯、阿奇博尔德·考克斯相比,后者才是在多次行业困境中历练出来令人尊敬的偶像。加兰特暗示,如今更多关于律师细微缺点和可疑行为的消息和宣传也许会加重人们的危机感。

当代法律实践的恶劣环境

关于如今法律界面临的问题我们有一个清楚的认识,但是就目前状况是否比以前良好这一问题我们缺乏可靠的知识。在法律实践中,至少有四项具体转型是毫无争议的。第一,如今就从增长数据和人均数据看,从事律师行业的人越来越多。从 1960 年到 1983 年律师人数就翻了 3 倍,从 20 万人增加到

---

[18] Jerold S. Auerbach, "A Stratified Profession", in *Lawyers' Ethics and the Pursuit of Social Justice*, supra 79—84.
[19] See Marc Galanter, "Lawyers in the Mist", supra 553.

65万人。[20] 从那以后，律师人数就稳步增加，现在每年几乎增加4万新律师，远远超过离职率。2006年，从事律师行业的总人数达到了1116967人。[21] 1951年，平均一位律师需要服务的人数为695人，1970年为572人，1991年为313人，到2001年降至264人。[22] 这些新增人数中的绝大多数都是去服务公司客户，而不是个人客户，所以更多的律师在追求同一批支付优厚报酬的客户。

第二个变化是，在大型律师事务所甚至小型律师事务所[23]，私人律师的工作时间都更长。在20世纪50年代以前，律师不会用计时付费系统向客户收取费用。自从采用了这套系统后，它就成为律师们延长法律工作时间（声称花了更多时间在法律工作上）不可抗拒的动力。在20世纪60年代，在各个公司律师事务所中计费时间的平均值是1500小时；到了20世纪90年代，是2000小时，但是相当多律师累积到了2400小时。[24] 为了计算实际花在工作上的时间，这些数字必须向上调整20%或者更多。但是，鉴于不是所有完成的工作都向客户计费，那么这也算是诚实计费。合伙人之间自己分配收入，每一美元都要花在支付办公室费用、同事的工资和奖金上，给予他们直接的利益以促进他们获得更长的计时。

第三个变化是，从20世纪70年代开始，成为一名律师的花

---

[20] Hazard, "The Future of Legal Ethics", supra 1259 (citing the Census).
[21] Lawyer Demographics, ABA Market Research Department, at http://www.abanet.org.
[22] Barbara Curran and Clara N. Carson, *Lawyer Statistical Report: The Legal Profession in the 1990's* (Chicago: American Bar Foundation 1994); Clara N. Carson, *Lawyer Statistical Report: The Legal Profession in 2000* (Chicago: American Bar Foundation 2004).
[23] See Carroll Seron, "Managing Entrepreneurial Legal Services: the Transformation of Small-Firm Practice", in Nelson, et al., *Lawyers' Ideals*, supra.
[24] See Fortney, "Soul for Sale", supra 247—248; Schiltz, "On Being a Happy", supra 891.

费已成为一个天文数字。从1992年到2002年,法学院的学费就已经超过私立学校76%,超过公立学校134%,而生活费超过28%。[25] 各个私立法学院每年学费的平均值达到了3万美金。绝大多数学生毕业的时候都背负着法学院9.4万美金的债务[26],每个月都要面对1000美金甚至更多的贷款。这种债务负担带给毕业生的压力使他们去寻找薪酬最高的工作。在顶级的公司律师事务所中,律师才开始工作的这段时间是他们工资增长最显著的时期。但是单干的律师或在小律师事务所和政府工作的律师的薪酬并未与此匹配,要比公司律师低一半到三分之二。[27] 除了那些毕业于精英学院、享受贷款豁免政策的毕业生和家庭富裕的毕业生以外,政府工作和公共服务工作所带来的工资根本不能满足年轻的律师,他们渐渐地把这种工作作为万不得已的选择(很多律师都很乐意从事任何具有优厚薪酬的工作)。

第四个变化是公司律师事务所内部文化和他们与客户关系的转变。[28] 与过去不同了,在如今"按劳取酬"的体制里,当律师要分享律师事务所的利润时,合伙人就必须不断地拼命拉客户,因为这关系到他们的收入。懒散落后的合伙人就会任其发展,或者变成拿工资的员工("顾问"),而不是地位平等的合伙者。贸易刊物出版社每年都要根据合伙人的薪资标准进行排

---

[25] See *Lift the Burden: Law Student Debt as a Barrier to Public Service*, *Final Report of the ABA Commission on Loan Repayment and Forgiveness* (Chicago: American Bar Association 2003) 9—11.

[26] Lerman, "Blue-Chip Bilking", supra 221. See NALP, *From Paper Chase to Money Chase: Law SchoolDebt Diverts Road to Public Service* (Washington, D. C.: Equal Justice Works, NALP, Partnership for Public Service 2002).

[27] See NALP, *From Paper Chase to Money Chase*, supra 14—15. See also John P. Heinz, et al., *Urban Lawyers: The New Social Structure of the Bar* (Chicago: Chicago Univ. Press 2005) Chap. 7.

[28] See generally Marc Galanter and Thomas Palay, *Tournament of Lawyers: The Growth and Transformation of the Large Law Firms* (Chicago: Univ. of Chicago Press 1991).

名。在贸易刊物出版社的煽动下,如果合伙人的薪资低于同行水平,那么擅长揽生意的合伙人就会受到被迫离开的威胁。[29] 而且,与过去不同的是企业客户不再会被律师事务所死死套牢。企业客户已经是聪明老练的顾客,他们用自己企业内部的法律部门与其他律师事务所打交道。他们要求律师事务所参加"选美比赛",使其在工作上互相竞争。[30] 很多企业将他们的法律事务分散给许多优质的律师事务所,并使其相信企业绝对有权从律师事务所夺走该企业的法律事务,交给更加服从的竞争者。这导致在律师事务所中,律师与律师之间、律师事务所与客户之间的忠诚度和稳定性大大地下降。尽管这些变化一开始发生于公司律师事务所,但是他们已经影响到了整个法律界。律师的高度流动性已成为法律界的一个典型特点。

就绝对数量和平均数量而言,如今的律师更多了。更多的律师在竞争着薪资最高的工作,支付最高薪资的客户。他们工作更长时间,背负着限制他们选择的沉重债务。在法律界中,根据薪资和地位,律师们的分化越来越剧烈。比如,一些律师(公司律师)功绩卓越,而其他律师(政府律师和服务个体的律师)却功绩平平。[31] 在这样令人焦虑的情况下,我们不能轻率地假设目前关于危机的谈论是法律界历史悠久的仪式中的最新活动。法律界一直存在苦苦奋斗的律师,而且他们对工作和金钱的追求是这个行业中永远不变的目标,然而,这些因素聚合导致律师们致力于法律实践的结构状况逐渐衰弱。很多律师现在的生活比过去变得更加的粗野。这些能够简短地表明,这些环境给律师带来了很多压力,使他们的行为变得更加具有工具主义色彩。

---

[29] See Linowitz, *Betrayed Profession*, supra 32.
[30] See Ronald J. Gilson, "The Devolution of the Legal Profession: A Demand Side Perspective", 1990 *Maryland L. Rev.* 869 (1990).
[31] See Abel, *American Lawyers*, supra Chap. 9.

在这一章第一段提出的三种变体中,一个世纪以前甚至更早,执业律师就已经认为法律工具主义也许是最普遍的一种变体。但是,毋庸置疑的是,如今法律工具主义比以往任何时候都更加占据统治地位。由于前几章提到的种种发展所带来的结果使之前抑制法律工具主义的任何限制都消失了。执业律师在艰苦条件下的压力使得这些限制增强。在法律实践中,法律工具主义完全爆发。

律师的两大奉献:客户和公共利益

1986年,美国律师协会律师职业委员会就律师职业伦理定义道:"律师致力于客户利益和公共利益。"[32]在法律界的历史中,这两者的结合早已被法律界用来解释其特殊的自主地位。法律对于社会秩序和社会公平来说至关重要:它要求只有律师才具有专业的知识;公众需要律师们来促进他们相互之间的交流,保护他们免受他人和政府的伤害;律师作为法律秩序的监护者,他们在国家中起着特殊的作用。

值得注意的是,这些表述都与律师的利益无关。在这样的职业理想中,律师过上优质的生活并在社会中获得体面的地位都是他们为客户和公共利益服务的结果。这并不是一个无私的说法。因为人们认为"扮演这样一个重要角色应该获得丰厚报酬"的想法是完全合理的,但是对金钱的追求不是成为一名律师的直接目的或者主要目的。这就解释了为什么一个世纪前人们抱怨法律变成了一种"交易",人们毫不避讳地利用法律挣钱。这样的抱怨具有很深刻的意义。1915年,美国律师协会会长坚持认为:"法律是一种职业,而不是一种交易;法律包含

---

[32] American Bar Association, *In the Spirit of Public Service*: *A Blueprint for the Rekindling of Lawyer Professionalism* (Chicago: American Bar Association 1986) 10.

更多的应该是实现成功,而不是赚取金钱。"[33]每个人都必须承认,追求金钱至上的律师总是存在的,但是在律师们自己看来,这已经是少部分人。然而,就是这少部分极其贪婪的律师破坏了整个律师行业的声誉。

　　虽然人们对律师服务客户这一点很清楚,但是对于律师服务于公众利益这一点人们仍然很疑惑。从极简主义的意义上讲,只要成为律师就能完成服务公众利益这项任务。因为法律本身对社会秩序和社会公平至关重要,而且法律是律师活动的产物。同样地,从极简主义意义上讲就是把律师对公众利益的奉献融入对客户的奉献,律师通过服务客户来为公众利益服务,因为客户也是"公众"。而且每个人都有权聘请律师,这是公众服务律师所提供的。另一种变体涉及我们经常提到的标语:律师是"法院的官员"或"法律的女仆"。这两种说法都暗示着律师身兼特殊任务。但是这些言论其实都缺乏实质,这不仅仅是对法官和从事违法行为禁令的苛评。遵守法律是每个普通公民都应该承担的义务。据律师们所说,另一种为公众利益服务的方法是由托克维尔提出的。他观察到,律师们作为一个群体更加倾向于秩序,他们常常以有序的方式进行活动,这能够帮助抑制过度民主。[34]但是,这种想法对于具体义务而言没有多大帮助,因为据称律师们是凭借他们的影响力和敏感度完成公众利益服务这项任务。据说,律师也为公众利益提供服务是从许多律师变成政治家、法官、公务员,或者变成公益律师和法律援助律师的角度讲的,但不是所有律师都是这样认为的。很多律师也致力于他们工作以外的公民活动,特殊事业或是公益事业,但是这些都是辅助活动或是外部活动。

---

[33] Peter W. Meldrim, "Address of the President", 40 *Reports of American Bar Assoc.* 313, 323 (1915).

[34] Alex de Tocqueville, *Democracy in America* (New York: Mentor Books 1900) 122. See Charles F. Liddy, "Address of the President", 35 *Reports of the American Bar Assoc.* 331 (1910).

以上没有任何一种致力于公众利益理想的思想是具有实质意义的。[35] 他们都是由律师在其日常法律实践中列举出来的,并由律师赋予其含义。很明显,法律界已经辜负了,或者说一直都辜负了这些关于为公众利益服务的思想。在20世纪90年代末,在500家大型律师事务所中,少于1/3的律师事务所达到了美国律师协会所提出的进行公益服务的要求,穷人的法律需求未被满足的比例超过4/5,中产阶级的法律需求未被满足比例达到1/3。[36] 在理论上,每个人也许都有聘请律师的权利,但是其实很多人却接受不到律师的服务。

对公众利益理想的强烈渴望来自共和党。律师们的贵族形象使关于道德、公正和公众利益的判决变得独立,而且律师们把这些判决融入他们的日常实践中。律师的这种促进公众利益的理想曾在法律界占有突出的地位。[37] 根据罗伯特·戈登的说法,"在共和国成立的早期,上层阶级的律师大部分都是有教养的人。在他们看来,当律师不仅仅是一种谋生的手段,也是接触政治贤才和上层文化的一种渠道。"(虽然在某种程度上,这种观点并不清晰。)律师精英们一直坚持这种观点直到20世纪早期。[38] 如今,这种观点至少被执业律师所赞同,他们并不认为这种观点不合时宜。很早以前,法学教育就已经发出强烈的反对信号。1937年,马克斯·雷丁观察道:"由于学生认为判决不公正,所以学生会反对判决。但是,几乎没有老师会无法面对这种学生。面对这种学生,他们公认的处理方法是蔑视他们。老师们不仅认为学生的反对有些不着边际,而且还有

---

[35] 《美国律师协会职业行为示范规则(1983)》在其序言中引用了其中一些内容。
[36] See Deborah L. Rhode, "Pro Bono Can't Fill the Gap", *National Law Journal*, September 6, 1999.
[37] See Gordon "The Independence of Lawyers", supra 14—15.
[38] Gordon, "The Independence of Lawyers", supra 68.

一些愚蠢。"[39]

最高法院大法官斯坦利·里德在1938年的美国律师协会会议上提出了关于现实主义的观点：

> 不管我们是否喜欢，法律从很多方面都已经变成一桩生意。奉献公共福利事业的高度责任和沉重负担，我们就一定要将其寄望于这些律师，而不是其他训练有素的社会成员吗？我不能说我们一定能够依靠他们。关于律师职业的双重特点的历史观点是，在律师的职业生涯中，不管是公众利益还是私人利益都必须为现实让路。[40]

在一段时间里，法律精英仍滔滔不绝地声称：律师有责任为公众利益服务，但是律师们并没有坚持这样做。

在职业道德准则的连续变化中，对这个观点的逐渐背离是明显可见的。在1908年的《职业准则》中，第一条就是："当律师提供服务或者给予建议时，他们往往会给客户留下深刻的印象，遵守道德法律中的最严格的原则，提高职业荣誉感，促成客户的最佳利益。"[41]除此以外，在案件处理中，律师"必须遵从他的良心，而不是遵从他的客户"[42]。1969年《美国律师协会职业责任标准守则》明显地使用了更多转弯抹角的语言："在协助客户作出恰当决定的时候，律师为客户指出会影响判决的因素，这种行为是可取的。因为这种行为既是道德的，也是法律允许的"[43]。

最谦虚的建议也立即随之而来："在最后的分析中，由于非

---

[39] Radin, "Education of a Lawyer", supra 690.
[40] Stanley Reed, "The Bar's Part in the Maintenance of American Democratic Ideals", 63 *Reports of American Bar Assoc.* 710, 713 (1938).
[41] *ABA Canons of Professional Ethics*, supra Canon 32, 14.
[42] Id. Canon 15, 9.
[43] *ABA Model Code of Professional Responsibility* (1969), Ethical Consideration 7—8.

法律因素,不管是否应该放弃法律允许范围内的目标或方法,律师都应该时刻谨记判决最终是属于客户的,而不是律师的。"[44] 目前所采用的1983年版的《美国律师协会专业操守标准规则》是所有版本中要求最低的:"在给予建议时,律师不仅要考虑到法律因素,还要考虑到其他因素,比如:道德因素、经济因素、社会因素和政治因素,这些都与客户的具体情况有关。"[45] 这就是在告知律师,在向当事人提供咨询时,他们可能在其他考虑中提出道德规范(现在),然而这已经与之前律师必须向当事人指出道德上的正义(1969)大相径庭。这也是从过去律师必须让当事人意识到要完完全全地严格遵守道德法则(1908)改变而来的。[46] 当律师发现客户的要求是不能接受的时候,律师可以自由地退出。但是"在什么程度上,我们可以说律师服务于公众利益"这个问题仍然无法得出答案。

正如所有律师都熟悉的一样,在律师所谓的两种奉献中存在一个潜在的、极易爆发的冲突。在特殊情况下,当客户的利益不利于公众利益时,律师会怎么做呢?面对人员不足、缺乏执行力的(中介)机构,贫民窟的房东需要律师帮助他们购入房产、驱逐麻烦的租客、维护他们对房屋最低限度的合法/非法维持。那些代表教堂的律师积极地引用诉讼时效、宗教特权、隐私和保密协议控告牧师帮助实施性虐待。为了少缴税,公司和富人雇用税务律师挖掘每一个在法规范围内尽可能少缴税的可能性,从公库中挪走大量钱财。如果客户的获胜概率是通过律师的强硬手段、拖延或者给诉讼对方提出大量的证据交换的申请,以提高他们维持诉讼的代价,那么律师应该如何继续呢?

---

[44] Id.
[45] *ABA Model Rules of Professional Conduct* (1983) Rule 2.1.
[46] 关于制定最新准则的谈判过程的精彩研究表明:出庭辩护律师如何在某种程度上反对大律师精英和专业学者,以此来维护他们的辩护活动。Theodore Schneyer, "Professionalism as Politics: The Making of a Modern Legal Ethics Code", in Nelson, et. al. , *Lawyers' Ideals*, supra.

烟草公司和化学公司利用律师采用这几种方法来对付迫在眉睫的诉讼;大公司也用这些方法来对付政府反垄断的诉讼。[47] 当律师所代表的保险公司有法律依据来避免支付一项索赔,但是公平地讲这项索赔是应该支付的,那么律师应该怎么做呢? 当律师们认为敌意证人的供词是真实的,但是律师也很容易让敌意证人犯错,使他们留下不可信任或者掩饰真相的印象,那这时律师又应该怎么做呢? 这是诉讼人的标准操作程序。在这些所有处境中,客户们希望并时常要求他们的律师实施道德上可疑或者对社会不利的做法,只要这些做法不被法律严格禁止。

142 那些怀念昔日令人尊敬的法律界的人坚持认为,以前的律师会对这些行为说"不"。为了相信这种说法,伊莱休·鲁特重复了一句很精炼的话:"一位品行正直的律师几乎有一半的法律实践都是在告诉潜在客户这些行为是非常糟糕的获胜工具,应该停止这样的行为。"[48] 我们被告知[49],这些正直的律师没有用过拖延战术,没有抬高对手的费用来迫使他们屈服,没有披露对有争议的法律点不利的判例,也没有移交会使官司失败的证据文件,只是让一位诚实的证人看起来像个骗子。1908 年的《职业准则》称,没有比"律师的职责是不择手段地使他的客户赢得官司"这种观点更能促进人们产生"对律师阶级的普遍偏见"。[50] 据称,前几代律师作为公众利益的坚定服务者坚持让他们的客户做品行正直的事。

我们不可能知道,过去的律师的那些特点与现实有多大差别。一位研究律师的历史学家表示,鲁特所引用的那句话来自

---

[47] See Glendon, *Nation Under Lawyers*, supra Chap. 3; Linowitz, *Betrayed Profession*, supra Chap. 5.

[48] See Glendon, *Nation Under Lawyers*, supra 37; Linowitz, *Betrayed Profession*, supra 4.

[49] See Id. Chap. 1.

[50] *ABA Canons of Professional Ethics*, supra Canon 15, 9.

这样的背景：律师们是为了避免惹祸上身，而并不是为了建议客户致力于支持公众利益。[51] 在另一背景中，鲁特表达了几乎与他引用那句话相反的意见："客户从来不希望被告知他不能做他想做的事；他希望被告知如何做，而且告诉他如何做是律师的职责。"[52] 历史学家戈登表示，鲁特和纽约市律师协会的领导人实际上致力于发展他们的法律实践以外的法律和法律界。这些领导人中包括詹姆斯·卡特，他的演讲在第一章中曾被引用，作为对非法律工具主义观点经典而明确的表达。但是，戈登也表示，当法律被大型公司和他们的领导人认为是障碍时，纽约市律师协会的领导人们急切地适应逐渐发展、有利可图的公司法律实践，代表信托、银行和铁路部门。[53] 1899年，经济学家托斯丹·凡勃伦曾提出了公司律师形形色色的特点："律师专门从事掠夺性诈骗的细节部分，要么实现诈骗，要么消灭诈骗。所以，在法律界中，成功被人们认为是拥有精明狡猾的天赋。而且，这种野蛮的、缺乏教养的精明狡猾总是控制着人们的尊重和恐惧。"[54]

就当前的目的而言，这些说法的真相其实并不重要。过去，关于律师有义务为公众利益服务的说法时常被人们反复提出，但是现在却很少有人再谈论。过去的律师，至少是法律精英始终如一地提出对两个理想的渴望——服务客户和服务公众利益。但是相反的是，现在大多数的律师把他们自己看成客户的工具，这样目的性就会简单而清晰。可以肯定的是，"服务公

---

[51] Stuart M. Speiser, "Sarbanes-Oxley and the Myth of the Lawyer-Statesman", 32(1) *Litigation* 5(2005).
[52] Statement quoted in David Luban, "Making Sense of Moral Meltdowns", in *Lawyers' Ethics and the Pursuit of Social Justice*, supra 362.
[53] Robert W. Gordon, "'The Ideal and the Actual in the Law': Fantasies and Practices of New York City Lawyers, 1870—1910", in Gerard W. Gawalt, *The New High Priests: Lawyers in Post-Civil War America* (Westport, Conn.: Greenwood Press 1984).
[54] Quoted in White, *Social Thought in America*, supra 60.

众利益"这种理想如今也偶尔被提前,但是绝大多数是由享受从法律实践的困境中解脱出来的法官和法学教师(而且很多法官和法学教师私底下很庆幸已经摆脱这些困境)提出的。从任何意义上讲,其他律师都认为,人们只是象征性地反复提及公众利益,其实根本没有人会认真对待这个问题。如今,一位不识时务的执业律师在声称要致力于公众利益之前需要经过深思熟虑。法官们辩解道,他们反复提出这个理想是因为这是他们所期望的,而且他们也正在服务公众。当法律伦理学教师迫切地要求推进这项理想时,人们认为这些老师只致力于宣扬高尚的思想而不会落实,因此对他们不予理会。一位律师反驳道:"加入我们第一线,让我们看看你们会怎么做,或对于你们所说的理想,你们能坚持多久?"

即使法律实践的其他环境没有改变,我们也很难想象其他事物现在会是什么样。假设在20世纪60年代末和70年代之前,"教室中的普通宗教"是法律工具主义,那么人们的普遍观点是"公众利益"和正确的道德价值观不需要与信心紧密联系在一起。1908年的《职业准则》要求律师的行为举止应该严格遵守"最严格的道德法律原则"[55]。这样的要求可以直接追溯到19世纪中期沉浸于非法律主义观点的著作中。在后期,向法学学生传递的主要信息是"道德承诺是多余的,或者说缺乏道德承诺。重要的是'像律师一样思维'的能力"[56]。正如卡尔·卢埃林满腔热情时所说的:学生应该学会"把道德暂时锁在麻木不仁中,仔细思考、冷静分析、善于观察,但只是观察而

---

[55] See Russell G. Pearce, "Rediscovering the Republican Origins of the Legal Ethics Codes", and Norman W. Spaulding, "The Myth of Civic Republicanism: Interrogating the Ideology of Antebellum Legal Ethics", in *Lawyers' Ethics and the Pursuit of Social Justice*, supra.

[56] Walter Bennett, *The Lawyer's Myth: Reviving Ideals in the Legal Profession* (Chicago: Univ. Chicago Press 2001) 15.

已,然后操纵法律机制"[57]。假设是在道德相对主义时代,甚至是有道德良心的律师也认为,傲慢地将自己的道德观和公众利益观点强加于客户是不恰当的行为(欠缺道德意识的律师把这种观点作为信手拈来的借口,以此来追求应该受到谴责的做法)。

更一针见血的是,法律实践的环境已经发生翻天覆地的变化。法律实践几乎以期望律师履行服务公众利益职责的方式要求英雄行为。在法律范围外,公司律师尽管冒着失去客户的风险,也不会尽全力去实现客户的目标。他们会让那些良心不会受到类似谴责的隔壁竞争者去接这件案子。由于律师和客户之间存在的信任关系,即使这些风险不是迫在眉睫,但是仍然让律师有所畏惧。法官杰德·拉可夫观察到,目前"律师之间的价格竞争"已经"使律师认为面对任何能够影响他们聘用或者解雇的业务主管,他们有必要回答'是',而不是'否'。实际上更真实的情况是公司内部的律师也会被任意解雇或者排除在外"。[58]

当律师在当事人行为的道德问题上产生担忧时,当事人却仍然坚持继续这种行为。如果你认为现在的很多律师会随意地告诉他的当事人"这种行为是很糟糕的获胜工具,并停止进行这种行为",那么你就太天真了。对于一个单从一位客户的计费中就可能失去数百万美元的公司律师来说,这种建议的非现实性显而易见。而且,对于每单案子都是珍贵的税收来源的小型律师事务所和个体律师来说,亦是如此。如果他们不遵循当事人的想法,大街上完全可以找到愿意遵循当事人想法的竞争者。更加确切地说,与公司律师事务所相反的是在小型律师

---

[57] Karl Llewellyn, *The Bramble Bush*: *On Our Law and Its Study*(Dobbs Ferry, N. Y.: Oceana 1960) 84 (emphasis added).

[58] Jed S. Rakoff, "Corporate Ethics in an Age of Steroids", 60 *The Record* 236, 240 (2005).

事务所中,律师帮当事人作了所有决定,操纵当事人。然而,小型律师事务所所面对的服务群通常是无知且并不富裕的当事人。因此,任何不道德的行为或者不道德的目标都是律师指示的行为结果,而且律师以自己的经济利益就是当事人的利益为行为导向。但是,这些情况归根到底都是钱的问题。对于律师来说,客户就是金钱。

律师们能够拒绝,也确实拒绝了那些令人讨厌的案子,或者阻止法律允许而道德不允许的行为。尽管关于这点的具体证据很少,但是从对公司律师的行为研究看,在客户支付大量费用的关键时刻,律师很少会采取这样的阻止行为。愤世嫉俗者称,这是律师过分的贪婪。但是更加公正的说法是,在残酷的竞争环境中,由于受到经济上的生存动力的左右,律师被迫做一些事情。如果有更多选择,他们也不会做这些事。

大多数律师都不会逾越法律的界限,也不会主张当事人进行违法行为。止于这条界限也许反映了律师们对于法律体系的忠诚,但也是因为他们不愿冒险失去谋生之道和自由。过去律师界的"服务公众利益"的理想不仅仅意味着不参与违法行为。而且,律师作为法庭官员具有一种特殊的职责——"保证司法公正"。[59] 这种过去的理想得到非法律工具主义观点——"法律固有的正确原则"的支持。[60] 当法律包含这些原则时,律师就可以坚持那些超越客户利益的标准。如果法律缺乏那些原则,那么就只剩下对客户的服务和律师自己的利益。

---

[59] Statement of Moorfield Storey, *The Reform of Legal Procedure* (New Haven: Yale Univ. Press 1911)6, quoted in Susan D. Carle, "From Buchanan to Button: Legal Ethics and the NAACP (Part II)", 8 *U. Chi. L. Sch. Roundtable* 281, 292 (2001).

[60] Carle, "From Buchanan to Button", supra 293.

法律规则和法律程序的工具主义操纵

法律工具主义根深蒂固的地位已经渗透到了为执业律师所认识并利用的法律规则和法律程序。当律师保持法律精神，把法律视为需要服从的、具有约束力的命令时，他就能够向他的当事人履行职责。以这样的观点看待法律的执业律师大多数是理想主义的政府律师，他们认为自己是在服务公众。但是，与上述观点相反的是，一些律师纯粹从法律工具主义角度去看待法律规则和法律程序。在为当事人服务的过程中，不管与他们的根本精神有多大差距，这些律师都会尽力突破法律的外部限制。这两种思维倾向在律师界都受到认可。[61]

他们看似相似，实则截然不同，存在很大分歧：在实现当事人目标时，理想主义的政府律师考虑的是"法律要求的是什么"，而持有工具主义观点的律师考虑的是"如何采取行动"。其中，分歧还包括操纵法律或规避法律，只止步于明确的违法行为。理想主义的政府律师倾向于法律规则的约束性；持有工具主义观点的律师则倾向于法律规则的模糊性。两者的本质区别在于：在第二种倾向中，当律师为当事人服务的时候，他会赤裸裸地把法律规则和法律程序视为工具；在与之相反的第一种倾向中，当律师为当事人服务时，他们会认为法律具有必须受到尊重的约束内容和价值。如今，很多在私人律师事务所的律师都更多地倾向于第二种。

第二种态度在法学院的学生中也留下了根深蒂固的痕迹。自20世纪60年代和70年代以来，什么变成了广泛应用的法律

---

[61] 对律师业各种不同模式的探究可参见 Rob Atkinson, "A Dissenter's Commentary on the Professionalism Crusade", 74 *Texas L. Rev.* 259 (1995); Stephen L. Pepper, "Counseling at the Limits of the Law: An Exercise in the Jurisprudence and Ethics of Lawyering", 104 *Yale L. J.* 1545 (1995).

教学方法,以下是对此的描述:

> 律师必须学习的最重要的能力就是,当案件出现在他们面前时,他们要从被告和原告两方面去看待这个案件,并暂不作出判断。因为他们有可能被要求为双方中任何一方做辩护。法学教授的任务通常是改变学生最初的想法,然后再从另一方的角度把学生的想法改变回来。直到学生们都理解:在他们技艺精湛之前,他们会遇到很多状况,但是他们都要全心全意地把他们的技巧投入其中一方。然后,他们必须大概勾勒出对方当事人的看法,找到削弱或者击败对方辩论重点的方法。[62]

进入法学院的学生通常认为,法律包含"黑体字"规则。但是通过标准教学法技巧的描述,学生被教导忽视法律的约束性。由于目的和政策分析的灵活性,法规的不确定性和法规在现实情况中的应用性被夸大。法律就是制造争论;法律就是信息;总有争论可以被制造出来。当毕业生被这种观点耳濡目染三年以后,在离开学校之际,他们理所当然地认为,法规只是律师代表他的当事人所利用的工具而已。还是卢埃林那句贴切的形容:学生们已经学会"操纵法律体系"。

有些律师对法律规则和法律程序持纯粹的法律工具主义态度。人们期望甚至是鼓动这些律师"去挖掘法规上的每一个漏洞,利用对手的每一个战术失误或战术疏忽,突破每一个法律解释或事实解释来帮助他的当事人"[63]。不可避免的是,这种法律工具主义态度不仅渗透到关系当事人处境和目标的法规中,而且还渗透到律师对规制他们行为的职业道德规则的观点中。从这两点而言,为了给律师和当事人最大的空间,法规的约束性已降至最低。罗伯特·戈登在对其所提倡模式的描述

---

[62] Linowitz, *The Betrayed Profession*, supra 116.
[63] Gordon, "Independence of Lawyers", supra 10.

中将二者结合了起来:

> 首先,律师不应该犯罪或者帮助当事人计划犯罪。其次,他们应该遵守法规中明确表述的道德规范,忽视那些含糊不清的道德标准。最后,他们不应该公然欺骗法官或伪造证据。但是如果以上这些行为能够有利于当事人的利益,他们会找出任何一个漏洞、歧义、术语、不明显甚至完全难以置信的法律解释或事实解释。[64]

对于法律规则和法律程序的操纵态度,几乎没有任何约束。举一个有关不诚信的案例:一间律师事务所把关于尚未确定的活动的内部消息在法律顾问中传播,目的不是为了寻求法律建议,而是为了掩盖消息。由于受到律师与当事人保密特权的保护,他们以此作为庇护,避免曝光。[65] 报告还详细说明了律师在安然公司的结构交易或发表的审计报告中如何实施欺诈,并以此来达到正式的法律要求,掩盖其欺诈的实质。[66] 例如,当需要"真正进行资产变卖"时,律师就创建一个空壳公司,完全通过纸上交易来达到资产变卖看似已"真实"发生的目的。由于当事人意识到,这场交易与适用的法律规则的精神不一致,所以律师会完成当事人要求的法律事务。向客户兜售不可靠的避税服务,这种猖狂的做法是实践中另一个例证。[67] 在律师尽力阻止司法部门调查后,毕马威会计事务所最终承认在开发和销售避税项目中负有刑事责任。这个计划是由毕马威的律师合伙人策划的,通过审计报告得到了布朗&伍德律师事务

---

[64] Id. 20.
[65] See Lynnley Browning, "KPMG Had Doubts About its Tax Shelters, Memos Show", *New York Times*, October 3, 2005, C2.
[66] See Milton C. Regan, "Teaching Enron", 74 *Fordham L. Rev.* 1139 (2005).
[67] See Calvin H. Johnson, "Tales From the KPMG Skunk Works: The Basis-Shift of Defective-Redemption Shelter", Special Report, *Tax Notes* 431, July 25, 2005.

所的支持。这个计划用一个复杂的纸上交易就亏空了一家一文不值的开曼注册公司,并造成了与资本盈利持平的人为损失,以此来免除或者大量减少税务账单。整个交易过程都是伪造的,这都是税法不允许的。其他的律师事务所也有相似的行为。著名的詹金斯 & 吉尔克莱斯特律师事务所的三位律师由于销售可疑的避税项目,正在接受刑事调查。他们以 7.5 万美元的价格销售上百万的审计报告,为律师事务所带来了超过 2 亿美元的费用收益。[68]

这些律师极其恶劣的行为是非代表性例子,但是对这些例子置之不理是错误的。已经仔细研究这些情况的人达成共识:律师们可耻的行为反映了律师界的一种广泛文化,特别是在公司律师和税务律师界中。律师已成为在商机巨大、有利可图的产业中偷税漏税的"主要玩家"[69]。作为一个群体,税务律师常常操纵法规,以此来达到减轻税务负担的目的,并不断地使合法性边缘化。[70] 调查安然公司欺诈案的委员会曾发现:"律师以他们的这些工作为傲,并不为此感到羞耻。"[71] "文森 & 埃尔金斯律师事务所在他们为安然公司的工作中辩解道:律师有责任为当事人挖掘法律上的漏洞。这一观点得到了广泛的支持。"[72] "如今,公司律师希望被认为是积极主动的、商业问题的解决者和良好的合作伙伴,而不是告知当事人什么不可为的

---

[68] Lynnley Browning, "3 Lawyers Face Scrutiny in Tax Inquiry", *New York Times*, January 25, 2006, C1.

[69] Tannina Rostain, "Travails in Tax: KPMG and the Tax Shelter Controversy", in *Legal Ethics Stories*, edited by Debora Rhode and David Luban (New York: Foundation Press 2006) 90.

[70] See Alvin D. Lurie, "Toward a Trusty Test to Track and Tax Shelters", Viewpoints, *Tax Notes* 1041, May 24, 2004.

[71] Luban, "Making Sense of Moral Meltdowns", supra 358.

[72] William H. Simon, "Introduction: The Post-Enron Identity Crisis of the Business Lawyer", 74 *Fordham L. Rev.* 947, 953 (2005).

阻碍者。"[73] 公司内部的公司律师表面上是团队的一部分，而且他们常常把自己置身于"企业家的团队中"[74]。他们不会表示一项商业方案是违法的，因为他们不可能拿自己的生计来冒险。在安然公司和世界通信公司的欺诈案后，2002 年颁布了塞班斯—奥克斯利法案。该法案试图通过对公司律师提出要求来遏制此类的欺诈心态。此要求为：当公司律师得知公司官员存在违法行为时，他们要随时向公司的法律总顾问或者执行董事会汇报。公司律师反对这项强制性汇报要求的实施，更希望保持以前的选择性汇报。

在刚才列举的例子中，律师们把法规当作工具般操纵，以此来促成当事人的目的，并做着有利可图的生意。在集体诉讼和股东诉讼中，律师们通常都只关注或主要关注他们自己的经济利益。消费者的集体诉讼案通常包含众多个人提出的细微要求。由于可能获得的补偿有限，很多这类案件都不是由个人提起诉讼的，所以集体诉讼案件是能够建成企业责任感的有效机制。但是，通常，专门处理集体诉讼案的律师事务所会可以接到多件集体诉讼案，找到名义上的当事人，提出索赔要求，然后迅速地勉强接受一笔数目可观的赔偿。其实，真正的赢家是那些获得了一笔可观报酬的律师们和很乐意向顾客们赔偿优惠券的公司。然而，这些优惠券是为了促成顾客将来的再次购买，但是却不可能得到兑现，毫无价值可言。[75] 有时只是因为股票价格的一点点的下跌，牵涉股东集体诉讼案的杰出律师们都会反复向公司提出大量索赔（直到法律的改革使向公司提起

---

[73] Id. 71.

[74] Robert L. Nelson and Laura Beth Nielson, "Cops, Counsel, and Entrepreneurs: Constructing the Role of Inside Counsel in Large Corporations", 34 L. & Soc. Rev. 457 (2000).

[75] See Richard Zitrain and Carol M. Langford, *Moral Compass of the American Lawyer: Truth, Justice Power, and Greed* (New York: Ballantine Books 1999) Chap. 10.

诉讼变得更加困难），并期望大费周章地从公司获得一个解决方案。这类索赔案件有它的好处，但是这并不是驱使他们提出索赔的动力。被公认为是这类索赔案件之王的威廉·林奇毫不辩解地说："我们都不是天使。我们和其他人一样都是受到金钱利益的驱使。"[76]

这里提到的索赔不是所有律师都总以这种放肆的工具主义态度去适用法律规则。但是，很多律师大多数时候都是这样做的。他们要么是为了服务他们的当事人，要么是为了他们自己的经济报酬。在法律实践中，律师们对法律存在各种态度。有的把法律视为一套具有约束力的、必须服从的规定，有的把法律视为达到目的、可以操纵的工具。根据具体情况，个体律师不时地游走于这两种态度之间。但是，很多律师最终都保持着操纵法律的态度。因为他们受到的教育就是教授他们如何操纵法律，而且，法律实践的局限性促使他们操纵法律。

这种特点不仅仅局限于私人律师。各种类型、各种地位的律师都有操纵法律的倾向。美国司法部法律顾问办公室不为人知的"酷刑备忘录"是律师"会找出任何一个漏洞、歧义、术语、不明显甚至完全难以置信的法律解释或事实解释"的最佳例子。他们每天像律师一样，在适用法律规定中选择性地阅读，试图找到期望的结果，明确地提出一个极高的标准来定义酷刑："酷刑的级别通常与不够强壮的身体条件或者身体损伤有关，比如死亡，器官衰竭或者人体功能的严重损伤。"[77]根据这样的法律解释，许多痛苦与遭遇会在遭受酷刑之前产生，这正是布什领导下的行政部门所希望的。律师们能够轻而易举地做到这一点。禁止酷刑的法规将其描述为"残酷的"痛苦与遭遇，但没有定义什么是"残酷的"。律师竭尽全力地搜寻关于

---

[76] O'Brien and Glater, "Robin Hood or Legal Hoods", supra b—4.
[77] Memorandum from Jay S. Bybee, Assistant Attorney General, to White House Counsel Judge Alberto Gonzales, August 1, 2002, 6.

"残酷的痛苦"最严格的定义,碰巧在一条关于保险的成文法中找到。这条成文法定义了紧急的医疗情况,并谈及了器官衰竭和死亡。[78] 这些律师的首要目标不是指出法律正试图禁止什么("酷刑"),而是提出一个具有争议性的法律解释,以此来达到他们的目的:尽可能地提高痛苦的级别,以此来促成与囚犯的谈话;如果发现存在酷刑,便有了法律借口。

这本备忘录曝光后,紧接着是阿布格莱布监狱的酷刑遭到曝光。反对的呼声很强烈。对于这次曝光的目的,最发人深省的应该是律师们相对平静的反应。一位法律学者总结道:

> 法律界的许多人对此新闻有完全不同的看法。例如,查尔斯·弗里德为法律顾问办公室的工作进行辩解,并声称:"只要能够弄清法律的要求,制造任何话题都不为过"。埃里克·波斯纳和阿德里安·沃缪勒把这种分析描述为"标准的律师费用和常规事务"。批判酷刑备忘录的那些律师对法律分析的缺陷倍感兴趣。[79]

尽管酷刑的话题并不寻常,但是,其实备忘录却是日常事务。从意义上讲,每位阅读备忘录的律师都会暗自发现,他们很熟悉这种把法律当作工具来操纵,并以此来达到预期的目的的行事风格。这正是律师所做的。从某种意义上讲,弗里德的观察是不可靠的——律师们知道,从正反两面对一个问题(在该法律有约束力的问题上)进行没有预断的探究,以确定可以运用的法律要求究竟是什么,与为了辩护之目的而对其进行纯粹的工具主义的分析,这两者之间是很不一样的。所有杰出律师都密切关注这种区别,因为只有这样他们才能准确可靠地估计他们辩护成功的可能性。这是律师的一项重要技巧。酷刑备忘录只是一个辩护的例子。或者更加准确地说,它是隐藏在

---

[78] See Vischer, "Legal Advice as Moral Perspective", supra.
[79] Vischer, "Legal Advice as Moral Perspective", supra.

一场不带预断的法律探索（普通的法律实践）背后的一个有关辩护的例子。但是，在一个更广泛的意义上，弗里德的观点是正确的：律师们并不认为提供法律分析，把法律当作工具，尽可能地歪曲法律以此来达到预期的结果有何不妥。

当一位律师把自己看作是法律工具主义的参与者，那么对待规则的工具主义倾向的常态就显而易见了。备忘录的一位作者杰伊·拜比是一位杰出的律师，现在就职于联邦上诉法院。另一位作者约翰·柳是伯克利大学的法学教授。这部备忘录的收信人是阿尔贝托·冈萨雷斯，前任得克萨斯州最高法院的法官，当时担任白宫法律顾问，后来被提拔为美国司法部部长，是联邦政府中职位最高的司法官员。弗里德是哈佛大学的教授，前马萨诸塞州最高法院的法官和美国副司法部长。沃缪勒和波斯纳是芝加哥大学的教授。他们都是优秀的律师。

从只能勉强糊口的个体执业者到检察官和辩护人，到公司内部的律师，到精英律师事务所的合伙人，再到司法部长，每种层次、每种类型的律师都被教导，要从法律工具主义的角度去看待法律规则和法律程序。

这些持有工具主义观点的律师会遭到因果报应，不操纵法律的律师最终会成为主流，也许这样想会让人们有些安慰。1915年，美国律师协会会长过于乐观地声称：律师"应该记住行善不依赖于滥用法律，而且法律也不会有益于行恶"[80]。但是，如果人们认为肆无忌惮地操纵法律规则和法律程序的律师没有比一个更加具有职业操守的对手获得任何好处，那么他们就太天真了。这好比一位拳手遵循昆斯伯里拳击规则。除了不能用枪和刀以外，他可以用任何方式攻击那些从背后踢、咬、掐、打的人。技艺纯熟、不操纵法律的律师最多会赢得那些案情本身会胜诉的案件；然而，纯粹的法律工具主义律师会在一

---

[80] Meldrim, "Address of the President", supra 323.

些依照案情本身会败诉的案件中大获全胜或者打成平局。这就存在另一个问题。当大多数律师正在操作法律规则和法律程序时，一个假设产生了：如果每个律师都这样做，把这种毫不隐晦的做法当作是操纵策略，那么有良心的律师也毫无诚信可言。如果连司法部那些赢得法学教授和法官认可的优秀律师都肆无忌惮地操纵法律规则，装作客观冷静地探讨法律问题，那么就很难相信律师提出的任何法律分析。

美国法律制度的设置建立在：律师行为一定程度上来自当事人意愿的自主权，自己的行为操守在一定程度上诚实，一名律师在一定程度上具有公益事业的职责，对法律规则的约束力给予最基本的尊重，不滥用法律程序。即使律师的实际行为通常并不符合这些愿望，但是这些愿望本身广泛地支持毋庸置疑的适当行为标准。律师们代表他们的当事人的利益或者他们自己的利益。因此，他们忽视规则的约束力，把规则当作工具，肆无忌惮地操纵法律规则和法律程序，而且其后果也不再清晰明确。他们已使大部分法律制度深深地打上了这种特点的烙印。诸多方面显示，美国法律界已经在这条路上渐行渐远。

法律精英的解体

影响法律工具主义传播和发展的一个因素是法律精英——律师、法官和法学教师中的领导者不断地分裂解体。在19世纪，法学院主要是由执业律师和兼职授课的法官任教。19世纪末，在兰德尔案后，引进了新的方法。尽管执业律师继续承担很多教学任务，但是法学院开始雇用更多的全职教师。在20世纪50年代后期，全职教职工教授90%的课程，但是其中超过一半的教职工的实践经验都少于5年。[81]

---

[81] See Abel, *American Lawyers*, supra 172—175.

在此期间,法学教师、优秀律师和法官都团结一致。[82] 在19世纪后期,西方出版公司开始出版司法观点,编制了大量案件,案件的数量大到难以掌控。法学教授们撰写各种著作,以此来减少过量的案件,条理清晰地介绍法律规则和法律原则,权威地整合各个领域的法律,为法官和执业律师形成重要的法律材料。著作的撰写者和他们的著作都变成了法学院和律师们带有传奇色彩的法律资源,比如:威格摩尔关于证据的著作、威利斯顿和科宾关于合同法的著作、普罗塞关于侵权法的著作。撰写一部著作曾是一位法学教师最大的成就。另一部联合著作是各类法律重述,它是由美国法律研究所出版,由出色的法律学者、实践者、法官以及法律领域专家形成的委员会准备的。这些法律重述中最成功的重述——侵权法重述常被法院引用,使法律在司法管辖区内变得更加统一。卢埃林在撰写《美国统一商法典》中起了主要作用,后来几乎被每个州所采纳。在形成法律秩序中,法学教师们培养学生成为出色的律师,参与直接贡献于法律发展的学术研究,他们将自己看作是主要的参与者。

很长一段时期以来,法学教授都横跨理论和实务两个领域。与每个领域都保持着若即若离的关系。一方面免受律师和法官的束缚,进行立法;另一方面形成直接有效的学说研究。这些学说研究在大学环境中公然地形成,比大多数著作更加简明易懂。法学界戏剧性的转变始于20世纪60年代和70年代。在那一时期,法学院的录取率翻了一倍,通过录取很多不是特别对实践法律感兴趣的新生来提高录取率。[83] 第二代的法学教授来自精英法学院,但是他们中很多人几乎没有律师经验。从癖性、兴趣和职业上讲,他们自认为是学者、社会法学理论

---

[82] 对这一关系的精彩表述可参见 Glendon, *Nation Under Lawyers*, supra Chap. 9, 10。

[83] See Glendon, *Nation Under Lawyers*, supra 199—215.

家、哲学家、社会学家或人类学家、法律经济学家、批判理论家、产生法律知识的人,反正不是律师。法律是他们的研究对象。

这是提出法律批判理论学的一代。法律批判理论学在前面的章节中已讲述。就其本身而言,这些理论学并没有重视法学原理。学术研究曾是法学教授们引以为傲的行业,现在却被贬为法律学者们从事的毫无价值的行业。1983年,耶鲁大学法学教授乔治观察道:"著作的出现不再归功于那些相互矛盾的前沿法律思想。"[84] 20年后,两位杰出的学者证实:"以律师为读者群的法律著作根本不是深思熟虑的作品。"[85]

1992年,美国联邦法官哈利·爱德华兹在《法学教育与法律界逐渐分离》中公然表达了他的失望。[86] 爱德华兹严厉抨击了法学教授们撰写出大量夸张的学术著作。这些学生著作大部分都是为了传播作者的精神思想,对法官和律师根本没有用处。另一位法官嘲笑地问道:"谁在乎法律学术研究?"[87] 自20世纪70年代以来,各种研究已证明法院引用的法律评论文章数量明显下降。[88] 法律评论数据库包含了38.5万篇文章。一项对法律评论数据库的全面研究发现,发表的文章中有43%的文章根本没有被引用过——没有被法院引用过,也没有被法律评论引用过,79%的文章被引用不到10次;只有1%的法律评

---

[84] George L. Priest, "Social Science Theory and Legal Education: the Law School and the University", 33 *J. Legal Edu.* 437, 441 (1983).
[85] Rubin and Feeley, "Judicial Policy Making and Litigation Against Government", supra 628.
[86] Harry T. Edwards, "The Growing Disjunction Between Legal Education and the Legal Profession", 91 *Michigan L. Rev.* 34 (1992).
[87] Alex Kozinksi, "Who Gives a Hoot About Legal Scholarship?" 37 *Houston L. Rev.* 295 (2000).
[88] See Michael D. McClintock, "The Declining Use of Legal Scholarship by Courts: An Empirical Study", 51 *Oklahoma L. Rev.* 659 (1998).

论文章引用率达到了96%。[89] 但是,我们必须承认学术研究虽然不被引用,但仍然有可能被阅读。然而,这些令人沮丧的数据提出了一个严重的问题:法律学术研究的相关性与价值。

一群批判家称,法学教授们正放弃他们以前在法学原理发展中作为参与者的角色,而且,悲惨的是他们也不再胜任培养新律师的任务。法学院袒护教职工的利益,提供更多关于"法律、文学、社会学、电影"的材料,这对培养学生将来成为一名执业律师没有明显相关性。由美国律师协会进行的一项批判性研究总结道:法学院必须更好地完成教授任务,教授学生成为一名律师的基本技巧。而且,这项研究提出扩大临床法学教育,以此来为学生提供更多的实践经验和更好的培训。[90] 法学院必须聘请单独的临床法学教授,在教授们愉快地进行学术追求时,满足学生们的需求。耶鲁大学一位出色的教授大胆地反对道:"法学教授不是被聘请来培养学生的,而是研究法律和教授学生们的研究成果的。"[91]

法学界与法律实践之间的决裂不应该被过度夸大。精英法学院是产生这些变化的中心。在此变化轨迹之外的法学院仍然有教授把他们的主要任务看作是培养律师,同时也致力于学术研究。在法学院中,精英法学院和其他法学院在其所处情况和倾向方面存在较大差异。精英法学院更加倾向于学术研究。

尽管如此,精英法学院还是成了模范,为其他法学院所效仿。他们的法学教授通常不会撰写学术著作,他们的法律评论

---

[89] Tom Smith, "A Voice Crying in the Wilderness, and Then Just Crying", The Right Coast, at http: therightcoast. blogspot. com/2005/07/voice-crying-in-wilderness-and-then. html.

[90] See "McCrate Report", A. B. A. Section on Legal Education and Admissions to the Bar, *Legal Education and Professional Development-An Educational Continuum, Report of the Task Force on Law Schools and the Profession: Narrowing the Gap* (1992).

[91] Owen Fiss, "Owen M. Fiss to Paul D. Carrington", 35 *J. Legal Educ.* 1, 26 (1985).

也通常不会发表。很多毕业于精英法学院的法学教授都在普通法学院执教。2005 年,全国范围内新晋的法学教授中,有三分之一都来自哈佛和耶鲁;加上哥伦比亚大学、纽约大学、芝加哥大学的毕业生,来自这些学校的毕业生占到了新晋法学教授的一半。[92] 而且,近几年,法学院已经逐渐开始聘请除法学学士以外,具有其他专业博士学位的教师候选人,但他们的法律实践经验都很有限。[93] 法学院进一步推进法学教师的学术性,变得更加具有学术性是他们的目标。传统观点认为,执业超过几年的时间会降低他们成为教师的可能性,好像更长时间的执业经验会使他们受到污染(或者变得不够学术)。但是,毫无疑问的是"执业者与法学院的分歧越来越大"[94]。

尽管法学教师、法官和执业律师最先决裂,但是法律精英的瓦解更是有过之而无不及。在过去的一代法律精英中,正如杰弗里·哈泽德观察到的:"法律界和法院的关系变得更加疏远、更加没有政治同情心。"[95] 律师口头上批判沃伦法院的改革[96],并坚持批判法院的过分自信。律师与沃伦法院相互抨击。当公司律师轻率地一头扎进商业化时,其他的私人律师业也跟风而至,法院通过更加激进地规制律师的行为[97]和更加激

---

[92] See Lawrence Solum, "2005 Entry Level Hiring Interim Report", April 26, 2005. Legal Theory Blog, http://Solum.blogspot.com. 根据索罗姆的数据:一共有 153 名新雇佣者,其中 35 名来自哈佛大学,21 名来自耶鲁大学,11 名来自哥伦比亚大学,10 名来自纽约大学,8 名来自芝加哥大学。

[93] See Lawrence Solum, "Hiring Trends at Top American Law Schools", July 19, 2004, Legal Theory Blog, http://Solum.blogspot.com/archives/2004 07 01.

[94] Stephen M. Feldman, "The Transformation of an Academic Discipline: Law Professors in the Past and Future (or Toy Story Too)", 54 J. Legal Educ. 471 (2004).

[95] Hazard, "Future of Legal Ethics", supra 1260.

[96] See John C. Satterfield, "Lawyers and Law in a Changing World", Presidential Address, 87 Reports of American Bar Assoc. 516.

[97] See Id.; also Schneyer, "Professionalism as Politics", supra. 其中表明:在此期间,专业操守已经变得更加法制化。

烈地探讨关于律师道德水平下降的言论来作出回应。过去法院以保护的立场对待律师。现在法官们则不再那么同情他们。

如今法官和法学教授的薪酬只是律师事务所合伙人的一小部分,这也许使他们之间的裂痕越来越大。年轻的合伙人在大型企业律师事务所挣得的工资都超过了法官和法学教授的工资。当这一行业不再追求其他目标时,律师富有的程度逐渐被看作是事业成功的高度,法官和法学教授的身份也发生了转变,他们从法官和法学教授变成了企业律师事务所的合作人,每年赚得两百万美元。由于经济原因,越来越多的联邦法官已经辞去了他们终生的司法职务,做回私人执业(自1990年来共有59位法官辞去职务)[98],这在过去是不同寻常的。[99]

在执业律师中,法律精英之间也存在分裂。或者更加准确地说,法律精英不再会为法律界说话。[100] 长期以来,律师协会的领导作用敦促着部分律师的职业行为。[101] 但是,在1932年之前,律师协会的领导人们就已经承认,法律界已经以限制他们影响的方式进行分化。[102] 大多数执业律师不再加入美国律师协会或者当地的律师协会。20世纪60年代和70年代,法律界的开放与扩大导致了后来律师之间的层级分化。新的律师协会形成——实践群体、妇女协会、少数群体、基督教徒、年轻律师、保守派律师、自由派律师、出庭律师、辩护律师、公司内部

---

[98] Linda Greenhouse, "A New Justice, and Old Plea: More Money for the Bench", *New York Times*, January 1, 2006, A13.

[99] See William Rehnquist, "2002 Year-End Report on the Federal Judiciary", January 1, 2003, 3, edited by Shelley L. Dowling (Buffalo, N. Y.: William S. Hein & Co. 2000), citing "Insecure AboutTheir Future: Why Some Judges Leave the Bench", *The Third Branch*, vol. 34, no. 2, February 2002.

[100] 施奈尔(Schneyer)对法典的精彩研究很好地阐述了当代大律师们由于不同的利益而组成了不同的团体。"Professionalism as Politics", supra.

[101] See Earle W. Evans, "Responsibility and Leadership", Annual Address, 59 *Reports of American Bar Assoc.* 278 (1934).

[102] Guy A. Thompson, "The Lawyer, the Layman, and the Public Good", 57 *Reports of American Bar Assoc.* 255 (1932).

律师顾问等,并以此来反映和捍卫更加紧密的利益群体。更重要的是,由于如今各种类型的律师的名声、执业环境和经济差距相差很大,以至于在很多方面他们不会从事相同的活动。在过去的几十年里,公司律师的薪酬飙升,但是实际上政府律师和个体执业者的薪酬是下降的。[103] 公司律师事务所的合伙人、城市儿童服务律师、保险辩护律师、公益律师、个体执业者、法律援助律师和其他律师,除了他们有法学院相似的教化经验以外,他们几乎没有共同点。没有任何一个团体会为法律界说话。

由于法学教师、法官和法律实践千变万化、重叠交错,所以前面提及的各种裂痕不可能得到全面的列举。在这里提出这个话题是因为前面几章节中的主题是法律精英在律师业以及支持非法律工具主义思想上,齐心协力,相互支持。20世纪,法律精英们不仅在各个领域减弱对非法律工具主义观点的支持,而且他们的观点也不再一致。确实,在法律实践中主要批判肆意放纵的法律工具主义的仍然是法官和法学教师,但是他们只是相互批判,互表不满。

进一步而言,法学教师长期远离法律实践,随之带来了可信度缺失的代价,教授团把任何相关事宜都和律师探讨。法学院一直以来把这种角色看作是"职业良心的守护者"[104]。正如法学教授们自己界定的一样,他们更多地属于法学界,而不是法律界。然而,他们渐渐看起来像是教学的局外人,而不是以身作则的模范。[105] 在这样的情况下,法律精英们曾经一致认同的非法律工具主义观点不会再轻易地复兴。

---

[103] See Heinz, Nelson, et. al., *Urban Lawyers*, supra Chap. 7.
[104] Hofstadter, *Age of Reform*, supra 158.
[105] 例如,法律界中呼声最高的评论家、乔治城法学院的戴维·鲁本(David Luban)是一位没有获得法律学位,但训练有素的哲学家。

第九章

公益诉讼中的工具主义

156　　公益诉讼是指：由律师提起法律诉讼，以此获得能够推动他们支持的某项议程的判决。这意味着"提起诉讼将作为一种社会变革的工具"[1]。正如一位公益律师所说："一直以来，法律的确是社会变革的工具。但是，最近几十年，通过新一代律师积极分子不断的努力地充满激情地付出，法律变成了社会变革的良性引擎。"[2]"自20世纪50年代早期以来，各个法院就已经成为政府在国家政策改革中抵抗社会抗议运动最易接近、最有效率的工具。"[3]

　　法律工具主义中最具野心的形式就是试图通过法院判决改变社会。实际上，利用诉讼在一个世纪以前就是禁止的。诉讼的标准范例引起了各个党派之间不休的争论。当损伤或伤害发生后，受害者向律师寻求帮助，状告违法犯罪者，获取赔偿。然而，诉讼是最后的手段。1908年，天主教的经文中坚定地宣称："对于一名律师来说，自愿主动地向当事人建议提起诉讼是

---

[1] Michael McCann and Helena Silverstein, "Rethinking Law's 'Allurements': A Relational Analysisof Social Movement Lawyers in the United States", in *Cause Lawyering*, edited by Austin Sarat and Stuart Scheingold (New York: Oxford Univ. Press 1998) 263.

[2] Thomas B. Stoddard, "Bleeding Heart: Reflections on Using the Law to Make Social Change", 72 *NYU L. Rev.* 967, 973 (1997).

[3] Aryeh Neier, *Only Judgment: The Limits of Litigation in Social Change* (Middletown: Conn.: Wesleyan Univ. Press 1982) 9.

不专业的行为。挑起冲突与诉讼不仅是不专业的行为,而且在普通法中是要被控告的。"[4]挑起冲突与诉讼被认为是"教唆诉讼",而这正是公益律师在追求公益事业中所做的。

公益诉讼包括进一步地严重违背传统模式,因为律师们只是为名义上的当事人提起诉讼。法律要求必须有当事人是因为必须由受害方提起诉讼(用法律上的话来说,就是"诉权"要求)。但是,在公益诉讼中,当事人通常是由律师寻求,而且当事人是次要的,因为公益诉讼的主要目的是获得推进律师更广议程的判决。"公益律师业的核心是运用法律技巧去达到超越当事人需要的目标和理想。"[5]公益律师们"通常把为当事人服务看作是达成他们道德目标和政治目标的手段"[6]。在普通的案件中,律师是促成当事人利益的工具;然而,在公益诉讼中,名义上的当事人是律师达成其目标的一个主要装备。在这些案件中,律师试图推动的公益事业才是真正的"当事人"。有时,这个更伟大的目标与名义上的当事人的最佳利益不符,这引起了重大的道德关注。[7] 在前面的章节中提到了律师业中典型的"无关道德、技巧纯熟"的律师。公益律师与这些律师站在了对立面,他们是道德坚定的革命者,运用法律追求他们的公益事业。

当代公益诉讼开始于20世纪70年代。大多数自由派的公益事业属于第一波浪潮。保守派的公益诉讼在20世纪80年代早期全力展开。现在大批群体提起诉讼,他们都以"公益事

---

[4] *ABA Canons of Professional Ethics*, supra No. 28, 12.

[5] Stuart A. Scheingold and Austin Sarat, *Something to Believe In: Professionalism, and Cause Lawyering* (Stanford, Calif.: Stanford Univ. Press 2004) 3.

[6] Id. 7.

[7] See Karen L Loewy, "Lawyering for Social Change", 27 *Fordham Urban L. J.* 1869 (2000); Dean Hill Rivkin, "Reflections on Lawyering for Reform: Is the Highway Alive Tonight?" 64 *Tenn. L. Rev.* 1065 (1997).

业"为名,促进一系列利益与目标的实现。在集团冲突尖锐的背景之下,把法律完全当作工具一样利用的结果是——"法院现在变成了决定何种理念占据主导地位的战场"[8]。

公益诉讼的起源

至少早在 19 世纪后期的经济斗争中,利益群体就已经开始用判例案件来推进他们的事业。大卫·杜鲁门以爱迪生电力研究所为例研究政府中利益群体的角色。私营公用事业贸易协会反对颁布《田纳西流域管理局法案》。下面是法案的一段,研究所在备忘录中列出了它计划的行动步骤:

> 公益事业的高管们不确定法院诉讼何时会开始,或者不确定法律的哪个具体部分或者哪几个部分会被选中,首当其冲受到攻击。只有当律师有机会选择哪个公司最适合作为原告时,才能做出决定。[9]

通过向法庭之友提起诉讼,利益群体也参与到诉讼中。在一件正在受审的案件中,案情摘要支持其中的一方。在 1936 年的巴尔特案件中,最高法院抨击《农业调整法案》(在第五章中提到)。法庭之友的案情摘要由反对法案的利益群体(全国棉花制造商协会、农民独立委员会)和支持法案的利益群体(经济平等联盟、美国农场事务联合会)提交。[10] 在此期间,对于促进成员的特定利益的事实,贸易协会毫无羞耻之心。

---

[8] Daniel J. "Popeo, Public Interest Law in the 80's", *Barron's*, March 2, 1981, 28 (Popeo 是华盛顿法律基金会的法律总顾问,华盛顿法律基金会是一间保守的维护公共利益的律师事务所); see Karen O'Connerand Lee Epstein, "Rebalancing the Scales of Justice: Assessment of Public Interest Law", 7 Harv. J. L. & Pub. Pol'y 483, 484 (1984).

[9] Quoted in Truman, *Government Process*, supra 495.

[10] Truman, *Governmental Process*, supra 495.

罗伯特·杰克逊在1941年的一本书中讨论到法院填塞计划,其中包括题目为《诉讼下的政府》的一章。[11] 他概括出了利益群体按照惯例地在法庭上挑战每条重要立法的有害影响。"对于设置或者实行社会政策性法规,司法公正从本质上讲都是不合适的,也永远不会合适。即使在最好的情况下,立法程序也是复杂而狭隘的;在最坏的情况下,它是具有技术性的和狡诈性的。"[12]杰克逊观察道:"每一次成功妨碍国会的权力,或者每次差一两票就取得成功而付出的努力都会激励相互竞争的律师和相互矛盾的利益发起新的攻击。"[13]杰克逊认为,政府的政策无法实行,而且法官应该认识到他们职位的局限性和行为的自我约束。他的理智建议是马后炮,相当于建议把一桶水扔向一场即将到来的海啸,以减轻它的威力。

公益诉讼现代形式的诞生很大程度上要归功于全国有色人种促进会和它的法律辩护基金。[14] 20世纪30年代,全国有色人种促进会研拟了一个计划,采取法律行动,以此来消除种族隔离。[15] 20年后,这项计划在布朗案以及其后续事件中达到了高潮。查尔斯·汉密尔顿·休斯顿是1992年哈佛法学院的毕业生,受聘执行这个计划。他的法学院笔记显示,他完全接受了罗斯科·庞德的法理学思想。"休斯顿从精英法律学院训练获得的思想包括:他沉浸于的新社会法学。它以促进法律政策为目标,以法律为实现目标的手段或工具,并运用他们创造

---

[11] Jackson, *Struggle for Judicial Supremacy*, supra Chap. IX.
[12] Id. 288.
[13] 参议院司法委员会成员罗伯特·杰克逊1937年3月11日关于美国联邦法官重组的叙述。
[14] 早期的公共利益的立法,主要是以辩护的模式,由美国消费者联盟和美国民权同盟提出的。See O'Conner and Epstein, "Rebalancing the Scales of Justice", supra 484—485.
[15] 全国有色人种促进会的详细历史记述见 Mark V. Tushnet, *Making Civil Rights Law: Thurgood Marshall and the Supreme Court*, 1936—1961 (New York: Oxford Univ. Press 1994)。

一番非洲裔美国律师作为'社会的工程师'的景象。"[16]瑟古德·马歇尔是休斯顿的学生和女徒弟之一。而且她后来成为布朗案的首席律师,随后又成为最高法院的法官。

在20世纪30年代和40年代,全国有色人种促进会最初的策略是提起诉讼,质疑大学中的种族隔离制度和公立学校黑人教师的不公平薪酬待遇。这个组织获得了一系列的成功。他们通过在各种情况下证明黑人实际上是被隔离的,没有受到公平的对待,来削弱"隔离但平等之说"。全国有色人种促进会也质疑美国总统初选投票权仅限于白人、工会歧视和限制黑人购置土地的条款。他们捍卫黑人,使其避免遭受冤狱,或者他们捍卫民权抗议者免遭刑事诉讼。1939年,法律辩护基金被建立为一个单独实体,为全国有色人种促进会处理相关法律工作。实际上,它是一间致力于推进该组织达成目标的小型律师事务所。

法律辩护基金的法律活动遍布大西洋中部和南方各州。法律辩护基金的律师在一些案件中充当顾问的角色,或找当地的律师处理案件,与当地律师进行合作。20世纪50年代,基于之前的成功,全国有色人种促进会开始质疑隔离教育。在当地展开的演讲告知黑人他们的法律权益,并邀请有意愿的人担任原告,与他们相联系。在布朗案的震惊与轰动之后,南方各州开始攻击法律辩护基金和它的当地律师团。由当地官员发起的刑事侦查开始调查律师是否通过劝说当事人,不当地"挑起诉讼"。这样的行为是职业道德标准所禁止的,在许多州也是违反普通法的。[17] 弗吉尼亚州和其他几个州进行立法,目的在于阻止全国有色人种促进会的诉讼。成文法禁止无党派组织劝说和支持基金提起诉讼,而且也禁止无党派组织支付其他人的

---

[16] See Carle, "From Buchanan to Button", supra 296; see also Tushnet, *Making Civil Rights Law*, supra 6.

[17] See Tushnet, *Making Civil Rights Law*, supra Chap. 19.

诉讼费用。全国有色人种促进会质疑弗吉尼亚州成文法的有效性,并认为它侵犯了该组织的第一条修正案:以政治演讲的形式参加法律诉讼的自由与权利。

1963年,最高法院对全国有色人种促进会诉巴顿案作出判决。经观察,法官布伦南写道:

> 在全国有色人种促进会,提起诉讼不是解决私人分歧的方法。因此,它是政治表达的一种形式。发现自己不能通过投票实现目标的群体通常向法院寻求帮助。[18]

例如,当制止律师"为了私人利益,而不是为了公众利益"挑起诉讼时,长期禁止诉讼教唆是非常有效的。[19] 但是,律师为了追求公众利益而提起诉讼是受宪法保护的。在宪法的保护下,公益诉讼变成了美国当代法律文化的主要特点。

当代公益诉讼

从20世纪60年代中期到70年代,一批新组织明确形成。他们主要来自政界左翼,并代表他们所支持的公益事业提起诉讼。[20] 像法律辩护基金,这些小型律师事务所是由一群具有奉献精神的律师组成的。在这一时期建立的塞拉俱乐部法律辩护基金、环境保护基金、国家资源保护委员会都支持环境利益。法律委员会和美国犹太人社会行为大会;拉尔夫·纳德的消费者权益提倡与保护诉讼团体;支持男女同性恋问题的美国少数人群权益组织;民权律师委员会;儿童保护基金;全国妇女保护和教育基金组织;墨西哥裔美国人法律保护与教育基金。很多

---

[18] *NAACP v. Button*, 371 US 415, 429—430 (1963).
[19] *NAACP v. Button*, 371 US at 440.
[20] 有关的回顾参见 Gary Bellow, "Steady Work: A Practitioner's Reflections on Political Lawyering", 31 *Harv. C.R.-C.L. L. Rev.* 297 (1996)。

这些团体都接受了来自大型基金会的大量资金,特别是福特基金会。[21] 福特基金会1976年的研究发现,超过70间公益律师事务所提出诉讼的范围相当广泛,从消费者到环境保护、政治改革到心理健康。[22]

各种案件提起诉讼是为了寻求各方面的改革,比如,监狱、收养儿童、特殊教育项目、残疾人无障碍设施、公共住房、空气污染、水污染、噪声污染等。对于自由派的利益团体来说,这是一个令人兴奋的时期,因为通过提起诉讼,他们的议程向前迈出了一大步。对于法官来说,他们发现自己受邀在主要的政治问题和社会问题中作出具有深远意义的判决。总的来说,法院鼓励这些行为。他们放宽长期以来的要求,使利益团体更加容易地提起诉讼。而且,他们时常找一些"含蓄的"诉讼理由,使人们向法定计划的违反提起私人诉讼。然而,法院过去不曾明确地为这种诉讼提供理由。[23]

然而,法院绝不会为他们自身的发展负责。从20世纪60年代和70年代开始,国会就实施了一系列成文法,鼓励私人提起诉讼,以此来推进公共目标的实现。很多成文法为成功的"私人检察官"提供律师费报酬(奖金)。[24] 公益诉讼律师事务所通过这些提供的奖金获得了大量资金。这种实际的合作关系是在努力运用法律进行社会改革中形成的:国会在成文法中提出了总的改革目标;邀请有兴趣的团体(也是监管机构)通过提出诉讼,落实并监管这些目标;而且,国会让法院来监督并制定细节。

---

[21] See O'Conner and Epstein, "Rebalancing the Scales of Justice", supra 486—487.
[22] Id. 489, citing Center for Public Interest Law, *Balancing the Scales of Justice* (1976).
[23] See *Cort v. Ash*, 422 US 66 (1975).
[24] See Ross Sandler and David Schoenbrod, *Democracy by Decree: What Happens When Courts Run Government* (New Haven: Yale Univ. Press 2003).

那时,公益诉讼的新颖得到了人们的认可。这种认可超出了人们对它与职业道德的紧张关系的认可。亚伯拉罕·查耶斯观察到了这种新现象。1976年,他在《哈佛法律评论》中写了一篇非常具有影响力的文章。他称道,这些诉讼是史无前例的,而且"法律程序很容易被认为是诉讼,因为它发生在法庭开庭前"[25]。与过去的两造诉讼构造相比,现在有更多利益相关方参与诉讼。解决办法不是为了针对过去的伤害,而是为了怀揣一颗改变目前社会环境和法律环境的雄心去展望未来。判决较少取决于法定权利的解释,而更多地取决于社会政策问题。解决办法不仅仅是对损害或禁制令的赔偿,而且是像立法一样的具体法令。尽管这些诉讼以公益诉讼的名义进行,但是查耶斯意识到,他们被有组织的利益团体所左右,而且利益团体运用诉讼来推进他们的议程。

典型的主流法学教师是相信法律工具主义的。尽管查耶斯担心各团体最终因为缺乏资金而不能参与诉讼,但是,总的来说,他是支持公益诉讼所带来的潜在利益的。由于他的文章写于公益诉讼出现的早期阶段,所以他没有能够预期最终发生的所有问题。几十年以来,在许多情况下,案件都在法院的监督下(或任命特别监督者)保持公开。法院进行决策,就复杂而专业的问题作出判决,尽管他们不具备相关专业知识。法官们发布命令管理州官员的大量开支,在资源配置上限制法定的自由裁量权。很多案件是通过相关利益方所制定的同意协议解决的。这是一个授予原告律师重大权力:建立公共政策细节的过程。[26]

左派公益诉讼的成功必然推动保守派利益团体诉讼的出现。1971年,在路易斯·鲍威尔被提名进入最高法院之前,他

---

[25] Abraham Chayes, "The Role of the Judge in Public Law Litigation", 89 *Harvard L. Rev.* 1281, 1303 (1976).
[26] 这些问题的详细阐述参见 Sandler and Schoenbrod, *Democracy by Decree*, supra。

力劝美国商会：

> 其他组织和团体在利用司法行为方面比美国企业精明得多。也许司法系统中最活跃的利用者已结成团体，就其政治倾向而言，从'自由派'到左派。如今是美国企业大力运用它的人才保护其体系本身的时候了。[27]

鲍威尔补充道："司法系统也许是社会、经济和政治改革最重要的工具。"[28]他建议，美国企业的支持者结成团体，致力于自己的公益诉讼品牌。

太平洋法律基金会建立于1973年，由各个企业和与企业友好的基金会提供资金。其中，基金会包括礼来基金会和奥林基金会。罗纳德·里根时期的司法部部长艾德文·米瑟，后来把太平洋法律基金会评价为"第一间我所谓的、真正的公益律师事务所——代表纳税人、父母、奉公守法的市民"[29]。20世纪70年代中期到80年代，一大批保守派公益诉讼律师事务所在全国各地成立，其中包括东南部法律基金会、山地州法律基金会、大西洋法律基金会、华盛顿法律基金会。这些基金会直接或间接地由美国大型企业和他们的基金会提供资金，其中包括：通用汽车公司、石油公司、西尔斯公司、美国钢铁基金会、斯凯夫家庭基金会、库尔斯基金会等等。[30]

---

[27] Quoted in O'Conner and Epstein, "Rebalancing the Scales of Justice", supra 494.

[28] Quoted in Jeffrey Rosen, "The Unregulated Offensive", *New York Times Magazine*, April 17, 2005, 46.

[29] Interview with David Wagner, "Legal Activism-When Conservatives Lay Down the Law", *Insight Magazine*, August 10, 1998, 1, available at http://www.insightmag. com.

[30] O'Conner and Epstein, "Rebalancing the Scales of Justice", supra 494—501.

经济问题,集中于管理和其他共同利益问题。[31] 下一代的保守派公益律师事务所成立于20世纪80年代和90年代,他们分为两大类。第一类属于民事自由主义者,比如个人权利中心和司法研究所。他们反对平权运动,提倡教育选择,拥护私人财产神圣不可侵犯,主张联邦政府少监管、少行使权力。[32] 第二类属于宗教保守主义者,比如由派特·罗伯逊创立的美国法律司法中心和由马特·斯托弗创立的自由律师会。他们反对同性恋婚姻,接受堕胎合法化,试图在公立学校的科学课程中包含创造说(或智能设计),提倡并捍卫在公共场合建立关于公共财产和祈祷者的宗教象征(十诫和基督诞生塑像造型)。

保守派公益律师不知羞耻地借用法律辩护基金曾经倡导的诉讼策略,仔细寻找上述当事人,在全国范围内搜寻有可能使测试案件广为流传的机会。例如,个人权利中心在第五巡回法庭成功地挑战了得克萨斯大学。[33] 在抨击密歇根大学违反平权运动的招生政策中,个人权利中心的律师采访了大量考生,并挑选了一位警察的女儿作为原告。[34] 令人感到讽刺的是个人权利中心拿出的一则刊登在14份校刊上的广告,此广告鼓励学生在平权运动中控告学校种族歧视。《黑人高等教育杂志》的主编写道,个人权利中心的活动提出了"法律道德的重大问题"[35]。确实,法律辩护基金在抨击种族隔离制度中被起诉控告。

---

[31] 关于相关律师的出色研究可参见 John P. Heinz, Anthony Paik, and Ann Southworth, "Lawyers for Conservative Causes: Clients, Ideology, and Social Distance", 37 *L. & Soc. Rev.* 5 (2003)。

[32] See Terry Carter, On a Roll(back), *ABA Journal*, February 1, 1998。

[33] See *Hopwood v. Texas*, 78 F.3rd 932 (5th Cir. 1996), cert. denied, 518 US 1033 (1996)。

[34] See David Segal, "D. C. Public Interest Law Firm Puts Affirmative Action on Trial", *Washington Post*, February 20, 1998;W. John Moore, "A Little Group Makes Big Law", November 15, 1998。

[35] Statement of Theodore Cross, quoted in Nikhil Aziz, "Colorblind: White Washing America", 16 *The Public Eye* 1, 9 (2002)。

在过去的20年里,保守派公益诉讼的涌现与越来越保守的司法系统有关。这种司法系统源自总统里根、老布什和小布什的司法任命。法官们发出种种信号表示,保守派团体提起的诉讼更加易于被接纳。[36] 从20世纪80年代中期开始,"当保守派的诉讼资金迅速增加时,指定用于自由派公益诉讼的资金在不断减少"[37]。这表明保守派诉讼成功的概率大大提高。主要支持自由派的福特基金会缩小了对公益诉讼的资金投入。里根对法律服务公司(对这类案件国会实行了限制)资金投入的减少给左派的公益诉讼造成了打击。资金流向那些诉讼成功的团体,而远离那些诉讼失败的团体。然而,自由派的公益诉讼仍然保持着丰富而活跃的来源。这些诉讼都来自法学院赞助的临床项目[38],所以它们不需要完全依靠募资来维持生存[39]。

到20世纪90年代初,当保守派团体的诉讼资金不断增加,被接纳的案件数量也不断上升时,自由派团体的诉讼资金却在逐渐减少,法院也越来越不友善地接纳案件,于是,他们放慢了利用公益诉讼的步伐。[40] 现在,保守派团体致力于"利用任何可用的法律工具,追求其公益蓝图"[41],而且把"法律诉讼看作

---

[36] See Andrew Jay Kosner, *Solving the Puzzle of Interest Groups Litigation* (Westport, Conn.: Greenwood Press 1998); Karen O'Conner and Lee Epstein, "The Rise of Conservative Interest Group Litigation", 45 *Journal of Politics* 479 (1983).

[37] O'Conner and Epstein, "Rebalancing the Scales of Justice", supra 502.

[38] See Stephanie M. Wildman, "Democracy and Social Justice: Founding Centers for Social Justice in Law Schools", 55 *J. Legal Educ.* 252 (2005).

[39] See Heather MacDonald, "Clinical, Cynical: You'll Never Believe What Left-Wing Law Profs Consider 'Mainstream'", *Wall Street Journal*, January 11, 2006.

[40] Lee Epstein, "Interest Group Litigation During the Rehnquist Era," 9 *J. Law & Pol.* 639, 682 (1992—1993).

[41] Statement of Michael Horowitz advocating conservative public interest litigation, quoted in Id. 503.

是改革的工具"。[42] 自由派曾经是公益事业的热衷支持者,但是现在他们开始重新评估公益诉讼对于推进他们公益事业的优势。1936年,一位左派公益律师叹息道:"我们的改革从一个领域到另一个领域,从心理健康到死刑辩护,再到社会福利,我们曾经建立的改革范围如今却不复存在。"[43] 自由派获得了惨痛教训:工具可以用来有利于你,也可以不利于你。目前的趋势已经与自由派背道而驰。曾经有利的工具——公益诉讼已经逐渐变成保守派手中可怕的武器。

利益团体利用法律诉讼推动其议程是美国当代法律的趋势之一。在20世纪70年代中期,公益律师事务所的数量少于100间,但是,到了1989年,其数量已经超过250间。[44] 这个数量的增加已标志着法庭之友的陈述数量在最高法院的案件中也有所增加:1953年,法庭之友的陈述数量占最高法院案件数量的13%,而1993年却占到了92%。[45] 在1993年这一年中,92件案件中提交了550项陈述,平均每个案件提交了6项陈述。[46] 利益团体参与一些轰动的案件常常会被认为是别有用心,特别是当他们重复其他相关诉讼方的论点时,被视为是他们筹款的方式之一。[47] 那些小型律师事务所的合伙人,特别是拥有足够的企业资金的律师事务所合伙人不仅致力于公益事业,而且在公益事业领域有所成就。

罗伯特·卡根的《对抗制下的法律主义》[48]详细地阐述道:

---

[42] David Wagner, "Legal Activism-When Conservatives Lay Down the Law", *Insight Magazine*, August 10, 1998, 2, available at http://www.insightmag.com

[43] Rivkin, "Reflections on Lawyering for Reform", supra 1069.

[44] See Epstein, "Interest Group Litigation", supra 647.

[45] Kosner, *Solving the Puzzle of Public Interest Group Litigation*, supra 7.

[46] Id. 8.

[47] Epstein, "Interest Group Litigation," supra 656, 675—676.

[48] Robert A. Kagan, *Adversarial Legalism: the American Way of Law* (Cambridge, Mass.: Harvard Univ. Press 2001).

如今美国政府的政策如何"以律师为主导的诉讼方式"[49]进行审查和决策。这种方式与世界其他任何地方的方式都不可相提并论,因为它通常会以巨大的费用和遥遥的延期为代价。由于受到沃伦法院改革的鼓舞,"一位美国政治活动家在20世纪60年代抓住了看似最好的'工具'——对抗制下的法律主义来解决他的窘境"[50]。公益诉讼大部分都属于这种对抗制下的法律主义。

利益群体斗争的后果

五十年的公益诉讼经验为人们带来了一些教训。现在,很明显,获得法院有利的判决距离实现预期的社会改革还有很长一段路。[51] 布朗案就是一个典型的例子。在最高法院宣布依法实行种族隔离无效后,种族融合并没有随之而来。南方各州反抗超过十年的时间。直到国家政客(实行民权法案)和当地官员都支持废除种族隔离制度,改革才真正开始。即使是这样,由于在很多城市地区存在看似坚不可摧的居住隔离模式("白人大迁移",大批白人居民从市区迁往郊区),所以21世纪的学校如同20世纪50年代的学校一样被隔离起来。然而,罗伊案是完全不同的一个例子。反对堕胎者通过直接向人流工作者施加社会压力和保护限制性的州立法,在很多地区有效地限制了堕胎的各种渠道。[52] 2000年的一项研究发现,中西部地区94%的郡县和南部地区91%的郡县都没有人流工作者;居住在没有人流工作者的郡县的女性占女性总数

---

[49] Id. 3.
[50] Id. 42.
[51] See Neier, *Only Judgment*, supra.
[52] See Karen Tumulty, "Where The Real Action Is..." *Time*, January 30, 2006, 50.

的 34%。[53]

杰拉尔德·罗森博格试图把法院判决作为一种社会改革的工具,其中改革的领域包括:民权、堕胎权、环境、投票权和刑事诉讼程序。而且,由罗森伯格进行的一项研究总结道:"美国法院似乎永远不可能成为社会重大改革的推动者"[54],因为法院缺乏强制权力或经济来源来实行其判决,他们需要依靠其他政府部门的支持。如果以上两点尚未到手,那么法院就无力进行社会改革。而且,罗森伯格认为,在布朗案和罗伊案中,已经开始的社会力量正发生着预期的变化。然而,这些法院判决最后成了改革支持者的阻碍。当法院判决从潜在的政治运动中抽离资源和承诺时,这就产生了刺激反对派的作用。但是,支持者把法院的判决看作是伟大的胜利,过早放松他们的紧迫感,并决定投身于政治行动中。

社会法学的学者们已经多次指出:对于实行预期的社会改革,法律(包括法院判决、立法、强制措施)的能力是有限的。不管是从个人还是集体上讲,法律制度都存在于由其他制度(社会、经济、政治制度)组成的环境中,根深蒂固的传统习俗与社会习俗中,物质条件中,这些都限制着法律后果的功效。社会充满了各种形式的规范管理。这些管理主动地或被动地给法令制造障碍——法律是唯一一种,但不一定是最有威慑力的一种。[55] 即使所有的法律制度都联合统一,司法判决也不会轻易地或者自动地转化为人们所期望的社会行为。通常,随之而来的是意料之外的后果(比如,白人大迁移)。在这些后果中,社会行动者们会修正他们的行为,以此来规避法令。这是由庞德和法律现实主义者首次提出的另一个观点。他们强调司法官

---

[53] Posner, "Forward: A Political Court", supra 78, n. 131.
[54] Gerald N. Rosenberg, *The Hollow Hope: Can Courts Bring About Social Change* (Chicago: Univ. of Chicago Press 1991) 338.
[55] See Antony Allott, *The Limits of Law* (London: Butterworth 1980).

员的命令与人们在社会中的实际行为之间的差别。

当总是投反对票的人,像罗森伯格,公布一项重要的警示提醒时,他们关于法律的无效性的表述就太过于笼统,以至于不能促进社会改革。可是,从某种程度上讲,法律相关问题不总是马上就可以达到意图的。当代美国文化和社会与当时布朗案判决的时候相比,已经发生了难以想象的变化。鉴于案件引发了民众的强烈反对,如果不是布朗案,那么我们没有丝毫信心说长达几十年的种族隔离法能够在整个南部废除。布朗案驳回了依法实行种族隔离的法令,在法律范围内,驱除了这种有害的思想,扩大了社会影响,超出了学校隔离制度这一具体范畴。就法律本身而言,这是一次具有深远意义的改革,象征着至高无上的重要性。进一步而言,一些以诉讼为导向的方案取得了成功。比如,监狱改革,促进全国各地很多监狱对其极其糟糕的状况进行改善。[56] 虽然成功的改革确实取决于当地官员的公开支持和默默串通,但是改革并不是没有法院的参与就及时地、适当地进行了。

在实现预期的社会改革方面,公益诉讼的记录是成败参半的。而且,公益诉讼所带来的种种不幸的代价(不只是经济方面的代价)变得越来越明显。公益诉讼以前的大量参与者对近几年的公益诉讼持保留态度。他们指出,在实现预期目标方面,其成功的记录是值得怀疑的,并强调让无法胜任的法院在超出法律领域的其他专业领域中,处理复杂局势、作出决策所带来的消极后果。[57] 由于有限的时间和法官的专业,隐藏于这些复杂的局势中令人不安的现实是,律师们(特别是原告的律师)扮演着技术专家的角色,决定策略和补救方案的细节,通常

---

[56] See Malcolm M. Feeley and Edward L. Rubin, *Judicial Policy Making and the Modern State: How the Courts Reformed America's Prisons* (Cambridge: Cambridge Univ. Press 1998).

[57] See Sandler and Schoenbrod, *Democracy by Decree*, supra.

没有全面地咨询各个相关利益方,包括他们名义上的"当事人"。公益律师以"狭隘的工具主义思想模式"进行操作,"忽略相关的复杂问题,在未来情况的预测上,过于自信"。[58]"很多阶级成员和他们的同盟及捍卫者要么不知道发生了什么,要么认为公益集体诉讼忽略、排斥或压制了他们的关注点。"[59]

公益诉讼的后果之一就是司法和立法领域反反复复的、令人厌恶的斗争。这令人联想到19世纪晚期和20世纪初期的种种事件。对于这一点,几乎没有观察员可以否认。那时,这些斗争都只是关于经济问题的,然而现在更多的团体和斗争全面覆盖宗教、社会、经济和政治问题。

新闻中的同性恋婚姻就是一个例子。1993年,夏威夷最高法院在巴赫诉卢因案中认为,夏威夷宪法中的《平等保护条款》要求:允许同性恋结婚。[60] 一间关于男性同性恋问题的律师事务所,美国少数人群权益组织帮助男性同性恋者提起诉讼。最初,巴赫案作为有史以来此类案件的第一个成功案例,成为男性同性恋组织热烈庆祝的重大胜利。但是,法院判决集结全国的宗教保守派,成功地促进州立法机关实行禁止同性婚姻的条例。夏威夷州,像内布拉斯加州一样,通过了相同效力的宪法修改案。由联邦制定的《保护婚姻法案》从1996年开始执行,只承认一夫一妻制婚姻。一位之前担任美国少数人群权益组织的律师总结了巴赫案的影响:"简而言之,50个州中,唯一一个鼓励同性恋婚姻的司法判决引发一场国家政治与法律之间的雪崩,为男性同性恋者带来了恐怖的后果。"[61]

依照2003年马萨诸塞州最高法院的判决:根据马萨诸塞

---

[58] Peter Margulies, "The New Class Action Jurisprudence and Public Interest Law", 25 *NYU Rev. L. & Soc. Change* 487, 512 (1999).

[59] Id. 502.

[60] *Baehr v. Lewin*, 852 P.2d 44 (Haw. 1993).

[61] Stoddard, "Bleeding Heart", supra 988.

州宪法,男性同性恋者有权享有同等的合法婚姻权利。[62] 全国的男性同性恋者再次欢呼雀跃。旧金山和其他几个城市开始实行男性同性恋婚姻;全国新闻节目播放同性恋新婚夫妇在市政大厅的台阶上庆祝的画面。[63] 但是,在接下来的选举中,11个州通过了宪法修改案,断然禁止男性同性恋婚姻。这再次引起了人们的关注。男性同性恋权利诉讼团体公开地进行反思:法庭上的胜利最终是否会导致更大的失败。尽管如此,他们还是坚持诉讼。由于布内布拉斯加州的宪法修正案违宪,所以联邦特区的法官宣告其无效。[64] 但是,美国少数人群权益组织、美国公民自由联盟的男女同性恋权利计划对此提出了质疑。目前,此判决仍在上诉中。[65] 然而,反过来,保守派基督教团体为了重新获得自由派的席位,把此判决作为总统乔治·布什确定保守派司法候选人名单的有力证据。[66] 这些案件的反对派中都有基督教公益诉讼律师事务所的身影。他们力劝法院作出判决:婚姻仅限于男女之间。禁止男性同性恋婚姻的宪法修正案已被纳入 2006 年 11 月的另外 7 个州的选举投票中。这场在法律范围内,通过法律解决的冲突,越演越烈,永无休止。

由基督教保守派支持的、抨击达尔文进化论的诉讼获得了类似令人质疑的结果。来自一间基督教公益诉讼律师事务所——莫尔法律中心的律师们访问全国各地的学校董事会,试图寻找一所愿意坚持在生物课程中教授智能设计的学校。莫尔中心的主

---

[62] *Goodridge v. Massachusetts Department of Public Health*, 798 N. E. 2d 941 (Mass. 2003).

[63] Adam Liptak, "Caution in Court for Gay Rights Groups", *New York Times*, November 16, 2004, A16.

[64] "Judge Voids Same-Sex Marriage Ban in Nebraska", *New York Times*, May 13, 2005, A14.

[65] *Citizens for Equal Protection, et al. v. Attorney General Jon Bruning, et al.*, Case No. 05—2604, Eighth Circuit Court of Appeals.

[66] Carl Hulse, "Senate Republicans to Open Filibuster War Next Week", *New York Times*, May 14, 2005, A9.

任说:"中心的角色就是利用法院来'改变文化'。"[67] 律师们被大量学校董事会拒绝后,最终劝服了位于费城的多佛学校董事会在科学课程中必须提及智能设计理论。美国公民自由联盟在法院对此政策立即提出了质疑,并认为这拙劣地掩盖了把宗教观点融入科学课程的企图。最高法院已经作出判决:把宗教观点引入公共教育和在科学课中教授"创世科学"违反了《国教条例》。[68] 审判后,美国联邦法官约翰·琼斯抨击此政策,并总结道:智能设计是把宗教思想隐藏于科学中,因此是不被允许的。法官琼斯公正地批评了被告的公益律师:"这起案件对于我们来说,是学校董事会中消息闭塞的派别激进行事的结果,也是律师们驱使董事会采取不智和违宪政策的结果。然而,全国公益律师事务所希望找到关于智能设计的、宪法肯定的判例案件去帮助学校董事会。"[69] 很明显,多佛学校并不害怕一个事实:有可能承担原告一百万元的律师费用。全国各地的学校董事会和立法机关都在考虑这个政策的各种变化。赞成教授智能设计的宗教支持者们公然违抗这些判决,并发誓要继续利用法律将他们的宗教思想灌输到全国的科学教程中去。与此同时,他们表示出了他们最终会把宗教思想传遍全国的信心。南方浸信会的宗教自由委员会会长理查德·兰德说:"这个判决是世俗主义者长达半个世纪的恐怖统治即将迅速瓦解的典型标志。"[70]

在特丽·夏沃案件的各种纷扰斗争之外的极端例子是:特

---

[67] Laurie Goodstein, "In Intelligent Design Case, a Cause in Search of a Lawsuit", *New York Times*, November 4, 2005 (quoting Richard Thompson, President and Chief Counsel).

[68] *Edwards v. Arkansas*, 482 U.S. 578 (1987).

[69] *Tammy Kitzmiller, et al. v. Dover Area School District, et al.*, Case No. 04cv2688, Memorandum Opinion, at 137—138.

[70] Quoted in Michael Powell, "Advocates of 'Intelligent Design' Vow to Continue Despite Ruling", *Washington Post*, December 22, 2005, A03.

丽·夏沃是一名脑死亡的妇女,她的丈夫已取得法院准许他拔掉其进食导管的决定。美国法律司法中心是一家基督教公益诉讼事务所,它应夏沃父母的要求,代表他们拒绝法院的决定,并花费大量时间向佛罗里达州最高法院、佛罗里达州上诉法院和美国最高法院提起诉讼,但都未获得成功。美国国会插手此事,匆忙地通过了一项史无前例的法律,命令联邦法院接管此案的审判权,重新权衡州法院的拔除进食导管的决定。然而,联邦法院拒绝了。在夏沃死后,众议院多数派领袖汤姆·德莱向参与此案的律师发起了煽动性的威胁。作为回应,美国律师协会会长罗伯特·格雷向所有成员致信,要求律师们捍卫司法制度。他观察道,问题的核心在于,关于法律制度和法律本身的、肆无忌惮的法律工具主义观点:"法官通常被认为是政治工具,司法体系也只是政治分支而已。"[71]

用政治性的眼光来看待公益诉讼才是正确的。公益诉讼利用法院来推进他们的政治目标,要求法官作出政治决策。查耶斯在1976年就已经意识到这一影响:"诉讼不可避免地变成一个明确的政治讨论区,而法庭则是政治过程中那只可见的手。"[72]在这样的情况下,法官怎么会不被看作是政治工具呢?

最高法院大法官鲁斯·金斯伯格,之前担任过自由派关于女性问题的公益律师。审视过去的那一幕,他对公益诉讼以及公益诉讼在法庭中引起的政治斗争都给予了正面的肯定。"我们的司法系统运作最好的时候,是反对派中有很多代表且他们的意见得到充分表达的时候。因此,我赞成扩大负责可靠的公益律师业。从保守派的角度讲,这种发展对法律体制是有利的,而不是一种令人叹息的发展。"[73]这是在司法领域的政治

---

[71] Robert J. Grey, "Message From ABA President", April 1, 2005.
[72] Chayes, "Role of the Judge in Public Law Litigation", supra 1304.
[73] Ruth Bader Ginsburg, "In Pursuit of the Public Good: Access to Justice in the United States", 7 *Wash. U. J. L. & Pol'y* 1, 8 (2001).

利益中,从针锋相对的斗争中透露出来的一种明显的自满观点。

大法官金斯伯格的说法是两种思想的拼凑与融合。一种思想来自传统的敌对诉讼模式,其中包括在要求索赔的合法伤害争论中的私人双方。当双方充分表达彼此相互竞争的法律依据时,法院被认为是从中获利的。这就涉及法院在案件中如何适用法规,作出最明智的判决。第二种思想来自政治领域。相互矛盾的团体之间的竞争——各种思想的政治集合——导致了最佳的政治决策,要么在相互竞争的思想中作出妥协,要么证明某些思想比另一些思想更有说服力。这关系到如何作出最佳的政治决策。金斯伯格的叙述介于这两者之间,两种思想都有采纳。

公益诉讼把法官们卷入了法律与政治混合的判决中,这种说法也许看似是恰当的。但是,一种更加尖锐的观点是,这种混合的判决为双方都带来了伤害:政治斗争扭曲了法律规则的适用与解释;然而,法律规则和诉讼范围加深了政治分歧,妨碍了他们之间适当的解决办法。

在公益诉讼案件中的司法判决,与涉及政治问题的判决一样,都维持了法律的裁决。权威的法律规则和法律程序已制定出如何提出问题和解决问题方法。法官被局限于各方提出的问题和各方所提供的信息,通常缺乏某个特定领域的专业知识。诉讼双方受到致力于推进其事业发展的律师们的激发,使法官无法脱离任何独立的信息来源或建议。在案件中,公开的政治斗争能够影响法官作出判决,鼓励法官根据其政治倾向作出判决,而不是法律依据。

政治程序也是如此。公益诉讼以阻止双方共同努力找出一个解决方案的方式,激化各个团体之间的政治斗争。法律案件中的对立结构使各个团体争执不休,非要分出胜负。法官通常向诉讼双方施压,使其和解,但是和解本身并不鼓励对手们放弃他们之前的立场,然后真正从共赢的立场上达成一致协议。胜诉一方转往另一法律领域以求巩固其收益,而败诉一方则希望在不同的法律机构中(上诉法院、立法机构、联邦或州法院)试试运气,以推翻原判或减少损失。不论诉讼结局是赢是输,这种延迟都只是给诉讼各方调动资源和重新调整策略的一个暂时缓冲期而已,真正的斗争是永无终结之日的。不论胜诉还是败诉,都会支持公益诉讼事务所提出的为下一次行动募款以提供资金支持的要求,在这个意义上,两种诉讼结局都是有意义的。

对"公共利益"观念的损害

公益诉讼同样会损害"公共利益"这一观念。在各个打着"公共利益"旗号的组织之间进行的这种不入流的争斗,使得人们对这一观念本身颇多质疑。参与其中的组织一般也都会贬低对手的"特殊利益"。这种无所不在的互相攻击向公众传递了这样一种印象:"公共利益"无非就是某个特定集团自己随意界定的东西,而这恰恰使得这一概念变得失去了意义。

Lambda Legal 这一少数人群权益组织宣称:"它们会在全国范围内,在影响男女同性恋者、两性人、变性人群体以及艾滋病毒携带者权益的各个法律领域提起公益诉讼。"[74]人们可能会对该组织的议题和立场抱有同情的态度,但同时也会认识到,这些活动会促进同性恋者的特定利益。他们的网站表示,"Lambda Legal 的工作最终对所有人有益,因为它有助于形成一个多元和宽容的社会"。他们所支持的立场和采用的手段事实上会有助于形成一个多元和宽容的社会,这其实是一个会产生争议的论断,但他们并不打算对此加以解释。比如,违背公众

---

[74] Lambda Legal, at http://www.lambdalegal.org/cgi-bin/iowa/about.

意愿,通过诉讼的方式推动同性恋婚姻的合法化,这种做法本身就会加深社会分歧,相比于对公众态度进行潜移默化的影响而言,也会带来更大的抵触情绪。这并不是说,Lambda Legal 组织的成员维护社会标准的愿望是不真诚的,更不是说他们的主张是错误的,而只是想表明,他们并没有完全表达清楚,通过认真对待许多持不同意见的公众观点并对其作出恰当反应,他们的行为事实上会促进公众利益的实现。而且,投入更多的精力去劝说其他人接受他们立场中符合公共利益的优点,这可能要比提起诉讼来达到其长远目标要有效得多。

自称是"美国公益法领域里最为出色的中心"的华盛顿法律基金会(Washington Legal Foundation)对此提出了相同的疑问,但同样没有对相关律师的真诚性提出疑问。在差不多30年的时间里,这都是一家顶尖的、在经济上比较保守的诉讼事务所。"诉讼是华盛顿法律基金会(WLF)公益计划的主要内容。""WLF 通过提起 900 多起诉讼影响公共政策。"其官方网站这样夸赞自身的成绩,并认为他们提起诉讼是为了维护"自由和正义"。[75] 但是,官方网站上所列出的所有诉讼活动——减少政府管制、侵权法改革、反对价格管控等——都反映了美国大型公司所支持的立场:制药公司、保险公司、制造厂、石油公司、矿业公司和林业公司、公用事业公司,等等。因此,华盛顿法律基金会能够得到公司的大笔资助,包括当时由辉瑞公司、宝洁公司以及礼来制药共同出资,成立该基金会,就毫不奇怪了。[76]

如果能够采取一种考虑所有利益和关切的方式加以操作,这些大公司所关心的事项事实上也会给公众带来利益。但是,他们的动机和诉讼策略却并不以此为目标,他们的目标就是尽

---

[75] See Washington Legal Foundation, at http://www.wlf.org/Litigating/lit-projects.asp.
[76] See Anne Mulkern, "Watchdogs or Lap Dogs?" *Denver Post*, May 23, 2004.

可能地减少管制、控制成本,对损害商业利益的行为提起诉讼这么简单。他们的立场并不会去考虑对方得到广泛支持的观点;比如,人们普遍认为,侵权法改革的议题,特别是对医疗事故的批评,都是建立在那些毫无意义的诉讼所造成的成本高昂的负面影响基础之上的,而事实情况却是,保险费用的提高是多重因素共同作用的结果。[77] 恐怕只有不愿认错的空想家才会断言,什么是对公司化美国(Corporate America)真正有益的,它的股东会自动地促进公共利益的实现。事实上,这就是华盛顿法律基金会的诉讼平台。如果辉瑞公司能够在全国范围内以上述目标为根据提起诉讼的话,它是不被允许追求其自身利益的。在"公共利益"诉讼事务所保护之下实施的同样行为,就会神奇地转变为追求公共利益的努力。在这种诉讼的早期,人们称之为"利益集团诉讼",而不是"公益诉讼",其理念是——只要该组织具有诉权,它就能够像其他人一样通过诉讼追求和保护自身利益。而现在这些声称代表公众利益的利益诉求,早已变味了。

这一现象反映了一种信心的缺失,人们已经没有能力将那些真正追求公共利益的组织和那些以此为幌子追求个人利益的组织区别开来。任何一种声称要促进公共利益的主张看上去都是那么冠冕堂皇。

---

[77] See Tom Baker, *The Medical Malpractice Myth* (Chicago: Univ. of Chicago Press 2005).

第十章

法律工具主义观和司法制度

1975年,政治学家纳什·格雷泽(Nathan Glazer)曾经提出过这样一个问题:美国政体是否已经开始不可逆转地朝着"帝王司法"的方向发展下去了?"最高法院致力于扮演一个对不同领域产生重大影响的积极角色……并简单地以自身观点为诸多复杂问题的解决制定规则。"[1]据观察家观察,自从格雷泽提出这一问题的近四分之一个世纪以来,法院过于武断的姿态有增无减。由于拥有司法审查权,并受到公益诉讼、权利案件以及对影响深远的立法的解释的推动,法官们作出了越来越多的影响社会生活各个方面的判决。在20世纪末,罗伯特·伯克(Robert Bork)曾经说过这样一段话:"美国的司法机构——得到联邦下级法院和许多州法院支持的美国联邦最高法院——是形塑我国文化的最为重要的权力分支,这个论断是有一定道理的。"[2]当然,可以有很多理由怀疑法院系统在这方面是否真如伯克所说的那样有效,但是他的这一观点被广为接受却是一个不争的事实。

各级法院数十年来的行事风格一直都较为保守。最近,让

---

[1] Nathan Glazer, "Towards an Imperial Judiciary", *Public Interest*, Fall 1975, 115.
[2] RobertBork, *Slouching Toward Gomorrah* (New York: Regan Books 1996) 96.

保守派法官感到高兴的是[3],自由派也开始对法院过于武断的做派提出抗议。自从20世纪60年代以来,自由派就秉持着"法院是社会变化的工具"[4]这样一种信念。既然保守派法官的任命看上去可能在未来支配联邦司法系统,杰出的自由派人士就开始加入如伯克一样的保守派队伍,共同主张应当削减或者废除司法审查权。[5] 同时,保守派也是说一套,做一套。他们一方面言辞恳切、装腔作势地鼓吹司法克制,另一方面又鼓励保守派法官根据他们的意识形态观点进行判决,在达成目标所必需的场合对司法克制闭口不提。基督徒保守派希望法官能够作出反映基督教价值观的裁判;自由的保守派则鼓励法官废除新政时期的经济立法。[6]

这些有关法官和裁判观点背后的逻辑必然在法官选任的意识形态之争中达到高潮。如果法官过度使用手中的权力去形塑社会文化,并对重大的政治和经济问题拥有最后决断权,如果法官可以在很大范围内将个人观点带入法律裁判之中,那么,将那些与自己持有相同意识形态观点的人安插进司法系统就是不可避免的政策选择。相比于参与政治进程以控制立法而言,这一策略安排显然更为直接有效。因立法而产生的政治联合体总是聚散无常,变化不定,但是由志趣相同的法官组成

---

[3] See Mark Kozlowski, *The Myth of the Imperial Judiciary: Why the Right is Wrong About the Courts* (New York: NYU Press 2003) Introduction.
[4] Mark Tushnet, "Democracy Versus Judicial Review: Is it Time to Amend the Constitution?" *Dissent*, Spring 2005, 59.
[5] Id.; see also Larry Kramer, *The People Themselves: Popular Constitutionalism and Judicial Review* (New York: Oxford Univ. Press 2004).
[6] 加图研究所的罗格·皮隆(Roger Pilon of the Cato Institute)和理查德·爱泼斯坦(Richard Epstein)都坚持认为,新政以来的许多立法都是违宪的,并应被法院宣告无效。因此,不应采取司法克制的立场,而是相反。Roger Pilon, "How Constitutional Corruption Has LedtoIdeological Litmus Tests for Judicial Nominees", *Policy Analysis*, No. 446, August 6, 2002. See also Jeffrey Rosen, "Justice Thomas's Other Controversy", *New York Times Magazine*, April 17, 2005.

一个相对固定的团体却可以保证其意识形态观点在整整一个时代都能产生支配性的影响。而且,法官也可以通过司法审查、否决立法和对立法进行缩小解释越过或限制政治进程。

这场斗争正如我们如今在各级联邦和州法院里所见到的那样上演。在2005年春天,一场令人不愉快的争论爆发,问题的起因是民主党参议员采取阻碍议案通过的行为来阻止乔治·W.布什最为保守的法官任命提交全院表决。这是近十年来在法官任命问题上日趋激烈的斗争中最近的一幕。那些抱怨民主党对于法官任命无法忍受的故意破坏行为的共和党人很容易忘记"克林顿时代法官选举政治的残酷性,对于克林顿提名的法官而言,很多时候可以说是遭到了空前的粗暴对待"[7]。当克林顿离任时,他所任命的42名法官都没有获得批准,其中38人甚至连听证的机会都没有获得。[8] 在克林顿总统任期的最后六年中,共和党人一直致力于"一场高度政治化的、党派性的、制造分裂的下级联邦法院法官的任命程序"[9]。之所以如此做,是因为早年罗纳德·里根曾经提名罗伯特·伯克作为联邦最高法院法官,这一近乎完美的任命却因为意识形态上的原因没有获得通过,共和党人对此耿耿于怀。

在州级法院,意识形态之争同样激烈。一份对全国情况的调查报告节本显示:"这是史上最为激烈的州法官竞选"(威斯康星州);"最让人愤怒和最为昂贵的选举"(西弗吉尼亚州);"最为疯狂的选举结果"(得克萨斯州);"最让人惊讶和不寻常的选举"(内华达州);各地的法官选举都变得"更为喧闹、肮脏

---

[7] Sheldon Goldman, et al., "W. Bush Remaking the Judiciary: Like Father Like Son?" 86 *Judicature* 282, 294 (2003).

[8] John Anthony Maltese, "Confirmation Gridlock: The Federal Judicial Appointments Process Under Bill Clinton and George W. Bush", 3 *Journal of Appellate Practice and Process* 1, 21 (2003).

[9] Sheldon Goldman, et al., "Clinton's Judges: Summing Up the Legacy", 84 *Judicature* 228, 254 (2001).

174 和昂贵"[10]。除了之前提到的那些州以外,俄克拉何马州、田纳西州、阿拉巴马州、俄亥俄州、加利福尼亚州、密西西比州、南卡罗来纳州、佛罗里达州、爱达荷州、路易斯安那州以及密歇根州,所有这些地方从20世纪90年代初开始,都经历了腐蚀性的、极为昂贵的法官选举,而且日趋恶化。[11] "2000年的法官选举可以说是史无前例,选战比以往耗资更为巨大、院外集团的参与也比以往更为积极和污秽,甚至可以说是'肮脏''这个国家的耻辱''坏到了根上'。"[12]

在联邦和州两级法院系统,围绕法官任命的选战主要集中在关于堕胎、打击犯罪的力度、侵权法改革、枪支管制、对商业贸易的鼓励或限制政策、家庭价值(反同性恋权利)、平权法案、公共生活中的宗教地位、死刑等问题的司法政策上。在两级法院系统中,选战中的主要参与者就是那些"公共利益"组织,他们分属政治光谱中的左翼和右翼——环境保护组织、妇女权益保护组织、商业利益的支持组织、基督教组织等等——包括前面一章所提到的许多组织。[13] 许多这类经常提起公益诉讼的组织,在影响那些会听审他们案件的法官的意识形态方面同样精力旺盛,他们假设,如果法官接受了他们基础性的意识形态观点的话,他们运用诉讼的工具实现其目标的努力就会更为成功。

也有一些观察家认为,今天所发生的这些其实并非新鲜事

---

[10] Steven P. Croley, "The Majoritarian Difficulty: Elective Judiciaries and the Rule of Law", 62 *Chicago L. Rev.* 689, 734 (1995)(引注从略)。

[11] Anthony Champagne, "Interest Groups and Judicial Elections", 34 *Loyola L. A. L. Rev.* 1391 (2000—2001); Stephen J. Ware, "Money, Politics and Judicial Decisions: A Case Study of Arbitration Law in Alabama", 15 *Journal of Law and Politics* 649 (1999); John D. Echeverria, "Changing the Rules by Changing the Players: The Environmental Issue in State Judicial Elections", 9 *NYU Environmental L. J.* 217 (2000—2001).

[12] Roy A. Schotland, "Financing Judicial Elections, 2000: Change and Challenge", 2001 *L. Rev. Mich. St. U. Det. C. L.* 849, 850 (2001).

[13] See Anthony Champagne, "Interest Groups and Judicial Elections", 34 *Loyola L. A. L. Rev.* 1391 (2000—2002).

物,在美国历史上,法官一直都是因其意识形态方面的原因才会得到任命。[14] 这个看法部分是正确的——法官的意识形态观点在美国历史上的法官任命决定上的确起到了关键的作用,——但是,这个观点同样也容易产生误导。在过去几代人中,法官任命主要还是一种恩赐(patronage),州一级的法官任命一直风平浪静。对于意识形态的关注,以及对志趣相同的法官能够同时获得任命的努力从来没有像现在这样持续、这么体系化、这么极致、这么普遍、这么专注和不敢松懈。如同我们前面几章所介绍的主题一样,这一状态反映出在一个就社会公益问题存在尖锐分歧的社会背景下,因为法律工具主义观点的传播和影响而出现的一种显著恶化、深化和粗糙化的现象。"直到现在,"罗伯特·伯克观察道,"根据意识形态背景任命法官的选战还没有蔓延到下级法院。"[15]

意识形态在法官任命中的首要地位

围绕法官任命问题的大部分争论都以"司法能动"和"司法克制"这对术语加以表达。但是,仍有许多观察家认为这是一场错误的争论,只是一场语词的修辞之争,在这场争论中,"能动主义者"是对那些无视基础现实的反对者的一种蔑视性称呼。对"能动主义"一词附加的许多额外意义加剧了人们的混乱认识。有时,它是指加强立法的一种倾向[16];有时它是指根据个人偏好裁决案件;有时它是指推翻长期存在的判例的一种意愿;有时它又是指对法院权力作出的相对于政府其他机构更

---

[14] Erwin Chemerinsky, "Ideology and the Selection of Federal Judges", 36 *U. C. Davis L. Rev.* 619 (2003).

[15] Robert Bork, "Adversary Justice", *The New Criterion*, May 2002, 4.

[16] 这也正是这一术语的最初含义。See Schlesinger, "The Supreme Court: 1947", supra.

为宽泛的解释。这些能动主义的不同形式并不必然能够共存：比如，斯卡利亚大法官就反对能动主义；他严厉批评法官将个人偏好带入司法裁决，但又经常投票攻击联邦立法，因此在他反对某种司法能动做法的同时，他可能又采取了另一种司法能动的做法。

  假设对这一术语的修辞性使用一直蔓延下去，人们就有理由对公开反对能动主义的论调（在任何意义上的反对）的真实性产生深刻的怀疑。还是举同样一个例子，评论者已经注意到，斯卡利亚大法官"有一种神秘的能力达到他想要的结果，并且每个案件都能碰巧符合他自己的个人偏好"[17]。在他个人的政治观点与宪法并不一致时，他表现得似乎并不太执着于宪法的文本和原初含义。[18] 通过对联邦最高法院的投票模式进行统计学研究的政治学家们认为，大法官们"似乎在运用**司法**克制……将其实质性的政治关切理性化，使之更有说服力和正当性。如果他们支持某一项政策……克制对于赤裸裸地宣告其实质性的偏好而言就可以是一个非常有效的掩饰"[19]。对于宣称司法克制者的怀疑态度并非只有行动派社会科学家才有，这

---

[17] Jeffrey Rosen, *The Most Activist Supreme Court in History*, supra 269; see also Kozlowski, *The Myth of the Imperial Judiciary*, supra Chap. 1; Adam Cohen, "Psst... Justice Scalia... You Know, You're an Activist Judge, Too", *New York Times*, April 20, 2005, A20.

[18] Sunstein, "A Hand in the Matter", supra 3; Keck, *Most Activist Supreme Court in History*, Chap. VII. 一项有关大法官投票模式的经验研究得出结论认为："大法官们往往声称自己是根据'原旨主义'法理学做出的判决，但事实上，他们只是在有关文本和立法者原意的争论恰好符合其意识形态立场时才会做这种表面功夫。"Robert M. Howard and Jeffrey A. Segal, "An Original Look at Originalism", 36 *L. & Soc. Rev.* 113, 133 (2002).

[19] Keck, "The Most Activist Supreme Court in History", supra 269, quoting Jeffrey A. Segal and Harold Spaeth, *The Supreme Court and the Attitudinal Model Revisited* (Cambridge: Cambridge Univ. Press 2002). See also Howard Gilliam, "What's Law Got to Do With It? Judicial Behavioralists Test the 'Legal Model' of Judicial Decision Making", 26 *Law and Social Inquiry* 465, 466 (2001) (强调为引者所加).

种怀疑也算不上是对联邦最高法院的自由批评。保守的法学家道格拉斯·克密科（Douglas Kmiec），这一里根—布什时代司法部的前任官员就曾坦率地承认，里根总统的法官选任团队都十分清楚"在保守的结果和一个训练有素的法官所运用的方法之间往往并非泾渭分明"[20]。

一旦有关裁决的法律解释被作为政治裁决的掩饰而被拒绝接受时，意识形态的考虑就不可避免地在所有级别法院的法官任命环节大量出现，而不仅仅是联邦最高法院。杰出的自由派宪法学者欧文·契姆林斯基（Erwin Chemerinsky）就毫不客气地指出了这些观点背后的含义：

> 在那些可能由法院裁决的事项上存在意识形态的深层分歧的场合，往往会发生法官任命的斗争……人们已经普遍认识到，关于这些问题的案件的裁判结果将由法官决定。因此，参议院知道，选民也明白，任命法官的过程在决定法律内容方面发挥着巨大的作用。在意识形态上彼此对立的利益集团都有十分有力的理由将法官任命看作是首要任务，因为他们知道在谁将担任联邦法官的问题上什么是最为紧要的问题。[21]

援引法律现实主义的观点，契姆林斯基认为，法律的字面含义在重要性上要远逊于法官希望法律是什么含义，而这是无法避免的：

> 一些人认为，在法官任命中运用意识形态是不可取的，因为这会鼓励法官根据意识形态进行裁判。这一看法认为，意识形态必须躲在幕后，以限制法官随意地根据意识

---

[20] Douglas W. Kmiec, "Judicial Selection and the Pursuit of Justice: the Unsettled Relationship Between Law and Morality", 19 *Catholic U. L. Rev.* 1, 13 (1989—1990).

[21] Chemerinksy, "Ideology and the Selection of Federal Judges", supra 626.

形态作出裁判。这一观点建立在许多无法得到支持的前提之上：它假设法官有可能抛开个人观点和意识形态决断案件；它假设法官已经因为其个人观点和意识形态不再经常决断案件；它假设在选任法官的程序中考虑意识形态会在决断案件的时候加剧意识形态对案件结果的影响。而所有这些假设其实都是不成立的。很久以前，法律现实主义者就打破了形式主义者所谓的价值中立的裁判模式的神话。法官任命过程让人们认识到，法律形式主义的衰落对法官如何裁决不会产生任何影响。

…………

最终，关于法官任命的争论其实都是关于法律内容的斗争……当然，意识形态应当而且必须在法官任命程序中被加以考虑。[22]

意识形态决定了法官如何解释法律的内容，因此，要进行斗争才能保证法官认同你的意识形态，这正是契姆林斯基所要传递的信息。

意识形态在联邦法官任命中作用的兴起

是什么使得当代法官任命的状况如此独特，这一点很难在联邦最高法院这一层级上观察得出来，因为在联邦最高法院，意识形态的考虑往往至关重要。但是，联邦上诉法院和联邦地区法院的法官任命却并非总是由意识形态因素所主导。传统上的法官任命只是作为一种支持总统的奖赏，作为对影响力较大的参议员或者其他政治支持者的一种照顾，或是为了建立政

---

[22] Id. 630—631.

治资本或维系党派或选民支持的方式。[23] 人们对联邦系统的法官地位趋之若鹜,相应地,它也就成了总统奖赏恩赐的最佳形式,通过法官席位的分配来获得最大的政治利益。

富兰克林·D.罗斯福总统（Franklin D. Roosevelt）在历届总统中可算是个另类,他十分关注下级法院法官的任命。他要确保任命的人选将来能够保证新政立法的实施,所以意识形态因素就变得十分重要,但是他也会策略性地运用任命来达到一些政治目的。[24] 哈利·S.杜鲁门（Harry S. Truman）总统则很少介入法官任命,他认为这对他的政策目标而言并不重要。在杜鲁门总统任期内的一次著名改革是由美国律师协会于1946年所创设的联邦司法委员会,这一委员会后来专门对法官人选的职业资格进行审查评估。美国律师协会建立该委员会的目标是:"法官任命应当与政治恩赐完全脱离关系,由谁来担任最高司法官应该完全交由律师和法官决定,而不应该考虑其政党背景和政治因素。"[25] 与杜鲁门一样,德怀特·D.艾森豪威尔（Dwight D. Eisenhower）也没有直接介入法官任命,他也认为法官人选对其政策目标而言并不重要。

约翰·F.肯尼迪（John F. Kennedy）总统和林登·B.约翰逊（Lyndon B. Johnson）总统对法官任命更为关注,但是他们也是更多地运用这一方式来达到自己的政治目的,而不是为了实现某一个特定的政策目标。[26] 他们主要的意识形态考量就是法官要支持民权。他们同时还表明了在法官任命中对性别、道德、种族、宗教等因素的考虑。在1964年的选举中,约翰逊的对手巴里·戈德华特（Barry Goldwater）以及乔治·华莱士

---

[23] See Sheldon Goldman, *Picking Federal Judges: Lower Court Selection from Roosevelt Through Reagan* (New Haven: Yale Univ. Press 1996) Chapter 1.

[24] Supra. 本书对罗斯福到里根时期的下级法院的法官任命进行了极为杰出的历史研究,这一研究为之后进行的总体观察提供了主要的资料。

[25] Id. 140.

[26] Id. Chap. 5.

(George Wallace)不停地攻击沃伦法院的自由主义判决,但是约翰逊却始终没有将法官任命作为选战的议题加以对待。[27]

理查德·M.尼克松(Richard M. Nixon)总统,在1968年的选战中,以维护社会治安的形象参选,将沃伦法院作为一个主要竞选议题,承诺要任命这样一些法官,他们"是严格的法律解释者,将自己的职责定位为解释法律而非创造法律"[28]。尽管他对于法院的篡权问题不断进行修辞夸张,不论是尼克松本人还是他的继任者杰拉尔德·M.福特(Gerald R. Ford)都没有对下级法院法官任命的问题给予更多的关注,他们也都没有出于意识形态的考虑而作出某种特别的法官任命。[29]

在努力促使法官职位从一种制度性恩赐转变到根据其个人价值加以委任的过程中,杰米·E.卡特(Jimmy E. Carter)总统尝试通过组建一个独立的提名委员会的方式,来对法官任命制度进行一场意义巨大的改革。此外,卡特总统还决定任命更多的女性和少数族裔担任联邦法官。除了这些总体关切之外,他并没有更深地涉入任命过程,也并没有运用法官任命来实现其政策目标。[30]

罗纳德·W.里根(Ronald W. Reagan)的当选宣告了根据意识形态因素选拔下级法院法官的新时代的来临。共和党1980年的选举纲领就明确表达了这一愿望:

> 女性和男性……其司法哲学……要与对联邦政府分权的信念相一致,并努力将裁判权交还给州和地方的民选法官……他们尊重传统的家庭价值和人类生活的神圣性。[31]

---

[27] William G. Ross, "The Role of Judicial Issues in Presidential Campaigns", 42 *Santa Clara L. Rev.* 391, 427—434 (2002).
[28] Richard Nixon, quoted in Ross, Id. 436.
[29] Goldman, *Picking Federal Judges*, supra Chap. 6.
[30] Id. Chap. 7.
[31] 1980 Republican Platform, reprinted in 38 *Cong. Q. Weekly Rep.* 2030, 2046 (1980).

第十章 法律工具主义观和司法制度

这一段表述因为被看作是对任命的"检测"(litmus test)的不恰当运用而引发了尖锐的批评。美国律师协会随即发布了一种解决办法,抗议"以特定的政治意识形态观点或司法哲学为基础的法官选举"[32]。

谢尔顿·戈德曼(Sheldon Goldman),这位关注法官任命问题达数十年的学者,得出结论:"里根政府致力于建立一套超过罗斯福政府,并且在美国历史上也是最为系统的对法官候选人进行司法哲学审查的制度。"[33]里根解散了卡特建立的法官选举委员会,在司法部建立了法律政策办公室(俗称)以负责管理由里根的贴身顾问们(顾问埃德文·米斯,司法部部长威廉·弗兰奇·史密斯,以及白宫顾问弗瑞德·菲尔丁)完全控制的选举过程。这个选举团队公开强调,选举法官的主要标准就是他应该审慎地使用手中的权力,但是根据一项详细的研究,他们会选择那些在社会和经济问题上持保守立场的法官——支持商业、反对管制、对福利要求和工会并不友好、反对种族歧视(平权法案),反对民权主张、支持宗教(一般而言也支持公民的自愿联合),对刑事被告的权利较少关心。[34]

这一筛选计划开始了一个至今仍在持续的、长达数十年的保守努力,以期能够扭转联邦最高法院和联邦下级法院从20世纪六七十年代就开始的,通过法官任命这一权宜之计而作出大量判决的潮流。[35]那些在这个过程中付出努力的人们认识到,大量的判决其实都是由下级法院作出的,只有很小一部分

---

[32] Quoted in Ross, "Role of Judicial Issues in Presidential Campaigns", supra 439.
[33] Sheldon Goldman, "Reagan's Judicial Legacy: Completing the Puzzle and Summing Up", 72 *Judicature* 318, 319—320 (1989).
[34] Herman Schwartz, *Packing the Courts: The Conservative Campaign to Rewrite the Constitution* (New York: Charles Scribner 1988).
[35] See Nancy Scherer, *Scoring Points: Politicians, Activists, and the Lower Federal Court Appointment Process* (Stanford: Stanford Univ. Press 2005).

才有机会进入联邦最高法院的视线。如果法律要发生巨大变化的话,一定是由整个法院系统内的法官们共同完成的。联邦主义者协会(Federalist Society)于 1982 年建立,其承载着一个特殊的使命——要用保守派法官填充联邦司法系统,作为一种工具"重新定位联邦法院,以使其对待宪法的态度更为接近 18 世纪制宪者们的意图,包括对个人权利和联邦权力的运用持一种更为保守的立场"[36]。

里根第二个任期内对法官的任命充满了对意识形态的考虑,这次任命是由米斯直接负责的,他直接表明他所要寻找的是"更为年轻、充满活力,并且对于政府的司法哲学更为支持的人选"[37]。米斯承认,他的用意在于"使里根的改革能够制度化以使得无论将来总统选举的情况如何都不会受到影响"[38]。里根的绝大部分法官任命都没有遭到民主党人的反对。

提名伯克担任联邦最高法院法官失利这件事要特别提及,原因在于这一事件对左右双方都是一个具有标志性意义的时刻。伯克是一名美国上诉法院的法官,曾担任耶鲁大学法学院教授和司法部副部长的职位,是一位知名的宪法学者和公认的杰出思想家。但是,美国律师协会评估委员会的 15 名成员中有 5 人并不赞成其担任最高法院法官。对他的提名被参议院以 58 票对 42 票否决。伯克的失利在保守派看来十分不公正。

> 伯克法官被里根所谓的"一场被歪曲和流言破坏的丑陋场面"宣告了"死刑",这次否决完全无视正常的诚实与正直的选拔标准。《华尔街杂志》将这次表决称之为"无耻谎言"的一次"凶残行动","恶意中伤""歪曲事实""麦卡

---

[36] David Kirkpatrick, "Team Fueled Effort to Shift Court to Right", *New York Times*, January 30, 2006, A18.
[37] Goldman, "Reagan's Judicial Legacy", supra 327.
[38] Statement of Ed Meese, quoted in Maltese, "Confirmation Gridlock", supra 9; see also "Judges With Their Minds Right: The President Pushes for Conservative Control of the Bench", *Time*, November 4, 1985, 77—78.

锡主义"。伯克的对手将一个与政治无关的问题泛政治化,误导了美国民众。[39]

保守派对伯克寄予了很高的期望,他所拥有的强大的智识力量可以领导司法系统走出沃伦法院和伯格法院的错误泥沼。他的失败让人感到非常失望,以至于人们至今仍然记得当初的痛苦感受。

左派视伯克为一个十分危险的右翼狂热分子。他的失利对于左派而言是一个十分鼓舞人心的胜利,这场胜利表明,只要有足够的意愿和政治组织的保障,就能实现既定的目的。有超过300个组织站出来反对伯克就任联邦最高法院法官,包括环境保护组织、妇女权益保护组织、共同事业机构(COMMON CAUSE)、计划生育组织以及美国公民自由联盟。"这很可能是第一次,也是唯一的一次整个自由派和公共利益组织为了同一个目标而联合在一起。"[40]

与在公益诉讼中发生情况类似的是,保守派从自由派组织的成功中也学到了许多。从这一时刻开始,保守派和自由派组织会在联邦各级法院监督和参与法官任命过程,开始支持或反对完全根据意识形态因素所进行的法官任命。[41] 之前任何一个时代都没有一个固定的组织持久而不间断地关注下级法院的法官任命过程。

乔治·W. 布什也有过提名联邦最高法院法官而饱受争议的经历,他提名的克莱伦斯·托马斯(Calrence Thomas)被法学教授安妮塔·希尔(Anita Hill)在任命听证会上指控对其进行性骚扰。他最终还是以52票对48票的微弱优势获得了任命。布什政府同样会对法官的司法哲学进行认真审查,在

---

[39] Schwartz, *Packing the Courts*, supra 125—126.
[40] Id. 132.
[41] See Scherer, *Scoring Points*, supra Chap. 5.

参议院司法委员会中,他们和民主党之间的关系饱受争议。[42]

里根和布什政府12年间所共同积累的法官任命的遗产有着十分重大的意义。里根政府任命了47%的联邦法官。[43] 在这12年期间的末期,共和党的任命人数与民主党的任命人数相比要远超3比1的比例。尽管并非最终定论,但经验研究的结果却表明,在这些法官的裁决中大量体现了保守主义倾向。[44]

对于威廉·杰斐逊·克林顿(William Jefferson Clinton)总统的法官任命的意识形态特征尚存分歧。一个保守团体控诉他的任命"几乎全是从自由派精英中产生"。[45] 但是,大部分学者还是认为他的许多提名人选都是比较中立的(这也符合其温和的政治立场)。作为这种温和立场的一个例证,有大量的左派团体并不满意他的任命。[46] 对这些团体而言,克林顿看上去对法官任命并不是太感兴趣,这让人感觉非常痛苦。像卡特一样,他更为关心的是如何选出更多的妇女和少数族裔法官,而不是根据意识形态选任法官。

在克林顿第二个总统任期内的下级法院的法官任命过程是最为激烈的。在这场冲突中,共和党在克林顿过去六年总统任期期间对参议院的掌控是最为重要的因素。在一段时期内,共和党参议员奥林·黑奇(Orin Hatch)——参议院司法委员会主席——支持所有的法官提名直到克林顿同意任命一个保守派满意的法官;在另一段时间内,共和党参议员詹姆斯·英霍夫

---

[42] See Sheldon Goldman, "Bush's Judicial Legacy: The Final Imprint", 76 *Judicature* 282 (1993).

[43] Goldman, "Picking Federal Judges", supra 336.

[44] Id. 296. See Timothy Tomasi and Jess Velona, "All the President's Men? A Study of Ronald Reagan's Appointments to the US Courts of Appeals", 87 *Columbia L. Rev.* 766 (1987); see Scherer, *Scoring Points*, supra.

[45] Quoted in Maltese, "Confirmation Gridlock", supra 15.

[46] See id.; Goldman, et al., "Clinton's Judges: Summing up the Legacy", 84 *Judicature* 228, 354 (2001).

(James Inhofe)支持30个法官任命以反对克林顿任命一名同性恋担任驻卢森堡大使。[47] 漫长的等待似乎变成惯例,特别是涉及克林顿对上诉法院法官任命时更是如此。在乔治·布什的总统任期内,以及在克林顿的第一任总统任期内,在总统提名和参议院司法委员会对上诉法院法官提名举行听证之间的平均期限在77天和81天之间。而在克林顿第二任总统任期内,对提名者的听证时间安排则平均在被提名之后的231天之内(第105届国会),之后更是上升到了提名后的247天(第106届国会)。[48] 在成功获得司法委员会提名之后,在参议院全院投票之间还要经历一段漫长的等待时间,在第105届国会期间,这一期间平均在42天,而在第106届国会期间,这一等待时间则变成了68天。大量法官要等待2到4年才能获得最终任命。[49] "上诉法院法官获得任命的平均等待时间要超过300天——这一事件是卡特在任时的十倍之多。"[50] 这些漫长的等待还没有算上克林顿提名的36位一直没有得到听证机会的法官。

这种等待如此糟糕以至于伦奎斯特首席大法官在1997年关于司法制度的报告中发表了对于共和党控制下的参议院的罕见批评。他注意到,有82个法官职位的空缺,这一数字大概是整个司法系统的十分之一,其中26个席位空缺了至少18个月。伦奎斯特大法官写道:"参议院当然没有义务批准任何特定的被提名者,但是,在调查所需的必要时间之后,它应当明确表态究竟是否批准其就职。"[51]

---

[47] Stephanie K. Seymour, "The Judicial Appointment Process: How Broken is It?" 39 *Tulsa L. Rev.* 691, 702 (2004).
[48] See Goldman, et. al., "Clinton's Judges", supra 235—236.
[49] Seymour, "Judicial Appointments Process", supra 707.
[50] Scherer, *Scoring Points*, supra 136.
[51] William Rehnquist, 1997 Annual Report of the Chief Justice of the Supreme Court of the United States, supra 9.

当代联邦法官任命中的意识形态

法官任命这一主题"在 2000 年大选中表现得比 1968 年以来的任何一次大选都要格外突出"[52]。乔治·W. 布什总统使法律政策办公室又重新恢复了职能,他的政府也开始对法官的意识形态进行认真的审查。[53] 一反五十年来的传统做法,布什政府取消了美国律师协会在评估法官候选人方面的所有官方身份。白宫顾问阿尔韦托·冈萨雷斯(Alberto Gonzales)通过将美国律师协会看作一个在政治上非常活跃的"利益组织"来解释这一行动的理由,并表明由任何类似的组织在法官选任程序中发挥"准官方作用"都是不合适的。[54] 但是,媒体却广泛报道,冈萨雷斯和司法部部长约翰·阿什克罗夫(John Ashcroft)都曾请求获得保守派团体的法官提名。[55] 据某报道称,联邦主义者协会为布什政府第一批 70 个提名名额推荐了 17 到 20 个人选。[56]

布什开始总统任期的时候,当时各政党在参议院的席位旗鼓相当,民主党控制了参议院司法委员会。他们开始缓和其激进政策。尽管一些温和的任命最终获得批准,民主党还是拒绝

---

[52] Ross, "Role of Judicial Issues in Presidential Campaigns", supra 460.

[53] Sheldon Goldman, et al., "W. Bush Remaking the Judiciary: Like Father Like Son?" 86 *Judicature* 282 (2003).

[54] See Gonzales' Letter to ABA President Martha W. Barnett, reprinted as Appendix 1, in Laura E. Little, "The ABA's Role in Prescreening Federal Judicial Candidates: Are We Ready to Give Up on the Lawyers", 10 *William & Mary Bill Rights J.* 3771—3773 (2001).

[55] See Robert S. Greenberger, "ABA Loses Major Role in Judge Screening", *Wall Street Journal*, March 23, 2001, B8.

[56] Neil A. Lewis, "Bush to Reveal First Judicial Sources Soon", *New York Times*, April 24, 2001, A17. See also Little, "ABA's Role in Prescreening Federal Judicial Candidates", supra n. 4.

了大量非常保守的法官提名。而当共和党重新控制了参议院之后,布什又重新提名了7位之前落选的候选人。民主党威胁将会阻碍该提名通过以劝阻其撤回提名(要达到这一目的需要60票)。这次,共和党愤怒地抱怨,"每个被提名的法官都应该进行一次决定性的投票"[57]。参议院多数派领袖比尔·弗雷斯特(Bill Frist)威胁要制定一项规则以禁止故意阻碍法官提名议案通过这一严重的行为,该行为是一项由来已久的实践惯例,其目的是保护国会中少数党派的利益。民主党表示一旦该行为遭到禁止,他们就会立即集体退出参议院。在最后关头,两党中较为温和的参议员最终坐在一起进行谈判并达成了妥协。

在另一个法官提名遭到拒绝的场合,一些保守派人士——之前曾经呼吁应该拒绝克林顿政府出于意识形态考虑而作出的自由派法官提名——现在转而认为,民主党参议员不应该拒绝布什依据意识形态背景而作出的法官提名。据一位保守派评论员的观察,建立在这些理由之上的拒绝,"向社会传达了一个隐含的信息,即法官是有偏见的,他们根据其个人意志而非法治进行裁判,这无疑会贬低我们的司法制度并使其泛政治化……美国人民必须坚定地重申这一要求:法官在裁断案件的时候应当公正无私地搁置其政治哲学"[58]。当然,这一观点与二十年来由保守派所进行的史无前例地对提名法官的意识形态背景进行审查的制度化做法有关。各方的法官任命都带有一定的伪善成分。

布什总统法官提名的屡遭挫败以及随之而来的提名哈里特·迈尔斯(Harriet Miers)担任联邦最高法院大法官的失利,打消了人们关于意识形态因素是不是保守派首要考虑因素的

---

[57] Associate White House Counsel Brett Kavanaugh, quoted in Goldman, et al., "W. Bush Remaking the Judiciary", supra 300.

[58] Douglas Hibbard, "To Advise and Consent: The Senate's Role in Evaluating Judicial Nominees", Issue 237, *Family Research Council*, 4, http://www.frc.org/get.cfm? i.

疑虑。她的提名之所以没有获得通过,是因为遭到了保守派恶意的反对,认为她的保守派立场并不坚定(资历尚浅)。[59] 白宫通过强调她经常去教堂忏悔以努力取得宗教界的保守派人士的支持。影响力巨大的共和党参议员萨姆·布朗巴克(Sam Brownback)对她的提名也感到不知所措,他还告诉记者,在长达一个小时的会面中,她"没有能够向我保证她对于维持或推翻罗伊诉韦德案(Roe v. Wade)并没有一个预设的立场"[60]。迈尔斯的提名到此其实已经没有希望了。

与在法官任命程序幕后发挥作用的联邦主义者协会不同的是,保守的福音派教会基督徒领导人,包括家庭研究委员会的托尼·帕金斯(Tony Perkins)以及爱家协会(Focus on Family)的詹姆斯·多布森(James Dobson),一直以来都是在确保保守派法官得到任命的工作中能够自由表达意见并身体力行承担各种工作的组织。他们在一些关键的州,将完全支持布什的基督徒选民组织成了一支庞大的投票队伍,这对于布什最后选举获胜起到了极其重要的作用。自然而然地,保守派法官顺利当选也是他们努力工作的正当回报。在2005年举办的一个私人会议上,参议院多数派领袖比尔·弗雷斯特以及众议院多数派领袖汤姆·迪雷(Tom Delay)先后参加会议,福音派领袖讨论了一个计划——"同国会中的共和党合作以形成这样一种司法制度,以支持他们在堕胎、同性恋婚姻以及其议事日程中的其他事项上的决策。"[61] 托尼·帕金斯声明:"多年以来,得到了美国公民自由联盟这样自由派利益组织资助的能动主义法院

---

[59] See Elizabeth Bumiller, "White House Tries to Quell A Rebellion On the Right", *New York Times*, October 7, 2005, A20; David Kirkpatrick, "New Questions from the Right on Court Pick", *New York Times*, October 6, 2005, A1.

[60] Sheryl Gay Stoleberg, "Foe of Abortion Senator is Cool to Court Choice", *New York Times*, October 7, 2005, A1.

[61] See Peter Wallsten, "2 Evangelicals Want to Strip Courts' Funds", *Los Angeles Times*, April 22, 2005.

系统,就像小偷在夜间行窃一样,以司法为幌子不被觉察地剥夺了我们很多基督教的遗产和宗教自由。"[62] 现在,福音派信徒热衷于控制司法,运用司法能动主义实现自身的目的。保守的福音派信徒经常声称,他们是在捍卫自然法和道德原则(在一种非工具主义的意义上),但是在对这一使命的追求过程中,他们也完全采取了一种工具主义的方法去提起诉讼、任命法官、制定立法以及法律规则和法律程序。

保守和自由的各类团体随着奥康纳(O'connor)大法官宣布退休和伦奎斯特大法官的去世都开始了各自的行动。美国进步组织(Progress for America)宣布,它们计划斥资1800万美元支持布什的提名(不论被提名者是谁),该组织还先发制人,斥资70万准备在自由派的攻击传播之前使其失去可信度。[63] 基督教保守主义者多布森说:"这种对抗其实带有某种报复的性质。"[64] 媒体上充斥着各种火药味十足的标题:"法庭上的战斗"[65] "为新正义而战,双方重整旗鼓、一决高下"[66]。

尽管有来自自由派团体的阻力,反对票数相比于其他任命而言还是比较多,约翰·罗伯特仍然以78票比22票轻松当选为大法官。对严格遵守政党政策的塞缪尔·阿利托(Samuel Alito)的投票结果则非常接近(58票对42票),但是人们对这一结果没有任何疑问。[67] 由于反对这种根据政党政策而给阿利托进行投票的做法,一些杰出的共和党人扬言要进行报复。

---

[62] Tony Perkins' statement, quoted in David Kirkpatrick, "First Set to Use Religious State on Judges Issue", *New York Times*, April15 2005, A14.

[63] Jason DeParle, "In Battle to Pick Next Justice, Right Says Avoid a Kennedy", *New York Times*, June 27, 2005, A 12.

[64] Id.

[65] Headline, "O'Connor to Retire, Touching Off Battle Over Court", *New York Times*, July 2, 2005.

[66] David E. Rosenbaum and Lynette Clemetson, *New York Times*, July 3, 2005.

[67] See Lois Romano and Juliet Eilperin, "Republicans Were Masters in the Race to Paint Alito", *Washington Post*, Feb. 2, 2006, A1.

"我要告诉民主党的朋友们,"参议员乔恩·凯尔(Jon Kyle)说,"请你们仔细想想今天你们的所作所为。其恶劣影响已经远远超出这次投票本身。"[68]就在当天,阿利托得到任命,他几乎没有时间停下来品尝胜利的喜悦,就要赶赴下一个战场。保守派团体"美国价值"(American Values)的主席盖里·鲍尔(Gary Bauer)说,"我的确相信(联邦最高法院)的赞成票会接近5票,这至少可以对按照保守派视角解决政教关系的议题起到一点推动作用……而下一个职位的空缺,取决于由谁继任,而这将会是今后所有**斗争的源头**"[69]。

在之后令人不安的转变中,就在阿利托成为联邦最高法院大法官的一个月以后,南达科塔州立法机关以压倒性的票数通过了一项法案,对堕胎几乎全面的禁止(只有在可能危及母亲生命时才允许堕胎)。这一禁令是由一个希望找到检验性的案例来推翻罗伊案判决的人提出的。由于手头已经有100万美元的抵押,他们立即开始筹集资金以作为保护该法案免遭可能随之而来的宪法挑战所需的各种开支。"我知道这是最好的时机,"一名发起该法案的州众议员说,"不要指望首席大法官约翰·G.小罗伯特和塞缪尔·A.阿利托的当选能有什么实质作用。"[70]罗伯特和阿利托被公开审查过,也是因为其保守的意识形态观点才得到了任命;现在是需要他们在判决中对这些期待作出回报的时候了。

意识形态在过去的联邦法官任命中的确发挥了重要作用,

---

[68] David Kirkpatrick, "On Party Lines, Panel Approve Alito for Court", *New York Times*, Jan. 25, 2006, A1.

[69] Quoted in Charles Babington, "Alito Is Sworn in on High Court", *Washington Post*, Feb. 1, 2006, A1(强调为引者所加)。

[70] Monica Davey, "South Dakota Lawmakers Set to Vote on a Bill Banning Nearly All Abortions", *New York Times*, February 22, 2006, A14; Monica Davey, "Ban on Most Abortions Advances in South Dakota", *New York Times*, February 23, 2006, A14.

当然仅限于联邦最高法院的层级,以及罗斯福时期的下级法院。对法院定期进行政治攻击在美国历史上屡见不鲜,这也是一个不争的事实。塞缪尔·蔡斯(Samuel Chase)大法官遭到弹劾,尽管最后并未被定罪;法院也暂时关闭,其管辖权偶尔也会受到一定的限制。但是,如果认为目前的争论毫无新意,完全没有害处,则是大错特错了。其持续的时间、覆盖的范围,以及在一心渴望战斗的团体监督和督促下对意识形态审查心无旁骛地投入,还有由此产生的高风险的斗争,都是过去不曾有过的。

州级法官选举

"诚信危机"正在州法官选举中上演。[71]

有38个州实行法官选举制,初任和连任均需通过选举。在美国建国初期,大部分州的法官职位都是通过任命制产生的。随着杰斐逊的民粹主义的提出,许多州还是转而采取法官选举制;大部分新成立的州后来也都采取了这种模式。对这一转变的一项历史研究令人惊讶地发现,当时人们普遍认同应该由人民决定谁是法官的合适人选。[72] 随着人们逐渐了解,由于选民的不知情而使得一些不称职或者腐败的人获得法官职位,人们对于法官选举的热情在20世纪初开始衰落。在一片改革呼声之中,许多州开始采取"密苏里计划",按照该计划,由专业组织根据其个人品行负责提名若干候选人,然后由州长任命其中某人担任法官;在工作一段时间之后,这些法官将参加等额连任选举。如今,各州实行的法官任命制度均不尽相同,但有超过

---

[71] Paul D. Carrington, "Judicial Independence and Democratic Accountability in Highest State Courts", 61 *Law & Contemp.* Probs. 79, 126 (1998).

[72] Steven P. Croley, "The Majoritarian Difficulty: Elective Judiciaries and the Rule of Law", 62 *U. Chicago L. Rev.* 689, 714—724 (1995).

80% 的法官都要面对某种意义上的选举。

"被沃伦法院的榜样所激励"[73],在20世纪六七十年代,州高级法院开始积极介入社会生活的诸多领域。法官们就教育经费、分区制、烟草管控、枪支管控、产品责任、安乐死权利、死刑制度、同性恋婚姻等更多领域作出了许多影响深远的判决,有时其采取的方式甚至可以说是随心所欲,完全不遵循判例法,也偏离人们对于成文法和宪法规范的通常理解。[74]

在20世纪70年代以前,法官选举根本不受人关注,也只有很少的经费支持。但是到了70年代末和80年代初,受到日趋增强的司法干预的激励,更多的资金开始流向法官选举领域。这一数字的增长是非常迅速的。得克萨斯州在20世纪80年代举行的第一次法官选举耗资不足百万美元。而在1986年举行的法官选举则花费数百万美元,这次选举直接导致了对加利福尼亚最高法院三名大法官的罢免。"从1986年到1996年这十年间,阿拉巴马州最高法院大法官的竞选花费增长了776%。"[75]20世纪90年代中期,得克萨斯州最高法院7名大法官职位的竞选总费用提高到了900多万美元。[76] 20世纪90年代末,威斯康星州最高法院法官职位的竞选花费达到了130万美元,比两年前的最高纪录还翻了一番。[77] 2000年,在20个州的最高法院竞选中,法官候选人总的竞选费用达到了4500万美元,比之前1998年的最高纪录还增长了61%;在其中五个

---

[73] Carrington, "Judicial Independence and Democratic Accountability", supra 99.

[74] See Id. 99—107.

[75] Anthony Champagne, "Interest Groups and Judicial Elections", 34 *Loyola L. A. L. Rev.* 1391 (2001).

[76] See "Payola Justice: How Texas Supreme Court Justice Raise Money from Court Litigants", available at http://www.tpj.org/docs/1998/02/reports/payola/toc.html.

[77] Champagne, "Interest Groups and Judicial Elections", supra 1403.

州,独立的利益集团还额外花费了1600万美元。[78] 在2000年伊利诺伊州最高法院的法官选举中,3名候选人平均每人花费超过100万美元。[79] 4年之后,伊利诺伊两名候选人的总花费上升到了500万美元。[80] 正如这些数字显示的那样,"投入竞选法官职位中的资金数量正在以指数的方式攀升。"[81]

  关于最近选举的不满声音远远超过以往任何时候。一个让人能够接受的策略就是改变一个法官过去的判决。媒体改革让错误的印象得到有效的纠正成为可能。[82] 这些努力的一个潜在变化就是许多团体再也不会在公开竞选中拿自己关心的议题说事,而代之以指责某位法官是"司法能动主义者"或者"对罪犯过于仁慈"。比如,在2004年西弗吉尼亚州的法官选举中,一个名为"关爱儿童"(for the sake of kids)的团体,仅仅希望能够战胜在任的沃伦·麦格劳(Warren McGraw)法官,他们四处散发传单声称该法官"投了关键的一票"使得一个猥亵儿童的罪犯逍遥法外。这是对法官判决的恶意歪曲,因为该判决是集体表决的结果,而且这个案子中,双方是自愿发生性关系的,因此对其释放是完全合法的。在该组织提供的250万美元中,有170万美元是由一个煤矿公司的CEO——唐·L.布莱肯西普(Don L. Blankenship)捐助的,他承认自己的目的就是选出支持商业贸易的大法官。[83]

  隐藏在竞选资金快速增长和对竞选活动尖锐批评背后的推动力量是显而易见的:"政治利益集团和政党大概在1980年就

---

[78] Schotland, "Financing Judicial Elections, 2000", supra 850—851.
[79] Champagne, "Interest Groups and Judicial Elections", supra 1397.
[80] Adam Liptak, "Judicial Races in Several States Become Partisan Battlegrounds", *New York Times*, October 24, 2004, A1.
[81] Id. A30.
[82] See Vincent R. Johnson, "Ethical Campaigning For the Judiciary", 29 *Texas Tech L. Rev.* 811(1998).
[83] Liptak, "Judicial Races in Several States Become Partisan Battlegrounds", supra A30.

开始在法官选举中有越来越明显的利益可图。"[84]最初,最主要的捐助者是出庭律师和辩护人协会,以及会把案件提交给他们捐助的法官手上的律师;之后,捐助则主要来自像商会(Chamber of Commerce)这样的商业协会以及个人公司或商人。比如,20世纪90年代中期,文森和埃金斯(Vinson and Elkins)律师事务所自身就曾给得克萨斯州最高法院的7名大法官以总额244018美元的资助;政治行动委员会(Political Action Committee)以及大量公司的行政部门都有案子在法院手上——包括安然公司、海岸公司、德州公用事业、陶氏化学公司以及埃克森公司——另外捐助了140万美元。[85]

外界对于这些不适当的做法颇多非议。"曾经有很多重要的机会……当时律师或党派做了大笔的捐助,他们也由此在之后获得了有利于自己的判决或者是诸如破产管理这样有利可图的准入资格。"[86]民调确认了在民众中间就法官裁判的公正性存在着相当程度的怀疑:

> 最近一项关于公众观念和法院体制的全国范围的调查结果显示,有81%的受访者认为,"法官的判决受到了政治考量的影响。"有78%的受访者认为,"民选法官的判决也被不断提高的竞选资金所裹挟。"这些全国性调查的结果也得到了各州调查结果的印证。在得克萨斯,有83%的受访者认为,法官在判决时受到了捐助的影响。宾夕法尼亚州的民调则表明,有88%的受访者认为,法院判决受到了法官竞选资金捐助方的影响。俄亥俄州一项民调发现,有90%的俄亥俄州公民认为,政治捐款影响了司法判决。华盛顿一项民调则显示,有76%的受访者认为法官被政治决策所影响,66%的受访者认为法院判决受到了提高竞选资

---

[84] Carrington, "Judicial Independence and Democratic Accountability", supra 105.
[85] "Payola Justice", supra Summary.
[86] Carrington, "Judicial Independence and Democratic Accountability", supra 92.

金的影响。[87]

一项研究得出结论认为：这一动辄花费数百万美元的法官竞选"有利于相对富有的、团结紧密的利益集团，比如商业社会，但却不利于普通民众"[88]。普通民众通常对法官候选人并不感兴趣，也不了解其个人情况，法官竞选很少得到草根民众的支持。相反，得到利益相关的商业团体支持的竞选则可以做到组织有序、资金充足、目标明确。某些竞选活动，就像由美国商会或基督教联合会（Christian Coalition）组织的那些活动一样，可以产生全国性的影响，很多州都参与了竞选。[89]

大部分耗资巨大的竞选活动都是在州最高法院这一层级进行的，因为州最高法院对州法律有最后决定权。近来，类似现象开始出现在下级法院。根据一项研究，萨克拉门托（Sacramento）的初审法院的法官竞选也花费了总共75万美元；而宾夕法尼亚州拉克万纳郡（Lackawanna County）民事法院的一位法官候选人的竞选费用也达到了100万美元。[90]

投入如此巨额资金又会带来这样一个问题：捐助者是否可以得到他们所期望的回报。有几个例子已经被证实，策略性地投入竞选资金的确在其后的法院判决中为其带来了期望的改变。[91] 当然，法官否认捐款会对其判决产生任何影响，尽管有部分法官承认，在选举之前他们在审理刑事案件时的确忐忑不安，害怕有利于被告的判决有一天会让他们自食苦果。[92]

---

[87] Champagne,"Interest Groups and Judicial Elections", supra 1407—1408.
[88] John D. Echeverria,"Changing the Rules by Changing the Players: The Environmental Issue in State Judicial Elections",9 *NYU Environmental. L. J.* 217, 224(2001).
[89] See Id. ; Kara Baker,"Is Justice For Sale in Ohio? An Examination of Ohio Elections and Suggestions For Reform Focusing on the 2000 Race for the Ohio Supreme Court",35 *Akron L. Rev.* 159(2001).
[90] Champagne,"Interest Groups and Judicial Elections", supra 1403.
[91] Echeverria,"Changing the Rules by Changing the Players", supra.
[92] See Croley,"Majoritarian Difficulty", supra 740—741.

亚拉巴马州最高法院的一项研究发现,在竞选资助和司法判决之间存在着一种显著的相关性。得到商业组织资助的大法官绝大多数都会作出有利于商业组织的判决,而得到原告律师资助的大法官绝大多数场合下则会作出不利于商业组织的判决。没有任何讽刺的意思,作者实事求是地得出如下结论:"通过本文数据……显然,为法官竞选活动捐款是一项十分划算的投资。投入的金钱得到了稳定的回报,也就是说,一旦最终当选,法官候选人就会按照资助人的意愿不断地作出有利于他的判决。那些相信法律不过是利益集团政治的人,特别是相信法律由民选法官决定的人,可以在他们案件的诉讼结局中再次确认他们的这一信念是何等的正确。"[93]

这种高度的关联本身其实并不足以使我们断言,法官支持或者反对商业组织一定是因为他们所接受的资助的缘故。这是一种司法腐败。利益集团将钱投给那些符合他们期待的法官身上——这些是根据法官公开表达的观点或者过去的行为加以判断的——大法官对于法律的解释会和他们的期望吻合。利益集团可能不会去直接贿买法官,但是他们可以买到他们期望得到的关于法律的解释和运用。这是一种通过法官任命程序完成的、试图控制法律的、不思悔改的工具主义式的努力。

身陷不信任的怪圈

试图通过控制法官任命程序以形塑法律朝自己期待方向发展的努力,其实收效甚微,很少会有显著的变化。它需要司法判决的数量累积到相当程度时才可以看出效果,而且会受到尊重先例的限制。在联邦以及(最近)州级法院系统保守派所进

---

[93] Stephen J. Ware, "Money, Politics and Judicial Decisions: A Case Study of Arbitration Law in Alabama", 15 *J. L. & POL.* 645, 686(1999).

行的 20 多年的努力看来还是有一些小小的收获。特别是在合同法、侵权法、财产法这些由法官控制的普通法领域中,一些观察家确认,在法院判决中出现了有利于商业组织、不再关注受损害的个体利益的保守主义转向。[94] 但是,现在去评估这些努力的全面影响似乎还为时尚早。乔治·W. 布什还有几年的时间可以作出若干法官任命的安排,以重塑联邦司法制度,他对于联邦最高法院大法官的任命刚刚获得批准。

假设以下这些被广泛接受的观点是正确的话:首先,法官会运用手中强大的权力通过司法判决去影响社会;其次,他们的意识形态观点会影响他们的司法判决,那么,试图控制联邦和州法官人选的政治斗争会一直成为美国法律文化最具特色的部分就是无法改变的。所有人都是一条线上的蚂蚱,共同推动这种冲突朝前发展。保守派人士,在他们自己看来,只不过是修正了早期自由派对于法院功能的定位;自由派人士将其视为保守派的接管。双方都指责对方通过运用意识形态的检测选择法官的不恰当方式使司法政治化,但双方各自最后都不约而同地采取了这种做法。在布什总统在 8 年的时间里不断为司法系统输送保守派法官之后,如果一个自由派人士当选为总统,自由派团体一定会强烈要求全部替换为自由派法官以补偿其遭受的损失,而这也必然会遭到保守派的强烈抵制(如果需要的话甚至会运用阻碍议案通过的方式)以保护其自身利益。即使某一方或另一方会倾向于放弃努力以维护司法制度的稳定性——出于对维护司法公正形象的关心——如果仅仅是为了保护法官席位不被那些缺乏同样关切、更少意识形态约束的对手掌握的话,这种状况的动力几乎总会促使双方在法官任命的问题上进行持久的斗争。没有任何一方相信对方会放弃法官席位,因此,双方都必须拼尽全力。

---

[94] See Jay M. Feinman, *Un-Making Law*: *The Conservative Campaign to Roll Back the Common Law* (Boston: Beacon Press 2004).

第十一章

立法与行政中的工具主义观

190 目前每一年《联邦纪事》都要公布超过 7.5 万页的行政规则、法规及程序,其在各州及联邦立法当中的庞然总量,事实上已经覆盖了我们能想象到的所有法律部门。行政机关收集并运用各类专门的科学知识,来建立能实行其立法政策的监管体系,并监控既定立法目的的实现。因此,行政法是一件纯工具化的产物,其作用就是用来实现既定目标的。正如第一部分所言,在过去的两个世纪里,立法一直被看作一项最高端的工具化事务。

冲突贯穿于立法与行政法规制定的始终,这早已不是什么新闻。詹姆斯·麦迪逊在《联邦党人文集》第 10 篇中就对这些已经在当时的州立法中引起关注的"派系斗争"提出过警告。这些冲突在 20 世纪初尤其明显。路易斯·杰斐在 1937 年《哈佛法学评论》中这样写道:

> 的确,在集团冲突内外,我们的整体经济都充满了暴力和痛苦⋯特殊利益的力量弥漫着我们的整个法律和政府架构⋯必须清楚的是:这些利益在将来总会以某种形式兴风作浪,无论是在立法还是在行政程序中。[1]

因此,今天在立法与行政规制舞台上发生的团体冲突不足

---

[1] Louis L. Jaffe, "Law making by Private Groups", 51 *Harvard L. Rev.* 201, 252 (1937)

为奇。但这并不是说,今天所发生的这一切与过去相比——尤其在一些重要方面——毫无二致。最重要的区别如前一章中所述,在于整体法治环境更趋工具化了。装备精良而组织有序的战士们用一种旨在使整个法律机构服务于其各自目标的方式,在所有法律领域全面宣战。

关于政府"公共利益"的各种观点——公共选择理论

另一个关键性的不同之处与"公共利益"观念的转换相关,也就是说,是否可以以及如何界定公共利益,政府官员是否致力于公共利益的实现?

美国法律文化中对于这种理想有好几个版本流传。"公民共和主义"传统的理论家们坚称:通过竞争性派系之间的对话和商谈,就能够形成可以代表共同利益的政策。[2] 公民共和主义者中的当代宗教复兴运动者们力劝政府公务员、立法者和官僚机构成员必须以开放姿态倾听各方意见,重塑自身角色并建构一套可以为所有利益相关方服务的行为模式。[3] 还存在着另一种公共利益实现方式(在罗斯福新政支持者中极为盛行):行政官员是中立且无政治色彩的决策人,他们听取专家意见,做出实质独立判断,从而促进宏观公共利益的实现。[4]

公民共和主义者及科学技术机构专业意见的信徒都有一个潜在共信,即区别于任何特定团体利益的一般公共利益是存在的。在此思潮中,它们是同一想法的两个变种,只不过是以不同方式达成公共利益罢了。前者通过开放对话,而后者通过专业意

---

[2] See Cass Sunstein, "Interest Groups in American Public Law", 38 *Stanford L. Rev.* 29 (1985).

[3] See Mark Seidenfeld, "A Civic Republican Justification for the Bureaucratic State", 105 *Harvard L. Rev.* 1511 (1911).

[4] See Thomas W. Merrill, "Capture Theory and the Court: 1967—1983", 72 *Chicago-Kent L. Rev.* 1039, 1048—1050 (1997).

见。两者可以共存,当需要确定一个立法目标时,前者能发挥作用;而当需要在行政层面执行那些目标时,后者便可粉墨登场。

对"公共利益"还有一种截然不同的理解,这种观点承认地方性,因为它代表了社会不可或缺的多元化利益。此观点在20世纪50年代,在那些贴着"利益集团多元化"标签的政治学家中颇具影响力[5],尽管其思想根源可以追溯到20世纪初。立法和行政过程都在某种程度上聚合或平衡着社会上那些期望推进各自利益的争论各方,以求达至能体现"公共利益"的均衡态势。为使此过程能够公平适度地运行,争论各方能否接近决策者,从而确保其各自立场在最终决策中得到充分考虑、衡量和反映,就显得至关重要了。在行政环境中,这意味着行政相对人应当被通知并得到参与的机会。在这种理解之下,行政专业意见就会夹杂一些与政治无关的精彩内容,从而取得恰到好处的平衡。

理论家们倾向于强调上述不同理解的本质区别,就像凯斯·桑斯坦所做的那样(将共和主义者与多元论者相比较)。

> 在多元论者看来,政治的目的是调解因资源稀缺而在自利团体之间发生的争端。仅仅在表面上保持着审慎的姿态,政治其实不过是不同社会利益间冲突和妥协的产物。在多元论者看来,人们通过冲突和妥协,将各自期望实现的利益带入政治进程寻求解决……
>
> 多元论者认为,共和党人关于公共利益可以分割的观念在逻辑上是有矛盾的,很容易导向极权主义,或者两者兼备。[在多元论者看来]公共利益由不同参与者之间不受限制的交易组成,因此,其数量和强度都可以在政治结果中得到体现。公共利益其实就是个体偏好的集合体[6]。

---

[5] See Robert Dahl, *A Preface to Democratic Theory* (Chicago: Chicago Univ. Press 1956); Truman, *The Government Process*, supra.

[6] Cass R. Sunstein, "Interest Groups in American Public Law", 38 *Stanford L. Rev.* 29, 32—33 (1985).

总之,存在着两种对于"公共利益"的理解,其中一种——已经分化为公民共和主义和专门知识意见两类变种——认为,所谓公共利益其实就是一个社会中为人们所共同享有的利益;而另一种理解则认为,所谓公共利益其实就是存在差异的不同利益之间的调整和平衡。第二种理解要更为平和。但是,与下面所要讨论的一系列观点相比,这两种理解都有一个重要的共同点:它们都乐观地认为,公共利益(尽管理解各异)是可以在立法和行政过程中得到确定和实现的。

如前文详细阐述的那样,20世纪六七十年代是一个非常重要的历史时期,当时,曾在50年代盛极一时的共识假设被对政府的犬儒主义和怀疑主义态度所取代。有关行政机构通过技术治国或科技专门知识来运作这一假设,其精确性和吸引力遭受了广泛质疑。对于政府机构已被其所规制的行业"俘获"一说变得备受欢迎。[7] 早有人指出,商业利益积极参与行政进程,而行政机构里的雇员们则希望将来能在这些商业领域里谋生。"对那些相信客观的'公共利益'依然存续的观念而言,"理查德·斯图尔特在其1975年发表的颇具影响力的《行政管制概述》中写道,"政府机构被指控为了被管制的公司之私利而破坏了行政执法秩序。"[8]

1971年,乔治·斯蒂格勒(George Stigler)在一篇开创性的论文中指出:"行政管制已经被产业界所掌控,其制度设计和运作目标都是为了实现其商业利益。"[9]斯蒂格勒把政府强制力描述为一件产品,可以被出价最高者购买。被规制的产业界利益有多种表现形式:为妨碍新竞争者入市而设立的门槛要求;为抑制潜在替代品而基于现有产品建立的标准体系;为防止价

---

[7] See Merrill, "Capture Theory and the Courts", supra 1050—1053.

[8] Richard Stewart, "The Reformation of American Administrative Law", 88 *Harvard L. Rev.* 1669, 1682—1683 (1975).

[9] George J. Stigler, "The Theory of Economic Regulation", 2 *Bell J. Econ. & Manag.* 3 (1971).

格战而制定的定价机制;发放政府补贴以提高利润。铁路和航空部门以诸此如类的手段从州际商务委员会和民用航空局获利。斯蒂格勒主张:产业巨头们实际上在利用政府的规制力量协助其维持垄断联盟。行政机构俨然已经成了产业界的政策执行者。[10]

在斯蒂格勒及其他人研究的基础之上,一股被称为"公共选择"理论的思潮在八九十年代席卷了政治学及法律界,成为分析立法及行政行为的重要理论框架。这一理论的优势是全方位的,其代表性学者甚至在1984年自信地宣称:公共选择理论"很久以前就让政治公共利益理靠边站了"[11]。

公共选择理论有一种令人吃惊的愤世嫉俗感,它与本书第七章描述的法律经济分析理论有某种内在的关联。该理论基于这样一种假设:即所有人——包括立法者和行政官员——在面对自我利益时都是理性最大化者。[12] 政治家的主要目标是确保其改选(成功)。由于法案总量众多,选民们通常不会监督立法者。对候选人了解多少以及自身选举决策基础为何,乃选战成败图景所系。故而立法者们发现,最大化其竞选捐献总量实为理性之选。就其目标理性最大化而言,利益团体或个体会以最有可能获得其期望的立法结果的形式,向政治家提供或拒绝提供资金支持。

---

[10] See Richard A. Posner, "Theories of Economic Regulation", 5 *Bell J. Econ. & Manag.* 335 (1974).

[11] Joseph P. Kalt and mark A. Zupan, "Capture and Ideology in the Economic Theory of Politics", 75 *Am. Econ. Rev.* 279, 279 (1984), quoted in Jonathan R. Macey, "Public Choice and the Legal Academy", 86 *Georgetown L. J.* 1975, 1977 (1998).

[12] 有关公共选择理论的介绍可参见 Daniel A. Farber and Philip P. Frickey, *Law and Public Choice: A Critical Introduction* (Chicago: Chicago Univ. Press 1991)。See also Symposium on the Theory of Public Choice, 74 *Virginia L. Rev.* 167 (1988); J. Mashaw, "The Economics of Politics and Understanding of Public Law", 65 *Chicago-Kent L. Rev.* 123 (1989).

威廉姆·兰德斯和理查德·波斯纳对此类政治进程中的经济学观点作了如是总结:

> 在经济学家版本的政府利益集团观中,立法被用于支持那些寻求有利立法以压过竞争对手的团体或同盟。集团竞标胜出价格同样取决于对团体成员的立法保护价值……回报则如:竞选捐献、投票、对于未来利益的暗示承诺,有时甚至是彻头彻尾的贿赂。简言之,立法被立法机关"出售",又被立法受益人"购买"了。[13]

毋庸讳言,这是一种纯粹的法律工具主义观。

在这一观点看来,大量立法都强制性地规定财富从社会中那些不幸的团体或没有组织的群体转移给财力雄厚、组织有序的利益集团。[14] 立法者被受益者所收买,手段诸如竞选捐献、由说客为其提供各种服务和附带福利以及将来某一天的高职位期许(或者像说客那般辞去公职)等。按照这种观点,行政机构雇员对待其自身利益时也是理性最大化的,他们会为晋升提拔等更好的前景而工作,也会为了增加在高利润行业就职的机会而离开政府部门。

但是,由此即推论出"公共选择理论坚称,并无'公共利益'这一事实存在"却并不准确,这一理论从未涉及这一论题,其所坚称的只是:政府官员所追求的并非公共利益。立法和行政官员是在运用其手中的法律权威及地位谋求其个人利益最大化。

因为许多追求更多利益的小团体办事效率更高,且在追求其共同目标时一直能够保持高度警惕,故而在从立法和行政领域获益更多。这些私人利益在社会层面上往往效率极为低下,因为成本往往要远远超过最后的收益。例如:牛奶制造商联合

---

[13] William Landed and Richard A. Posner, "The Independent Judicial in an Interest-Group Perspective." 18 *J. L. & Economics* 875, 877 (1975).

[14] Posner, *Problems of Jurisprudence*, supra 354—355.

起来以游说立法或行政机构对牛奶消费者制定最低价格政策，则每个商家其实都要付出更多成本。由那些曾经遭受过较小侵害的或者得到过微小利益的个体所组成的大规模团体，也向公众一样难以组织，必须提供巨大的激励，才能防止团体成员袖手旁观或者搭便车（不劳而获）。正如这些例证所表明的那样，公共选择理论自诞生第一天起，其基本主张就与其经济学鼻祖一样，都认为政府不应插手经济管制，这相当于对私人利益的法律强制。

在当代理论界有深远影响的公共选择理论，依然要面对批评。[15] 反对者认为，该理论很难解释航空、电信和银行业中正在发生的管制解除。该主张与公共利益团体的现实存在不符，譬如消费者权益组织、环境保护组织、妇女权益组织和宗教组织，这些都是由不追求个体的高回报反而更在乎其自身经济贡献的人支撑着的。它同时还描绘出一幅极度冷幽默的一元化图景，即到底是什么在激励着立法者和行政雇员们。[16] 投票行为研究表明，立法者至少在某些时候是被促进公共利益这一动机所驱使着的。[17] 立法者并非时常被改选所左右，尤其是那些连任率极高的在任者。批评者同时担心，公共选择理论的宏大构想将鼓励立法者和行政官们展现出利己主义姿态，构成渐渐破坏"官员应当追求公共利益"这一导向的自我满足思想。[18]

但是，即使批评者也承认，该理论对很多社会现象还是有解释力的。如果公共选择理论体现了一种愤世嫉俗——或者直

---

[15] 对这些批评的综合总结，以及更普遍的行政理论可参见 Steven B. Croley, "Theories of Regulation: Incorporating the Administrative Process", 98 *Columbia L. Rev.* 1 (1998)。

[16] See Edward L. Rubin, "Public Choice in Practice and Theory", 81 *California L. Rev.* 1657 (1991).

[17] Id. 43. See also Daniel A. Farber and Philip P. Frickey, "The Jurisprudence of Public Choice", 65 *Texas L. Rev.* 873 (1987).

[18] See Jerry Mashaw, "The Economics of Politics and the Understanding of Public Law", 65 *Chicago-Kent L. Rev.* 123 (1989).

说,就是自私——的政府官员的现实观的话,那么认为公共选择理论具有犬儒主义倾向就是不公平的。该理论并非要对其研究对象的行为进行责备。公共选择理论也反映了对于政府官员行为和动机的普遍情绪。近期的调查结果显示,多数公众将立法视为利益团体行为的产物[19],而58%的美国人相信"华盛顿政府充斥着腐败"[20]。

影响立法者与行政官员的努力

私有利益方为了其自身利益,付出复杂且极其昂贵的努力以影响政府立法和行政机构。巨额资金是维系这一体制运转的关键。此类根深蒂固、普遍渗透的行为组成了一个遍及联邦和各州政府层面的综合型结构,尽管其本身尚未得到普遍公认。

寻求影响力或对法律的控制力的"玩家"大致可分为两类:商业经济利益和意识形态利益,两者伴有明显交叉、模糊案例和策略性的相互支持。经济利益有三种基本形态:个体企业、联合体(企业贸易集团,还有工会)和协会。意识形态利益——妇女权益组织、消费者权益组织、宗教组织、自由主义者等等——主要采取倡导组织的形式。这些实体以多种层次的方式彼此结合。企业(及其职员)和贸易联合会也创立或建立了政治行动委员会(PACs)、组织或者"527团体"——常常挂有听来平淡无害的公共服务名衔,如"公民知情权"或"交易价值联盟"——来为其利益游说,或在媒体投放广告造势。尽管意识形态利益在特定事项上也发挥了重要影响,但由于金钱在此制

---

[19] See Farber and Frickey, "Law and Public Choice", supra 12; see also *Money, politics, and campaign Finance Reform Law in the States*, edited by David Schultz (Durham, N. C.: Carolina Academic Press 2002).

[20] Richard Morin and Claudia Deane, "In Abramoff Case, Most See Evidence of Wider Problem: Poll Shows Strong Support for Reform of Lobbying", *Washington Post*, January 10, 2006, A7.

度中的重要作用,经济利益支配着并且也将在接下来的讨论中扮演重要角色。

大批职业说客在这些实体和政府官员之间提供中介服务。为了影响法律制定和规制进程,企业、贸易联合会、协会和宣传组织内部会配置专职说客,同时也保持与外部说客的联系,以取得并维系与政府官员的联系口径。很多说客就职于小型咨询公司或大型律师事务所并开展游说活动。过去几年花在说客身上的钱是个天文数字,这一点很快就将详述。

这些尝试的目标对象是立法者及其职员、联邦及各州关键岗位的行政人员和各个层级的行政机构官员(高层政客和职业官僚)。一名公共官员的权威越大,他/她所受到的关注就越多。排除直接的贿赂犯罪,这些关注一般都采取如下形式:直接的选战献金,赞助选战筹款活动,向第三方支持者(政党、政治行动委员会、互利组织或机构)提供献金,提供支持性工作(起草相关的立法、行政法规和简报),为"信息化"目的提供资助或担保国内外的奢侈旅行(高尔夫度假村通常是热门之选),补贴旅游或私人飞机,提供免费社交晚宴和娱乐(包括高规格体育比赛),雇佣近亲属做说客或顾问,以及向立法者及其职员、行政官员许诺未来良好的工作前景补偿。当然,所有这些方式都与公共服务目的相悖。[21] 还有一些让人不快的关注形式,包括:威胁取消前述好处,通过高层施压,以及策划"草根"压力(促使选民接触立法者)。

政府官员绝不会被动接受游说,尤其是立法者,他们会咄咄逼人地找出并利用说客们提供的资源以实现自身目的;有时立法者们各自的诉求和身份相互交织在一起,难以区分彼此。

---

[21] "Summary Report: Influence Inc., Lobbyists Spending in Washington" (2000 Edition), at www.opensecret.org/pubs/lobby. See Glen Justice, "With Attention on Delay, A Flurry of Filings (Better Late than Never, Some Say)", *New York Times*, June 13, 2005, A13.

第十一章　立法与行政中的工具主义观

在1994年大选中,共和党接管了众议院,之后由国会议员汤姆·迪雷牵头进行的"K街工程"(因游说公司的主要所在地而得名)对这一努力进行了改善。即将就任多数派领袖的迪雷受阿布拉莫夫丑闻的余波影响,最终被迫辞职,他告知贸易联合会和游说公司:如果他们还想接近有影响力的立法者的话,就必须解雇民主党人,而起用共和党人。[22]"我们只是因循旧制,"他毫无悔意地解释道,"惩罚你的敌人,奖赏你的朋友。"迪雷的目标是保证共和党在议会中的永久性多数席位,同时也强化他自己的权力掌控,后者最好是通过控制金钱龙头的方式来实现。在20世纪90年代初期,民主共和两党之间的说客财源基本算是打了个平手;而在21世纪头10年的中期,份额大致是2比1,共和党占优。[23]

政客与说客之间关系的亲密程度——包括立法者的配偶及其他近亲属,及其担任说客或顾问的职员——对外界来说着实堪称震撼。自1998年以来,说客们为79名立法者的选举委员会和800个政治活动委员会提供财会服务,为民共两党增添选战基金。[24]在一场选举的奔走中,许多说客暂时把游说工作搁置一边,转而担任在任者的选战顾问;选战结束后,他们又回头游说那些自己助其取胜的立法者。[25]此外,说客们还守住了2004年共和党全国代表大会的所有席位。

---

[22]　Thomas B. Edsall, "Lobbyists Emergence Reflects Shift in Capital Culture", *Washington Post*, Jan. 12, 2006, A1.

[23]　Todd S. Purdom, "Go Ahead, Try to Stop K Street", *New York Times*, January 8, 2006, Week in Review 1.

[24]　See Elizabeth Brown and Shaylyn Coharn, "PAC-Men Lobbyist", Report by the Center for Public Integrity, available at http://www.publicintegrity.org/lobby/report.aspx?aid=750. See also Jonathan Weisman and Charles R. Babcock, "K Street's New Ways Spawn More Pork: As Barriers with Lawmakers Fall, 'Earmarks' Grow", *Washington Post*, January 27, 2006, A1.

[25]　Edsell, "Lobbyists Emergence Reflects Shifts in Capital Culture", supra 1.

据一次腐败事件调查的报道[26],本书前页的阿布拉莫夫丑闻钓出了一打国会"大鱼",还包括其职员以及行政部门官员,该丑闻属于如下文化的必然产物:由说客及其客户向公共官员提供资金和好处,或明或暗地带有某种得到有关法律行动方面回报的期待(至少是某种希望)。在同一时间曝光的另一起无关联的案件中,议员兰迪·康宁汉姆(Randy Cunningham)承认了其收受2400万美元贿赂的犯罪事实。[27] 其实,金钱政治一直存在,并非镀金时代才产生的新鲜事物,也并非从那时起才如此招摇和普遍。

有很多迹象表明,这种文化近几年还在持续恶化之中。20年前,参议员劳埃德·本特森(Lloyd Bensten)和为其竞选贡献过资金的说客们共进了一次早餐,此事公开后,一场骚乱继而发生。但现在,说客们每天都在为众多参、众议员募集赞助。[28] 迪雷辞职后,众议员罗伊·布朗特接任了多数派领袖一职;布朗特之妻是菲利普·莫里斯(Philip Morris)的一名说客,为其募集了主要的选战资金,他已经建立了一套说客联系网络。在选战中击败了布朗特的众议员约翰·博纳(John Boehner)永久取代了迪雷的多数派领袖地位,数年来一直和一打顶尖商业说客举行周例会(人们称之为"K街内阁")。[29] 有14位前博纳雇员做着说客的工作,博纳说他对1996年的一起意外感到"遗憾",当时他"向众议院国会成员"拿出"烟草利益支票"。[30] "是的,和说客相处的确很舒服,"博纳承认,"但是我从没做任

---

[26] Sheryl Gay Stolberg, "Lobbyist Accepts Plea Deal and Becomes Star Witness in a Wider Corruption Case: Tremors Across the Capital", *New York Times*, Jan. 4, 2006, A1; Anne E. Kornblut, "Abramoff Accord: Bribery Investigation is Expected to Rach into Congress", *New York Times*, Jan. 4, 2006, A1.

[27] See Tony Perry, "Rep. Cunningham Pleads Guilty to Bribery, Resigns", *Los Angles Times*, Nov. 29, 2005, A1.

[28] Edsell, "Lobbyists Emergence Shift in Capital Culture", supra.

[29] Mike Allen and Perry Bacon, Jr., "Can This Elephant be Cleaned Up?" *Time*, January 23, 2006, 27.

[30] Sheryl Gay Stolberg, "Push to Control Lobbying Produces Unexpected Shifts and Alliances", *New York Times*, January 18, 2006, A17.

何不道德的事。"[31]这几乎成了多数派领袖发展广泛说客网络的必备要素,促使成员倾向于支持那些承诺在将来也支持他们选战的人。[32]公众对此并不健忘:一项调查显示,77%的受访者相信有关说客贿赂国会成员的报道并非独立的意外事件,而是"国会做事的方式"。[33]两位令人尊敬的数十年华府政治观察者,诺曼·奥恩斯坦(Norman Ornstein)(来自保守派的美国企业研究所)和托马斯·曼(Thomas Mann)(来自自由派的布鲁金斯学会),共同撰写了一篇论文称"我们从未见过病重若斯的文化,或失调至此的法律进程。"[34]

金钱数量及其分配

　　金钱流入这一体系的基本途径有以下四个:直接进献候选人(直接捐助);提供给政党的间接捐助,主要花在竞选办公室、员工开支、活动支持和议题述评;独立的"527团体"(得名于美国国税局确定其征税地位的相关规定)提供的议题述评经费预算;以及游说活动(下一章将涉及)。这些资金频繁地通往或通过有组织的政行委(PACs)来流转。(2003年立法改革之后)直接捐助被规定了税额上限及其他限制,但是迄今为止,527团体和说客们仍然没有收敛,继续募集更多的资金投向后几个领

---

[31] Quoted in Jim VandeHei and Shailagh Murray, "Post-Abramoff Mood Shaped Vote for Delay's Successor", *Washington Post* February 3, 2006, A1.
[32] See Carl Hulse, "In Election, a Fight to Lead the G. O. P in a Crucial Year", *New York Times*, January 30, 2006, A16.
[33] "Public Perception of Congress", New York Times/CBS News Poll, *New York Times*, January 27, 2006, A21.
[34] Norman Ornstein and Thomas E. Mann, "If You Give a Congressman a Cookie", *New York Times*, January 19, 2006, A23.

域。527组——如前进网和"快船老兵说真相"组织*——在近年内又增加了很多组织。[35] 这些团体被禁止协调选战或直接捐助联邦候选人(但州候选人不受限制)。527团体发布的广告不得明言"投票赞成"/"投票反对"某人或"选择"/"击败"某人,对任何一个特定候选人均须如此。不过他们已绕开了这样的限制——通常是通过展示候选人照片,并做一次无所谓好坏的信息参照(informational reference)。[36]

仅就联邦选举而言,2004年大选周期里总计有25亿美元以直接捐助的形式被投放于各候选人、政党和政治行动委员会(PACs)[37]。其中,商业利益集团共捐助了15亿(55%流向共和党),使其他进献者相形见绌;另一个大户则是意识形态团体,共7270万(51%向共和党);劳工团体6160万(87%向民主党)。[38] 在同一选期,527团体公报了4.798亿开销。[39] 527团体提领并花费的这项数字相比2002年同期已经翻了一倍,更是2000年同期的5倍。[40]

---

* 2004年大选时,一个名叫"快船老兵说真相"的民间政治团体投放大量电视广告,质疑民主党候选人克里越战事迹的真实性,对克里的支持率造成重大打击。——译者注

[35] See David Schultz, Introduction, "Money, Politics, and Campaign Financing in the States", supra 12.
[36] See Anna Nibley Baker and David B. Magleby, "Interest Groups in the 2000 Congressional Elections", in *The Other Campaign*: *Soft Money and Issue Advocacy in the* 2000 *Congressional Election* (Oxford: Rowman & Littlefield Pub. 2003)53.
[37] "2004 Cycle", Political Money Line, at http://www.feinfo.com.
[38] "2004 Election Overview", opensecret.org, at www.opensecrets.org/overview. 其中一部分从一个类别转向了另一个类别,因此被统计了两次。
[39] "Total 527 Receipts and Expenditures, 2003—2004", opensecret.org, at www.opensecrets.org/527s/527new.asp? cycle = 2004.
[40] See "527s in 2004 Shatter Previous Records for Political Fundrasing", December 16, 2004, Center for Public Integrity, at http://www.publicintegrity.org/527. 这一数据由不同组织的数据汇编而成,未附说明。追踪这些支出数字的组织从公开文件中获取这些数据,但这些数据会根据要求填报并不断更新。

企业和利益集团给候选人的款项中有3/4转向在任者。对希望讨好立法者的进献者来说,这样的资金配比在意料之中,导致当年国会和白宫的在任者胜出率高达80%—90%。在这一竞争中,同样支出巨大的在任候选人(联结十分密切)的同期胜率超过90%。[41] 处于领导地位的政治家(尤其是对企业利益和重要委员会成员有失监督的那些委员会头头们)从流向委员会的资金中吸引了相当巨额的一笔款项。据报道,医药行业在2000年选举中向奥林·哈奇提供了387824美元,促其就任参议院司法委员会主席;在2002年选举中向马克斯·鲍卡斯提供了124372元,促其就任参议院财政委员会主席。[42] 在2004年选期,众议院教育委员会主席约翰·博纳从掌握学生贷款的财政团体那里收受了17.2万美元。[43]

企业在捐助的时候都是带有提示性的。传统上,企业对民主共和两党候选人的捐助,整体而言基本平均(且自始至终、一以贯之地支持在任者,因为选举办公室也基本被两党均分了);但是企业给予共和党各机构的数额却是给民主党的2倍。[44] 最新鲜出炉的统计显示了一项还在发展中的不同之处,即流向共和党的捐献份额还在持续增长。例如,2005年(非选举年)联合包裹服务公司给共和党捐了550125美元,给民主党捐了226173美元;美国电话电报公司(AT&T)分别是435300美元

---

[41] Mark Dixon, "Almost Unbeatable: Money and Incumbency, 2002", January 26, 2005, The Institute for Money in State Politics, at www.followthemoney.org.

[42] Tom Hamburger, "U.S. Flip on Patents Shows Drug Makers' Growing Clout", *Wall Street Journal*, February 6, 2003, p. A4.

[43] Anya Kamenetz, "Robbing Joe College to Pay Sallie Mae", *New York Times*, December 12, 2005, A25.

[44] Edwin Bender, "Energy Companies Build Power Base in State Houses", October 6, 2004, The Institute for Money in State Politics, at www.followthemoney.org; Sue O'Connell, "Big Tobacco in the States: A Strategy of Targeted Campaign Giving", May 5, 2005, The Institute for Money in State Politics, at www.followthemoney.org.

和199,000美元;通用电气则是346650美元和193350美元。[45] 过去,捐赠者们偏好共和党仅仅是因为一项小小的边际利润。捐助的整体图景启发我们,企业想要保持胜者的风度,无论党派为何,但是他们同样认识到,共和党更为支持他们的利益。

许多大型企业把他们的选战献金洒遍大半个美国(州一级竞选办),把更多钱分配到他们有危若累卵的即期经济利益的州。2004年选期中,能源公司(石油、天然气、电力设备)在州一级候选人身上砸了4.94亿美元,其中最多的如得克萨斯、加利福尼亚、伊利诺伊、佛罗里达和阿拉斯加州。[46] 制药公司及其贸易联合会、美国药品研究和生产商集团(PhRMA)将其多数候选人基金引导向州立法机构,主要针对那些想要用各种方法降低药价的法案。[47]

来自非商业团体的捐助量同样不可小觑,尤其是工会。从20世纪90年代到21世纪头十年初期,劳工团体一直在对候选人个人的捐赠榜上排名前二(且数额不断累进),其中90%以上是直接捐给民主党的。美国州县市政雇员联合会捐了0.306亿,国家教育协会捐了0.211亿,美国出庭辩护律师协会捐了0.199亿,88%给了民主党。[48] 2004年选期中,服务业雇员国际联盟报称其高居527团体开销第四高位,为0.477亿,据推测大部分用于支持民主党。其他宣传组织中的主要额外选举捐助者包括:国家步枪协会、计划生育组织、美国劳工总会与产业劳工组织(AFL-CIO)以及塞拉俱乐部。但是,尽管主要份额

---

[45] "2004 Cycle", PoliticalMoneyLine, supra.

[46] See Bender, "Energy Companies Build Power Base in State Houses", supra 2—3.

[47] See Paul Richards, "Drug Firms Prescribe Cash for Political Ills: Pharmaceutical Money in State Plitics", October 27, 2003, The Institute for Money in State Politics, at www. followthemoney. org.

[48] "The Top 100 Donors", opensecret. org, at www. opensecrets. org/pubs/toporgs/topdonors. asp.

还是由商业利益团体支付,企业及其贸易联合会仍然在竞选捐助中占据直接或间接的经济支配地位,因为他们有巨大的商业利润作为支撑。

金钱量如斯庞大,有关政府官员忠诚和独立程度的公共质疑声浪之高可想而知。一项全国性调查显示,2005年11月(在阿布拉莫夫丑闻转移公众视线之前),90%受访者认为大型企业对政府影响巨大(前一年这个数字是83%);85%受访者对政治行动委员会抱有同样感受,而74%的受访者则对说客团体持有同样感受。[49]

说客的激增和渗透

截止最近,对于金钱决定立法者的大多数担忧都源于竞选捐助。在过去十年中,极为巨额的资金已经开始流入游说活动。游说活动可以说是包罗万象,包括尝试影响立法者和承担法律责任的公职人员、在某个行政规则制定程序启动前与一些国会成员举办早餐会等等。说客和竞选捐助之间有一种密切协作:由说客负责捐出款项、引导其客户的额外捐助流向、举行一场花费数万美元(有时更多)的竞选筹款聚会,以增加立法者竞选资金的总额。与严格的法律限制和极其近距离监控的竞选捐助相反,立法机构仅在1995年曾经对公开游说活动进行过明确的要求,但是对于捐助数量却几乎没有实质性的限制,对该法案的执行力度更是明显不足。公共记录表明,2003年联邦游说开支近20亿美元,2004年为21亿,2005年则超过23亿。[50]

---

[49] Claudia H. Deutsch, "Take Your Best Shot, New Surveys Show that Big Business Has a P. R. Problem", *New York Times*, December 9, 2005, C14.

[50] "Lobby Databases", Political Money Line, supra. Alex Knott, Special Report: Industry of Influence Nets Almost $13 Billion, April 7, 2005, at http://www.publicintegrity.org/lobby. 2005年的总数是根据当年上半年的数据预测的。

据报道,有大约 14000 名说客(注册说客总计约 30000 名)参与了 2004 年有关影响国会成员、白宫官员和行政机构职员的努力。[51] 商业利益团体再次占据了主导性地位。被誉为目前最烧钱大户的美国商会在 1998—2004 年间的游说开支是 1.98 亿。而同一时间跨度内,个体企业同样被爆出巨额游说开销,排名前列的是奥驰亚集团(1.25 亿)、弗莱森电讯(1.05 亿)、通用电气(1.05 亿)。产业排行榜上,医药和保健品行业独占鳌头(7.58 亿),保险行业(6.44 亿)和电力设备业(5.88 亿)紧随其后。

过去十年,大量注入游说活动的资金与另一事实相互映照,即越来越多的前议员离开政府服务部门转而投身游说业务,有时候为了顾客利益,游说公司甚至不惜以百万美元薪水延聘前同事。[52] 这样的职业生涯路径跟二十年前截然不同,但如今简直是人所共知的当然之选。有效游说建立在能接近官员的基础之上。议会女议员享有能够自由出入议会席位和健身房的特权,使其能混入立法者圈子。议会成员也会常规性地转到游说公司,和在行政机构里一样担任领导和高端职位。2004 年,有近 250 名前议会成员和前政府高官转行做说客。1998 年以来,有 2000 余名联邦雇员和白宫副官登记注册为说客。这里只举一个例子:说客里的航空业拥趸,就包括 10 名前议员、2 名美国交通部秘书和 3 名前联邦航空管理局高官。[53]

事情正朝两个方向发展。布什当局已经任命了大量说客就职(他们以前已游说过的)各机关或部门高位。一个简单的抽

---

[51] 这些统计数据摘自《特别报告》,该报告由公共诚信中心根据披露记录汇编而成。

[52] See Jeffery H. Birnbaum, "Lawmaker-Turned-Lobbyist: A Growing Trend on the Hill", *Washington Post*, June 20, 2004, A1.

[53] See Executive Summary, "Delay, Dilute and Discard: How the Airline Industry and the FAA Have Stymied Aviation Security Recommendations", Report, Public Citizen, at www.citizen.org.

样分析就能表明政府主动出击的力度了:

安妮—玛丽·林奇,卫生部副助理秘书,前美国药品研究生产商集团(PhRMA)说客;

托马斯·斯库里,医疗保险服务中心主任,前盈利医院说客;

丹尼尔·E.特洛伊,食品药品监督管理局(FDA)首席顾问,前制药公司(之前曾起诉 FDA)说客;

托马斯·圣索内蒂,自然资源部及司法部高级顾问,前国家矿业协会和煤炭生产商说客;

史蒂文·加尔斯,内政部助理秘书,前石油工业说客;

盖尔·诺顿,内政部秘书,前石油、燃气、矿产和测井公司说客;

本内特·雷利,水与科学办公室及内政部助理秘书,前反对清洁空气法案行业说客;

詹姆斯·培尔迪埃,水与科学办公室及内政部副秘书,前(以及后来的)供水问题农业者说客;

瑞贝卡·沃特森,土地与矿产资源管理局及内政部助理秘书,前燃气、木材和石油公司说客;

威廉姆·迈尔斯,内政部首席顾问,前矿产和牛肉行业说客;

丽莎·基格,环保部(EPA)副总法律顾问及代理总法律顾问,前电力、石油和化学公司说客;

杰弗里·霍姆斯特德,空气和辐射办公室及环保部助理行政官,前律师及农场、化学和设备公司说客;

亚当·J.夏普,预防农药和毒物办公室副助理行政官,前美国农场事务联合会员工说客;

大卫·萨法维,首席采购官,前寻求政府合约公司说客;

马克·雷伊,国家能源与环境、农业部副部长,前森林工业说客。

当中某些人在机构裁员以节省开支时跳槽当了说客,其后又以说客身份官复原职。尽管官员离任后一年内不得转做说客,但在此期间可以担任顾问和律师。

私人利益已掌控政府?

官员接受私人利益团体的资金并因此而实施了某一法律行为,要想证明这两者之间的因果关系,其难度之大人所共知。各党派在此过程中总共花费了数十亿美元,肯定不会不求回报,但仅凭猜测是远远不够的。行政官员是否抵制住了他们曾经或未来的产业雇主的期待,仅仅怀疑也是远远不够的。那些私利集团直接向他们提供数十万美元的竞选捐款,发动能为他们筹集超过数十万资金的募款活动,独立播放支持性的竞选广告,为其安排价值不菲的晚餐和旅行、聘请其妻子/丈夫,或其子女担任说客或顾问、在其离任时以数倍于其现有薪水的待遇聘请其担任一定职位,在这些好处面前,政客们有多大可能会给私利集团投反对票呢?仅仅提出这些显而易见的问题同样是远远不够的。在这样的环境下,真正有道德的政府官员可能不会受到影响,这种人也的确存在,但是此等投其所好的诱惑不断累积起来,其诱惑也着实强大。

尽管这种影射如此之强烈,但仍然也只是影射而已。立法者自然永远不会承认他们的选票会受到说客提供的竞选捐助或好处的影响(除非控方的证据足够充分)——他们在投票时不会考虑捐助的因素。有时候,这样的否认可以被轻易拆穿。在2001年的破产改革立法过程中,一项有关议会投票模式的统计研究发现了竞选捐助和选票之间的一项"重要关联",即控制立法者的政策倾向。约有15名立法者,基于其原本政治立场本应投反对票,但在接受了某个对抗立法的信用卡联盟捐助

(以及吊胃口式的未来期许)之后转而投了赞成票。[54] 2005年破产滥用防止法案和消费者权益保护法严格限制消费者破产,也彰显了信用卡说客的力量。破产律师圈里大家都明白,此项法案实属信贷工业进行艰苦游说工作的结果(他们负责起草了该法案)。[55] 由于该法案的不公平性,一个破产法官看到了这样一份判决,并深受触动。该判决包含了一项"十分愚蠢"的归档先决条件,看上去是故意使人失去资格而不顾其究竟是不是破产案件的适格当事人。"显然,"该法官写道,"在我国,并非哪个个人给国会议员捐款使得他们不停地当选。"[56]

许多研究都从不同领域证明了官员为企业谋利的行为正在伤害公众。机构活动提升了大众风险[57],增加污染,且允许私人开发公共资源[58],反而放松了肉类管制而使细菌类污染风险增加[59],其他可疑活动的例子也不在少数。[60] 而每次事件中,官员们都有一个冠冕堂皇的解释,来说明为何其行为背离了公共利益。

理解此一问题的另一途径是观察那些曾经担任过说客的官

---

[54] See Stephen Nunez and Howard Rosenthal, "Bankruptcy 'Reform' in Congress: Creditors, Committees, Ideology, and Floor Voting in the Legislative Process", 20 *J. Law*, *Econ. & Org.* 527 (2004).

[55] See Jean Braucher, "Rash and Ride-Through Redux: The Terms for Holding on to Cars, Homes and Other Collateral Under the 2005 Act", 13 *Am. Bankr. Inst. L. Rev.* 457 (2005).

[56] In Re: Guillermo Alfonso Sosa, Melba Belly Sosa, Debtors, Case No. 05-20097-FM, United States Bankruptcy Court, Western District of Texas, *Order to Dismiss*, December 22, 2005, 5.

[57] Marc C. Niles, "On the Hijacking of Agencies (and Airplanes): the Federal Aviation Administration, 'Agency Capture', and Airline Security", 10 *Am. U. J. Gender Soc. Pol'y & L.* 381 (2002).

[58] Patrick Parenteau, "Anything Industry Wants: Environmental Policy Under Bush", 6 *Vermont J. Environmental L.* 2 (2004—2005).

[59] Dion Casey, "Agency Capture: The USDA's Struggle to Pass Food Safety Regulations", 7 *Kan. J. L. & Pub. Pol'y* 142 (1998).

[60] See John Shepard Wiley, "A Capture Theory of Antitrust Federalism", 99 *Harvard L. Rev.* 713 (1986); Mark Seidenfeld, "Bending the Rules: Flexible Regulation and Constraints on Agency Discretion", 51 *Admin. L. Rev.* 429 (1999).

290　第二部分　当代法律工具主义

员一直犹豫不决的政府行动。据报道,乔治·沃克·布什总统任命了100多名前说客、律师或企业发言人出任高级别行政职位,这些人之前都是企业利益的代表,现在却被赋予监督权。[61] 在这些被任命者的导向下,其数量足以令人感到不安的活动——主动制定政策、改变规则、达成协议及执行活动(协议取消或解决)——通过政府机构得以实施,其结果毫无疑问是企业得利。一项在产业界支持下、以"管理"的名义推动的美国劳工部变革,导致了数百万要求加班工资的人失业。食品药品监管局(FDA)的律师们史无前例地出现在私法诉讼中,其辩护意见坚称,制药公司是因那些由已经充分警告所引致的损害而被起诉的。内政部律师参与了一次结果十分让人满意的纠纷解决,该案是关于大农场主在联邦土地上的违规放牧行为而导致的。环境保护局(EPA)修改了一项既定规则(后来被联邦上诉法院推翻),减少了议会有关燃煤发电厂和精炼油、升级设备以降低污染的指令,为企业节省了数亿美元。在此期间,有两名关键岗位的雇员辞职,一位去了设备公司,另一位当了说客。[62] 环保局也建议在有毒化学物质的释放上放松报道要求。[63] 消费产品安全委员会、食药监管局、国家公路交通安全管理局以及储蓄管理局都出台了新规定,限制各州侵权法、污染及安全

---

[61] 详细介绍参见 Dan Faign, "Erasing the Rules: Committed to Making the EPA More Business-Friendly, the Bush Administration Has Staffed Key Positions with Industry Lawyers and Lobbyists", *Newsday*, October 12, 2004; Kenneth T. Walsh, "Back to Business", *U. S. News & World Report*, January 21, 2002; Anne C. Mulkern, "Watchdog or Lapdogs? When Advocates Become Regulators: Bush Has Installed More Than 100 Top Officials Who Were Once Lobbyists, Attorneys, or Spokespeople for the Industries They Oversee", *Denver Post*, May 23, 2004。

[62] Fagin, "Erasing the Rules", supra.

[63] Jim Jeffords and Julie Fox, "A Dark Cloud Over Disclosure", *New York Times*, March 10, 2006, A31.

第十一章 立法与行政中的工具主义观 **291**

标准和商业惯例规则。[64] 类似的例子还有很多。[65] 在有些案子中，在执行官方政策的时候，这些官员的表现就如同当初作为企业说客出现在官方机构面前提出相同建议时一模一样。

但是，另一类遭到质疑的行为包括进行科学研究以支持其意识形态上所期待的结果。行政体系之所以具有正当性的一个重要原因就在于它们需要科学专家的意见以帮助其自身了解和实现立法制定的政策目标。数家受人尊敬的科学报社均对其成员作出警示：布什政府的任命所带来的科学政治化是广泛而系统性的，某些特定机构的科学诚信度必然要打上折扣。[66] 咨询委员会被大量与行业有着各种密切关系的人充斥；长年从事独立研究的学者被企业雇用的科学家所取代；企业不感兴趣的研究结果被束之高阁。[67] 这些科学议题影响了诸如对儿童血铅含量安全阈值的制定、明确阿拉斯加钻油井对环境的影响程度，甚至证实（也许现在还算争论）全球变暖的存在等。[68] 机构行为中的保守派宗教观念导致对避孕套使用这一防范性传播疾病的手段的利益不够重视，使得流产和乳腺癌之间的联系被曲解，也促成了对同性恋群体的人体免疫病毒防范程序的相关健

---

[64] Stephen Labaton, "Silent Tort Reform Is Overriding States' Power", *New York Times*, March 10, 2006, C5.
[65] 卡特里娜飓风造成的灾难，以及联邦紧急事务管理局（FEMA）未能在善后工作中做出适当反应，暴露了布什政府在上层职位上安排了多少不合格的人，这些人往往与行业有密切联系，这引发了人们对他们独立性的质疑。See Karn Tumulty, Mark Thompson, and Mike Allen, "How Many More Mike Browns Are Out There?" *Time*, October 3, 2005, 49.
[66] Donald Kennedy, "An Epidemic of Politics", *Science*, January 31, 2003, 625; "Faith-Based Reasoning", *Scientific American*, June 2001, 8; "Problems With the President", I, March 29, 2001, 499.
[67] 摘自一份详细的报告，参见"Politics and Science in the Bush Administration", United States House of Representatives Committee on Government Reform-Minority Staff Special Investigations Division, August 2003。
[68] See "Report by E. P. A. Leaves out Data on Climate Change", *New York Times*, June 19, 2003.

康政策的出台。独立的美国政府问责局出具的报告发现，就在科学评议完成出版之前的几个月，受保守派宗教势力影响，一些 FDA 高级官员决定不得不开处方出售"紧急避孕药"[69]。在反对此类科学政治化进程的浪潮中，有一名 FDA 高官辞职。

尤其令人担忧的是美国司法部明显的政治化倾向。司法部是国家主要法律执行实体，负有执行法律之责。尽管一般不认为它是一个行政机关，但它确实有规则制定权和管控职能。该部多数律师都是没有政治立场的职业律师，对谁当总统不感兴趣，但部长却是由政治任命的。如果政治考量影响了法律决定，则部门任务可以妥协。关于这一点，投票权保障司提供了两个范例：汤姆·迪雷在得克萨斯州立法会精心策划了一出重划选区的好戏，拆散了民主党选民的强势街区，把它们分散到共和党区域里，此举成功增加了共和党议员数目。该计划需要司法部的预先审批。专职律师和两名投票权分析师出具了一份长达 73 页的报告，一致认为该计划违反了《投票权法案》，因为其稀释淡化了少数派投票权；极不寻常的是，这一决定被部长否决了。[70] 该计划得到了法庭的支持，目前正在向最高法院上诉。与之相似的是，佐治亚州一项共和党推动的计划要求选民，要么必须拥有驾照要么必须拥有特别身份证(20 美元一张，而且不是哪儿都能用)。专职律师们当场反对这项会剥夺数万贫穷黑人选举权的计划，这一

---

[69] See Government Accountability Office Report to Congressional Requesters: "FDA Decision Process to Deny Initial Application for Over-the-Counter Marketing of the Emergency Contraceptive Drug Plan B Was Unusual", GAO-06-109, November 2005. Mark Kaufman, "Review of 'Plan B' Pill is Faulted: Report Calls FDA Actions 'Unusual'", *Washington Post*, November 15, 2005, A1.

[70] Dan Eggen, "Justice Staff Saw Texas Districting As Illegal: Voting Rights Finding on Map Produced by Delay Was Overruled", *Washington Post*, December 2, 2005, A1.

第十一章 立法与行政中的工具主义观

回,受到政治任命的领导再次作出了相反决定。[71] 某联邦地区法院判决此计划无效,将其类比于乌雅詹姆时代的人头税。上述两者都是由想强化竞选战果的共和党支持者们设计的。两个例子中的政治性任命官员都驳回了专职律师的法律分析,虽然他们否认这是出于政治因素考虑。

穿透"公共利益"之盾——药品研究与制造商协会(PhRMA)的例子

企业辩护者坚称,过分强调立法者、政府官员与商业利益集团及其说客之间的亲密关系是一种误读。非营利性机构(尤其是联合体)也投入了很多钱,亲工会的法律和规定也已颁行。此外,尚有许多对商业集团来说甚为昂贵的环境法规和制度,环保团体已与环保部(EPA)长期共事,而 EPA 雇员离开政府部门转投环保团体。尽管各团体都反对商业利益在远比想象中少的有关有限资源的行政诉讼里出现[72],这并非意味着商业利益团体有更大的影响。各团体针对商业说客的反对意见有时反而使机构决策者们更趋于一致。[73] 辩护者主张,商业利益的参与对于法律规范的智能化成型是至关重要的,因为他们掌握了经济成本和建议法规的结果。[74] 最后,一句老生常谈:对生意有利的,就对经济有利;对经济有利的,就对员工有利;因此也就对公共利益有利。

这些说法都是有一定道理的。我们的任务是辨识出与私人

---

[71] Dan Eggen, "Politics Alleged in Voting Cases: Justice Officials Are Accused of Influence", *Washington Post*, January 23, 2006, A1.
[72] See Croley, "Theories of Regulation", supra.
[73] See Cornelius M. Kerwin, *Rulemaking: How Government Agencies Write Law and Make Policy*, 3rd ed. (WashingtonD. C.: CQ Press 2003).
[74] See Jody Freeman, "The Private Role in Governance", 75 *NYU L. Rev.* 543 (2000).

利益相对立的公共利益中究竟有哪些是真正能够用来作为提出主要诉讼请求的依据。某价值数十亿美元的药厂对立法机关进行了大量的游说活动、一项对此进行的深入研究表明，对于药厂、立法者和行政官员冬季的审慎怀疑是有依据的。[75] 近些年来，制药行业一直在游说开销中高居榜首，而且始终在竞选捐助中位列前十五名。联邦和各州层面均有他们的捐助，但主要资金都集中在了其利益最大化之处。有20多名前议员（民共两党大致均分）注册登记为医药行业的说客。

当药品研究与制造商协会（PhRMA，该行业贸易联合会）刚刚准备好其2003年预算和计划机密备忘录时，一份罕见的行业内部策略观察公开浮出水面。[76] PhRMA打算在下一个财政年度支出1.5亿美元，比上一年增长了23%，其中，7270万用于议会，490万用于FDA，4870万用于各州。如此用巨额资金用于未决的联邦医疗保险药品议案和旨在降低居民购买药品成本的各州未决法案。某经济学家网络分配到了100万，这些人将在报纸开设专栏，反对价格控制法规，另外还有200万专门用于资助智囊团，以进行有实际意义的研究并制作政策文件。列在PhRMA内部备忘录上的游说工作安排包括：抵制消费者从境外（加拿大或网购）更便宜购买更便宜的药物，并抗议各州向民众提供药品补贴。这种活动对公众的伤害，正如其给药厂带来的利润一样显而易见。

PhRMA的策略之一是创建并资助拥护药厂的"独立"团

---

[75] 在没有特殊说明的情况下，以下信息主要来自 Paul Richards, "Drug Firms Prescribe Cash for Political Ills: Pharmaceutical Money in State Politics", October 27, 2003, The Institute for Money in State Politics, at www.followthemoney.org; and Bob Young and Michael Surrusco, "The Other Drug War: Big Pharma's 625 Washington Lobbyists", July 2001, Public Citizen: Congress Watch, at www.citizen.org.

[76] See Robert Pear, "Drug Companies Increase Spending Efforts to Lobby Congress and Governments", *New York Times*, June 1, 2003, p.33.

体。它们创建了"更优医保公民",在 2000 年选战中投放了有关药方的全国性倡导广告,花费 6500 万美元,几乎占去全国无党派团体广播广告的 1/3。[77] PhRMA 也向"公民有权知道"组织提供了资助和专业意见,后者在托管医保计划中倡导更多处方药利润。[78] 此外还与"传统价值联合会"关系密切,后者游说反对立法允许从加拿大和欧洲进口药品。[79] 每个这样的组织都是在"草根竞选团体"的掩护下进行运作的。

20 世纪 90 年代末,国会想推进儿童药品测试,此举将使药厂承担更多义务,预期收入下降,后者自然极不情愿。在国会将过期药品的专利保护期延长 6 个月后,行业同意进行此项测试。该测试在每类药上要花费约 400 万美元,而专利保护延长期将带来 10 亿多的销售利润,使消费者支出更多。[80] 反对用公共开支给药厂此等过度福利的参议员主张,应由政府代为安排并直接为整体研究买单。同样接受了 PhRMA 赞助的"儿童健康联合会"由一名前制药行业说客领头,亦为此游说国会,使其得以通过。PhRMA 也在州一级进行了有效游说。2003 年,有 18 个州提起了提供过期药品销售的议案,但只有一项通过。

药厂游说的最大成功来自 2003 年有关医保处方药补助方面规定的颁行。在其他(经过猛力游说的)行业补助里,一项立法规定禁止联邦政府在药厂批量采购的基础上协商降价,而这种做法在其他国家政府之间极其普遍(这也是美国药价比其他国家高的原因之一)。204 名众议院共和党人给此议案投了赞成票,得到了制药行业提供的平均每人 28504 美元的竞选捐助,而相比之下 25 名投了反对票的共和党人每人只收到了

---

[77] Young and Surrusco, "The Other Drug War", supra 8.
[78] "Summary: Influence Inc.: Lobbyists Spending in Washington (2000)", 4, at www.opensecrets.org
[79] Richards, "Drug Firms Prescribe Cash for Political Ills", supra 10.
[80] See "Exclusive Summary: The Other Drug War II" (2003), 4—5, Public Citizen; Congress Watch, at www.citizen.org.

8122美元；16名支持议案的民主党人平均每人收到了16296元，投反对票的则是11791元。[81] 伊利诺伊州参议员理查德·德宾说，在议案通过前，"游说的PhRMA死死攥着国会"[82]。

议案通过后不久，医保部门的头头托马斯·史考利（前医院行业说客）辞职当了一名药厂说客。[83] 法令颁行数月后，一场论战爆发了：影响力卓著的众议员比利·陶津（二十年议会元老、制药行业监督委员会主席，以及医保药品立法起草委员会委员）协商出任PhRMA总裁，据报道年薪为200万美元。陶津否认他曾经在立法过程中与PhRMA有过交流。一年后，他出任了PhRMA总裁。[84]

法律战争——美国商会

如果要感谢某团体对法律作为工具进行了全方位的运用的话，美国商会当在其列。[85] 2003年，由总计1.35亿美元的企

---

[81] "Money and Medicare", November 24, 2003, Center for Responsive Politics, www.capitaleye.org

[82] Quoted in Pear, "Drug Companies Increase Spending on Efforts to Lobby Congress and Governments", supra.

[83] Paul Krugman, "The K Street Prescription", *New York Times*, January 20, 2006, A17.

[84] See Gerard Shields, "Tauzin Takes Pharmacy Industry Post", *The Advocate* (Baton Rouge, La.), December 16, 2004, B1—2; Editorial, "The Drug Lobby Scores Again", *New York Times*, December 17, 2004, A34.

[85] 关于此研究基础的美国商会背景信息，参见 Taylor Lincoln, et al., "Tom Donohue: U. S. Chamber of Commerce President Oversees Renegade Corporations While Pushing Limits to Corporate Accountability" (February 2005) Public Citizen: Congress Watch, at www.citizen.org.; John Gibeaut, "Back in Business", 91 *ABA Journal* 40 (2005); Jeffrey H. Birnbaum, "A Quiet Revolution in Business Lobbying: Chamber of Commerce Helps Bush Agenda", *Washington Post*, February 20, 2005, Sunday Business, 1; Dan Zagert, "The Right Wing's Drive for Tort Reform", 279 *Nation*, October 25, 2004。

业捐助收入支持,其在全法律领域进行了一系列战略活动。商会工作遍及联邦及各州。其游说开支在所有其他类单独实体中独占鳌头,2003年约为4000万,2004年5300万,均用以促进有利于商业发展的政策环境。

美国商会在选举中也非常活跃。据商会主席汤姆·多诺霍称,2004年选举中,"商会在31个州布置了215人,写了370万封信,发了超过3000万封电邮,打了5600多万通电话"[86]。选举结束后,多诺霍很是为商会的成功工作及预期成果自鸣得意:"数目还在不断增长的参众两院亲商业投票——与一个执行机构里由合理的监管者和被任命者组成的团队分不开——意味着,在许多我们最为关注的事项上举行了越来越多的听证,包括法律改革、综合能源立法、永久性减税、市场化医疗以及退休金改革和均势工作场所、环境和社团管理规则。"[87]2005年,多诺霍的乐观得到了回应:国会启动立法,明确联邦法院对大型集团诉讼享有优先管辖权(针对那些服务还不如地方法院周到的联邦法官),而那些官司各企业巨头们都觊觎已久。

2004年,该商会还发起了一场其自称的"定向选战",在16个州最高法院和州最高检察官展开选举竞赛[88],以确保亲商业候选人的胜出。商会首席法务官斯丹顿·D.安德森称商会"在所有参加了的竞赛中都胜出了"[89]。安德森卖弄说,此次成功地让亲善的法官就职是"商界究竟能做些什么的范例"。自1998年以来,商会估计已在州一级司法选举上投入了5000万

---

[86] Tom Donohue, "President's Update-November 2004", December 6, 2004, Memo to U.S. Chamber of Commerce Board of Directors (on fire with author) 1.

[87] Id. 3.

[88] Id.

[89] Quoted in Emily Heller, "Business and the Bench: U.S. Chamber of Commerce Scores Big in Backing Judicial Elections Nationwide", 51 *Palm Beach Daily Business Review*, November 9, 2004.

美元,此笔投资已被各企业在民事诉讼中所面临的可能的数十亿美元判决所证实。[90] 其策略极富侵略性:2000年司法选举中,一个密苏里州的联邦法院及州法院,与一个俄亥俄州的选举委员会,裁定商会播放了不适当的支持广告。

该商会也有其内部诉讼机构,即"国家商会诉讼集团",会主动发起不间断的诉讼和调停以保障商业利益。在其他案例中,商会近期起诉了证券交易委员会(SEC),目的是使后者新出台的一项规定无效,该规定是为了更好地弥补基金经理的疏忽,需要3/4的共有基金会董事独立化。[91]

美国商会因此而实施了一套资金充裕且执行良好的工作,以促使其想要的法律法规得以颁布,同时让那些志趣相投的执行机构和政府机构去负责实施,并发起能推进其目标实现的诉讼,确保他们满意的法官主审这些案子。这是一项遍及立法、执行、行政以及司法领域的庞大工程,由于精心筹划,最终在控制法律方面取得了难以想象的巨大成功。

这只不过是一场游戏。本章和前文提及的所有组织和实体,在所有领域内进行的全方位、多层次的努力,使得这些活动的总体图景开始在我们的头脑中初步成形。

"律师,到处都是律师"

多年以来,约有40%的众议院成员从事过律师职业,参议

---

[90] See Mike France, et. al. , "The Battle Over the Courts: How Politics, Ideology, and Special Interests are Compromising the U. S. Justice System", 3901 *Business Week*, September 27, 2004.

[91] *U. S. Chamber of Commerce v. Securities & Exchange Com. n.* ,412 F. 3d 1 (2005).

院比例甚至更高。[92] 没有任何一个其他职业领域接近这个数字。参议院办公室职员以及国会委员会职员大部分都是律师，执行机构和各行政机关中也是如此。许多说客都是律师，华盛顿是个律师之城，律师的数量多到其地位可以和州政府平起平坐。全体律师都曾在法学院接受训练，将法律看作一个空洞的容器被用来实现既定的目的。这一看待法律的视角在法律实践中得到强化。这便是他们进入政府机关时所秉持的法律观。

---

[92] "律师，到处是律师"是马克·C. 米勒（Mark C. Miller）书中的一章。*The High Priests of American Politics: The Role of Lawyers in American Political Institutions*（Knoxville: Univ. of Tenn. Press 1995）. See also Miller's Chapter Four.

第三部分

对法治的腐蚀

第十二章

高级法的坍塌,公共利益的堕落

在本书考察的过去两百多年的时间段里,曾经在一千年的历史长河中为法律提供基础的两套理念,已经在美国文化中丧失殆尽。这两套理念,虽然方式各异,但却都对法治至关重要。

第一套理念的核心特征是:法律一直都是社会的基础性规范,即使是至高无上的立法者自己也应当遵守。这是对"法治"的经典理解,即法律本身也有法律限制。本书第一章描述的法律的非工具主义观——神法、自然法则、理性以及远古遗留的习惯——是这些法律基本原则的渊源。[1] 因此,法律被认为具有内在正义性,即善良和正义的核心价值。这些非工具主义观为法律奠定了基础、提供了内容,也为其设下了界限。然而,对法律的工具主义式理解却将此基础、内容和界限的基本渊源全部抹去,法律成了一个没有内在约束的空洞的容器。

第二套理念的核心特征是:法律代表公共利益或曰公共福利。这一性质使得法律由公众所设,且为公众而设,值得公民加以遵守。这也是法律的重要元素和必备要件之一。因为,与前一套理念相通的是,这一理念同样为法律统治提供了正当性。尽管工具主义法律观有意取代第一套理念,但第二套理念却应继续存在。公共利益理论给工具主义法律观提供了一个关键的基础:法律是为公共利益服务的工具。但是,如前面各

---

[1] See Tmanaha, *On the Rule of Law*, supra.

章所述,那些颠覆非工具主义法律观的力量和进程也想颠覆对于公共利益的定义。

本章将提出如下问题:如果法律失去其核心正义、不再继续为公共利益服务,那么法治的前景如何?这一讨论将发挥之前由这些经典理念所扮演的核心角色和功能,填补原有经典理念缺位后遗留下的危险的真空。本来是由一整套具有内在关联的法律理念有机组成的不可或缺的部分,如今已经不复存在。

216 法律上限(Higher Limit)的坍塌

正如第一章所述,神法、自然法则、理性以及远古遗留的习惯被认为是一国制定法的起源,对后者具有约束力,并且优于后者。托马斯·阿奎纳著名的"恶法非法"[2]论曾说:"因此,一切人定法的本源范畴均出于自然法。但是,如果某些情况下其与自然法则相冲突,那么它就不再是法,而只不过是对法的曲解。"[3]布莱克斯通曾对此附议:"自然法则……理所当然地具有更高位阶……任何人定法与其相左都将不具备有效性;而源自此类本质的力量、权威亦将早晚失效。"[4]再次重申,其中心论点,即法律的非工具主义观为法律本身设置了法律界限,执法官员在法律上理应受到高级法的约束。这是早期对古代宪法和普通法的英式理解之核心。"在人类思想开始被主权或专制主义深刻(或模糊)影响的年代,它肯定满足了许多人的想法——能够讨论这片土地上的法律是否过于古老,毕竟它不是任何人意志的产物,并诉诸那广受尊崇的信条:法律应当高于

---

[2] Thomas Aquinas, *Summa Theologiae*, trans. R. J. Henle (South Bend, Ind.: University of Notre Dame Press 1993) 96.4 sec.4.
[3] Id. 95.2.
[4] Quoted in Boorstein, *Mysterious Science of the Law*, supra 49.

意志……"[5]

在殖民地建立时期,不成文法的效力应当高于制定法的观念被普遍接受。1677 年西新泽西基本宪章"开篇即规定,殖民地的'普通法或基本权利'应当成为'政府的基础,立法机关无权通过制定法律的方式加以改变'"[6]。类似条款也存在于首部马萨诸塞湾殖民地宪章(1629 年)之中。历史学家丹尼尔·布尔斯廷发现,在殖民地时期"普遍认为存在立法者绝对不得跨越的明确界限"[7],这一界限被认为是古老的普通法惯例,亦如圣经的某些段落一般。当时的主流信仰是:"民事制度通常的主要发展路径,是基于风俗习惯,而非立法或行政命令。"[8]独立战争发生前后,许多州法院将其认为与自然法则或基本普通法权利相抵触的法律宣告无效。[9]

如前所述,对自然法及其在普通法中首要地位的信仰在 19 世纪依然影响着法理学家们。1905 年,一项对 19 世纪法律体系的研究发现:"一些美国法院坚持认为,司法机关可以宣布那些明显触犯了基本规范的法令无效,即使其并未与某一特定宪法条文相抵触。"[10]法官用以控制立法的更为有效的做法是对制定法进行限缩或使其无效的解释。"事实上,'凡减损普通法的制定法均应受到严格解释'这一制定法解释规则已经确定多年,相比于成文的宪法限制而言,其对立法活动的审查无疑要精细得多,但几乎一样严格。"[11]迟至 1910 年,罗斯科·庞德

---

[5] Pocock, *Ancient Constitution and the Feudal Law*, supra 51—52.
[6] Quoted in Leonard W. Levy, *Origin of the Bill of Rights*(New Haven: Yale Univ. Press 1999)7.
[7] Boorstein, *The Americans*, supra 20.
[8] Id.
[9] Charles G. Haines, "Political Theories of the Supreme Court From 1789—1835", 2 *Am. Pol. Sci. Rev.* 221, 222—223(1908).
[10] Simeon Baldwin, *The American Judiciary*(New York: Century Co. 1920[1905]).
[11] Jacobs, *Law Writers and the Courts*, supra 10.

才对此发表评论:"法官和法理学家应毫不犹豫地主张,对立法权存在一种宪法之外的限制,这种限制为制定法的内容设置了基本的普通法理论教义的限制。"[12]

20世纪上半叶,当普通法的非工具主义观为工具主义观让路时,普通法和自然法则应当对立法进行限制的观念也在悄然消失。必须再次强调的是:这二者的消亡,绝不是非工具主义法律观独自为之。启蒙运动的卷入、社会世俗化、对客观道德标准的质疑、文化多样化以及等级分化、19世纪末因经济利益冲突而产生的集团斗争、远比普通法概念范畴复杂得多并且日益专门化的经济管理制度、20世纪世界的觉醒……所有这些都在不断破坏自然原则的古老观念和未曾受过损害的普通法。在这一切结束之后,对制定法唯一的实质性限制就是宪法文本了。

对于法律制定活动进行实质限制的违宪审查,与经典法律限制规则(如自然法)功能类似,但在两个关键层面上有所不同。经典法律限制规则一般被认为是与立法者的意志截然分离的。《独立宣言》体现了这一理解:"我们认为这些真理是不言而喻的:人人生而平等,造物者赋予他们若干不可剥夺的权利,其中包括生命权、自由权和追求幸福的权利。"宪法第九修正案亦采取同一态度:"本宪法对某些权利之列举,不得被解释为否定或轻视由人民保有的其他权利。"当时的主流观点是:"普通法和成文宪法表达并详述了这些(有关基本权利和政府限制)的概念,但并未创造它们。"[13]如罗斯科·庞德观察的那样,回溯到20世纪早期,许多法官仍然认为《权利法案》"只不过是宣告了基本自然权利而已","立法应根据这些权利加以审查,而不是根据宣告了这些权利的宪法文本进行审查"[14]。

---

[12] Pound, "Law in Books and Law in Action", supra 27.
[13] Tribe, *American Constitutional Law*, supra 561.
[14] Pound, "Law in Books and Law in Action", supra 28.

这种观点在 20 世纪并未存续多久。随着自然法信仰的没落，联邦最高法院开始使用与宪法语言相关联的实证主义术语对权利和立法权的边界进行界定。对立法的唯一限制就是宪法文本（尽管并不总是严格地按照字面含义）。与普通立法一样，这些限制是那些基于意志制定的法律之产物。"在美国成文宪法中，"杰出的宪法学者爱德华·科文写道，"高级法最终会达至某种形式，这种形式使得一种全新的来源于**主权人民同意**的有效性成为可能。"[15] 人们开始认为，宪法的根本法地位来自"人民的同意"[16]。所有宪法条款都有可能被修正案修改（虽然还有其他更为严格的程序要求）。因此，对制定法的宪法限制意味着，只有在制定法中体现了立法者的意志时，才会出现的一种有条件的回应。这样的理解与前述由自然规范和普通法规范所施加的限制完全不可同日而语，后两者并非人类意志的产物，而是权利的内在要求。

第二点不同之处在于，传统的自然法概念会导致绝对禁止：违反制定法者无效（如阿奎那和布莱克斯通所言）。然而，现代宪法分析却常常会对权利进行某种平衡。在危急时刻对不同利益进行平衡的意愿是运用工具主义视角看待法律和权利的产物，这种意愿被看作是对某种特定利益或目的的支持，其本身并非目的。

坍塌的后果

宪法约束提供了一种新的限制形式，即秉承旧有理解去完成某些工作，以某种简化的形式也可以做到。受到尊重的法律限制本身，但仍然是法律的偶然的组成部分，如果需要的话，也

---

[15] Corwin, "Higher Law' Background of American Constitutional Law", supra 89（强调为引者所加）。

[16] Id. 4.

可以通过修正案(或重新解释)加以修改。在这种转化中,将会失去的是这样一种古老的观念——有一些事情是政府和执法官员绝对不能利用法律去处理的——法律自身应当具有正直性,必须符合善和正义的标准。在法理学者约瑟夫·拉兹根据现代理解对何为与法治完全吻合的理念进行的描述中,前述标准的消失被特别提及:"一个建立在否定人权、普遍贫穷、种族隔离、性别歧视和种族迫害基础上的非民主化法律体系,也许,大体上,还是符合法治基本要求的吧……"[17]为符合法治要求,政府必须遵守并适用稳定、明确和普遍且预先公开制定的规则。不具有这些最低限度的形式特征,法律的内容便会不受限制,并为任何目的服务。

传统和现代的法律理解在有一点上是根本对立的:前者坚持认为,法律应由符合理性或代表善良正义的公共准则之规范所构成,并受后者约束;而工具主义思想则认为,法律不过是一个能够达到任何目的的空洞的容器而已。

当法律被认为具有不容侵犯的、内在正义时,这便赋予了法律抵御对其恶意利用的力量之源。相反,工具主义学说仅是"目的—手段"型推理。一旦某种目的已产生,则可以毫无顾忌地以任何方式利用法律达成该既定目的。也许在法律实现既定目的的效率上会产生工具化的问题,但只要遇到法律形式或程序要求,反对以令人厌恶的方式利用法律的异议势必将无处立足。对于此等恶意利用法律的行为也许会出现道德上的反对声音,但终究缺乏法律依据——这正是在象征主义领域和政治话语中存在的具有重要意义的巨大不同。

"酷刑备忘录"提供了一个最重要的范例。在终结恐怖主义战争这一宗旨的指引下,法律被用于将酷刑正当化,而这对于有原则的法律来说是不可接受的。如果法律有其内在正义

---

[17] Joseph Raz, "The Rule of Law and its Virtue", in *The Authority of Law*, supra 211.

及关于权利的原则核心,任何尝试将酷刑正当化的企图都将会毫无余地地被立即驳回,而不会公开进行讨论。当然,酷刑也许仍在发生,但是从政府官员的角度来看,他们是在一种紧迫的情势之下从事了一种显然违法的行为。这一行为代表着对法律权威的挑战(至少在司法机关对其作出反应时),但也说明了法律在本质上是有原则的。

当法律不再具有内在正义性,那它将和其他工具或武器没有区别。届时,法律的正当性将取决于其被用来达成的目的。下文将详述这一问题。

"公共利益"理想在历史上的首要地位

在法治理想的历史中,有一点是被一直而且反复提及的——法律是(也应当是)为公共利益而设的。柏拉图认为法律应当"为全城邦之公共利益而设"。[18] 亚里士多德亦写道,一个"真正的政府"必须有正义的法律,而正义的法律必须体现"公共利益"[19]。阿奎那则将法律定义为"为普遍善良之理性法令"[20]。德国中世纪时期的习惯法把法律的至上性和整体社会的传统秩序联系起来。[21] 洛克认为,作为事实上的自然法,立法权的"最大边界,就是社会的公共利益"[22]。"政府权力只应为公共目的而运用……此属老生常谈。"[23]

该理念从美国法律传统的肇始之日便一直处于核心地位。

---

[18] Plato, *Laws*, translated by T. Pangle (New York: Basic Books 1980) 715b.
[19] Aristotle, *The Politics*, translated by E. Barker (Cambridge: Cambridge Univ. Press 1988) 68—69.
[20] Aquinas, *Summa Theologica*, supra 90.4.c.2.
[21] See Fritz Kern, *Kingship and Law in the Middle Ages* (New York: Harper Torchbooks 1956).
[22] Locke, *Second Treatise of Government*, supra Chap. XI, Section 135.
[23] Jacobs, *Law Writers and the Courts*, supra 100.

殖民地基础性政治文件《五月花号公约》要比洛克著名的《政府论》(下篇)早两个时代问世,该契约的目的总结为"一个公民团体……为将来随时制定和实施有益于本殖民地总体利益的公正和平等法律、法规、条令、宪章与公职,吾等全体保证遵守与服从"[24]。《独立宣言》中,位居首位的针对英王乔治的指控便是其拒绝赞成"于公共利益至善且必需"的法案。

"法律权力唯有用于推进大众利益时才具正当性",这种主张的消极推论是:以公共利益为代价运用法律为某特定的集团牟利的做法是不适当的。这也是美国政治—法律文化自始至终的永恒主题。《马萨诸塞州宪法》第7条展现了公共利益理想与这一消极推论之间的紧密联系:"政府建立之目的乃是为实现公共利益,为人民之保障、安全、繁荣和快乐而设,而非为任何个人、家庭或团体之利益、荣誉、私利。"革命史学家伯纳德·贝林观察发现,建国者的目标在于,"制度设计应当致力于选出那些能够超越特殊利益、追求全体选民的真正利益及社会公共利益的代表"[25]。

重提这一理想在历史上曾经占据的首要地位,并不是说这种理念一直都被人们所信奉和尊崇。难以计数的政治学者都注意到,法律往往服务于特定的利益,而且往往是那些精英或最有权力人的利益。据柏拉图所言,特拉西马库斯(Thrasymachus)曾宣称"正义乃强者之利益"[26],卡尔·马克思也发表过类似的名言。然而,这一观点绝非只有那些对法律秩序的激进批判者独有。自由主义派偶像亚当·斯密曾说:"我们可以而且在任何场合的确也都可以这样看待法律和政府,它们二者都是富人压迫穷人的工具,在资源分配方面保持着很快就会被穷

---

[24] Mayflower Compact, quoted in Corwin, "Higher Law Background of American Constitutional Law", supra 65.
[25] Bernard Bailyn, *To Begin the World Anew: the Genius and Ambiguities of the American Founders* (New York: Vintage Books 2003) 117.
[26] Plato, *The Republic* (New York: Random House 1991) Book I, 344.

人推翻的不平等状态……"[27]

1873年,头脑清晰的年轻法律人奥利弗·温德尔·霍姆斯写道:"利益集团之间结合这种心照不宣的做法非常常见,但是,这在我们看来却是错误的做法……人们到最后关头往往都更为关注自身利益而不是他人。"[28] "当其自身利益与那些完全失败之人的利益不一致时,任何主体拥有一种至高的权力去维护自身的利益。强者的利益必然会立法中得到或多或少的反映,就像人类或野兽的其他器官一样,从长远来说必定会有利于那些最为适应环境者的生存。"[29]他说,立法"必须创造一种手段,使那些手握大权之辈能够享有将己所不欲的东西强加于他人"[30]。霍姆斯能想到的唯一可以缓解这一趋势的,是主流社会同情心的传播,能够使少数族群"减少牺牲"。于是,他又说:"对于损害某一群体而使另一群体受益的制定法,还缺乏有足够的谴责;因为大部分甚至全部制定法尽管都是如此,但其实现最大多数人的最大幸福的目标却是善意的。"[31]

了解到现实与理想的差距,这一事实本身并不会让理想失去吸引力。即使霍姆斯认为法律能够也应当促进健康的社会政策。这一观点(包括来自怀疑论者)的潜台词是:至少在公民看来,赋予法律被遵循之地位的正是其推进公共利益的诉求。如果法律主要是为了保障那些因他人付出而得利之辈,那么除非某个人正处于这一优势地位,不然他为何还要遵守法律呢?

---

[27] Adam Smith, *Lectures on Jurisprudence*, edited by R. L. Meek, D. D. Raphael, and P. G. Stein (Oxford: Clarendon Press 1978) 208.
[28] Oliver Wendell Homes, "The Gas Stoker's Strike", 7 *American L. Rev.* 582, 583 (1873).
[29] Id.
[30] Id.
[31] Id. 584.

公共利益概念的司法污染

在美国政治—法律文化中,导致公共利益观念堕落的有两大主要根源,第一个根源是法律特有的,第二个根源则和社会整体观念有关。法律在其中所起到的作用是 19 世纪末,在对制定法进行批判时,法院作出的那些唤起了公共福利和公共目的观念的臭名昭著的判决。如前所述,这一时期的法官根据其自身认识,对制定法背后隐藏的公共目的进行详细的审查,以判断该目的的真实性和重要性是否足以战胜处于危急关头的自由利益。[32] 1897 年,密苏里州最高法院判令一项制定法无效,该法案禁止采矿和制造业公司以仅在酒店才可赎回的白条充当雇员薪资的违规做法:"如果(这一法案)有效,我们将难以判断此类立法的后果,政府也将因此成为特权阶层中的一员,而不是'促进人民公共福利'的契约了。"[33] 和其他立法形式一样,法院常常利用这种论证宣告制定法无效,以此提高对于雇员和工会的保护程度。虽然挂着"禁止法律讨好特殊利益"的招牌,但法院看上去才是在保护雇主和资本"特殊利益"的人。

在判断何为合法的公共目的这一问题上,人们不再相信法官群体。自 1903 年起的这十年的中期,在质疑者的压力之下,法院放弃了经济立法中的监控角色。制定法究竟是否促进了公共利益的问题留给立法机构自行判断,并且毫无监督。这一发展使得国家制度中最为关键的一项结构性特征不复存在。建国者们对司法机构投入了极大的信任,期望其能够超越特殊利益并对其进行有效的制约。亚历山大·汉密尔顿在《联邦党人文集》中说:"法官独立也许是一种基本的安全防护措施……

---

[32] 对这些决策的精彩分析参见 Jacobs, *Law Writers and the Courts*, supra。
[33] *State v. Loomis*, 115 Mo. 307, 316 (1893).

第十二章 高级法的坍塌,公共利益的堕落 313

不仅可以减轻那些可能已经通过的(法律)所产生的不和谐,还可在通过法案时对立法机关进行事先的制约。"[34]

现代多元主义、怀疑论及公共利益

即使没有上文所提到的法院判决对公共利益理念带来的损害,相似的问题同样会产生,这一切都要归因于过去一个世纪当中不断增长的观念多元化的趋势,以及对法律和道德的质疑。20世纪初,当不确定性和观念分歧刚刚开始展现出其对公共利益理念的巨大挑战时,现实主义者们就像当时的其他群体一样,对社会科学的能力给予了过分的信任,以期望能够帮助自身指明发展的方向。解决这些问题的困难被第二次世界大战中盛行的共识(consensus)精神及其后果所掩盖。六七十年代的社会冲突改变了一切。当下的争论主要集中在以下问题之上:何为社会正义所需、自由与平等之间(或者形式平等与实质平等之间)的权衡、道德和宗教准则在公共和私人领域内的执行、妇女/少数派/男同性恋/女同性恋者的权利、资源和机会的恰当分配、劳工地位、经济发展与环境保护的平衡等等。过去,人们相信科学将提供这些问题的答案,如此天真的想法现在被扇了一记耳光——自然科学和社会科学自身都卷入了集团的斗争之中,并以截然相反的结论各为其主。

有人拒绝承认公共利益理念的存在,认为那是虚构的;他们不承认有一种可以超越不同集团之差异而单独存在的公共利益。他们中虽然也有很多人并非完全拒绝公共利益理念,但没有信心可以对其进行明确的界定,或对其内涵达成共识。

现代认识论式的怀疑导致很多人认为,争端是不可能通过规范来解决的。学术用语"不可比范式"就体现了这点,这种范

---

[34] Hamilton, Federalist 78, in *Federalist Papers*, supra 477.

式认为,立场对立的人在初始前提上水火不容,同时也阻碍了他们达成协议。这种观点的典型特征是在争论中一旦发现对方立场顽固,发现没有必要继续思考对方意见时,往往会以"我们世界观不同"作为最后还击。这种态度对好战的"群体主义"简直是火上浇油,而这一主义恰恰是当代社会政治和法律话语的重要特征。

今天,民间组织动用一切可用的法律渠道疯狂追求其各自目标,包括妇女组织、移民组织、同性恋权利组织、基督教原教旨主义组织、民族或宗族组织、工会组织、自由主义组织、消费者组织、贸易联合会、商会、职业协会,等等。其中有很多组织在不同的法律领域内是直接对立的双方——比如在公益诉讼中,在法官任命的斗争中,在立法和行政游说活动中——但全都标榜自己才是为公众谋福利的那一方。

在这样的环境之下,努力在利益冲突各方之间寻求最可能被接受的平衡点也许是有意义的。庞德认为,这就是法律工具主义的适当目标。我们应当记得,争端各方的利益平衡,与各方受益的公共利益的经典理念并非完全一致。亚历山大·汉密尔顿曾说:"代议的目的,并非以纯粹民主那样的方式去反映无穷无尽的私人利益,而是将争端各方的力量整合进国家永久的和共同的利益之中。"[35] 该观点寻求一种"最终共赢"[36]的状态。

但是,现在对待法律的态度常常并非努力寻求平衡、减少野心。利益冲突的斗士们可不会去找什么妥协或者平衡点:个体及组织都在精力旺盛地希望通过法律的执行实现自身的目的,排除或者征服其他人的利益。与对手的对话被认为毫无意义因而被彻底摒弃:每个组织都有自己信奉的真理,所以,比起冒着被击败的风险,还是战胜对方更为理想。这种观念——无

---

[35] Bailyn, *Begin the World Anew*, supra 118.
[36] Id. 119.

可否认的是,这仅仅是一种构想,但在公共讨论中已经显而易见——体现出一种攻击型的姿态:只想利用法律获得最后的胜利。

20世纪早期那些法律工具主义观的推动者(如卡尔·卢埃林)认为,只有正确运用工具才能促进社会利益。一个现实的理想主义者清楚,追求公共利益的斗争是一场永不停歇的艰苦奋斗。卢埃林说:

> 但有一点必须指出:法律的(当然也是社会的)永恒困境。之所以说法律的困境就是社会的困境,是因为法律在我们的所有工具之中一直被认为可以"代表"全部。在各种为自身利益忙碌的组织制造的混乱中,以下现象交织并存:整台社会机器充满了给予对方继续斗争动力的喧闹和斗争,某种整体现象的周期性出现,某种超越开明私利的义务意识,以及明显是为了追求(通常是有目的地)公共利益的行为结果。[37]

本书所勾勒的轨迹反映出人们对于法律工具主义的逐步接纳,这一过程伴随着公共利益信仰的逐渐丧失。卢埃林和庞德,以及其他工具主义法律观的支持者都意识到了利益冲突各方的出现和自我利益的牵扯,也都认识到,通过法律追求公共利益将会变得更为困难。他们没有想到的是,公共利益观念出现这些问题的程度竟然如此之深。

利用法律的斗争及其后果

抛开并通过法律的这些斗士们并不一定预见到自己在追求各自特定的组织利益的时候,是以公共利益的损害为代价的,

---

[37] Karl Llewellyn, "A Realistic Jurisprudence—The Next Step", supra 461.

认识到这一点非常关键。根据那些已经在美国政治—法律文化里存在了两个世纪以上的为人们所熟知的理念，在通过法律追求私利的同时，确信自己因此促进了公共利益是有可能的。这些在前面数章中已有所提及的这些观念分别是——"个体在追求私利时也会有一只无形的手推进公益"的开明观念[38]；社会就是一个彼此竞争的赛场，人们正是在这种竞争中优胜劣汰，推动社会进步的社会达尔文观念；思想市场的假想，在其中，各种观念都要接受严格的检验，然后真理和价值就会自动胜出，或者，如霍姆斯所言，"检验真理的最佳标准就是思想是否具有使其自身在市场竞争中得到认可的那种说服力"[39]；在政治竞争中获胜的一方即意味着获得了社会同意的民主化思潮；以及通过诉讼程序决断是非的对抗制法律制度。

　　这些理念的共同点是，它们都鼓励参与者积极追寻其个体或团体的利益，他们处于一个竞争性斗争的过程之中，把信仰投注在选择或产生正确结果的能力之上，对于试图干涉程序"自身"运作的行为，他们会将其视为可能导致曲解的不恰当干涉而运用隐喻加以抨击，他们认为，胜利是对权力或资格的一种确认。经过这一程序考验并最终成功的胜利者、幸存者或程序产物被选定来代表公共利益，这几乎是理所当然的事情。

　　但是，失败者可并不那么想。他们抱怨，该程序有利于那些拥有更多资源的人，而这本身就是不公平的，他们还抱怨，制度本身就对他们不利，裁判者偏私或者腐败，如果仅凭实力的话本应他们获胜，竞争或斗争并不是判断何为正确的恰当方式，最终的胜利者并不配享有胜利，他们胜利的原因仅仅在于他们更为贪婪，也更为不择手段。但是，这些抱怨没有什么作用。如果不能在大家彼此受益的公共利益上达成共识，如果不

---

[38] See Hofstadter, *Social Darwinism in American Thought*, supra.
[39] *Abrams v. United States*, 250 U.S. 616, 630 (1919) (Homes, J., dissenting).

能在更高的层次上结合两者的地位或者取代强者的地位,就只能依靠这种残酷竞争的方式来选出最终的赢家。

在这些情境下,法律代表公共利益的观点很难得到支持。法律只不过是在私人利益的竞争中获胜一方的战利品而已,他们可以运用法律所赋予的强制力来保证其自身目的的实现。促使失败一方保持秩序并说服他们遵守法律规则的,并非"法律代表公共利益"这一事实。失败方之所以选择服从,其原因在于某种威胁的存在——法律机器会对那些不服从者使用暴力,而且,他们将失去在未来竞争中获胜,轮到他们运用法律的任何希望。

这其实是一个毫无意义的景象——一场运用法律进行的所有人反对所有人的战争。这是一些组织利用和通过法律战争其他组织的规则,而不是一个在法治之下联合整个社会促进公共利益的规则。

从一开始,宪法制度就期望这种利益冲突能够支配政治——政府面貌,但是本书所论及的种种问题却不仅仅是对这一古老话题的当代重述。贝林明确指出了对这一制度的参与者最为核心的要求:

> 能够达到《联邦党人文集》作者思想核心深处的妥协安排的张力、平衡以及对抗性冲突——但是他们也知道,机械性的张力、制度自身的制衡并不能够使自身充满活力并始终保持下去。它的成功最终还是要取决于掌控这种体制的人自身的品质,并将其自身置于这种规则约束之下——他们的理性、常识、超越党派热情并为公共利益而行动,保持对宪法性限制的信仰。[40]

建国者们非常清楚,人类容易被私利裹挟,人性也有阴暗的一面。但他们同时也相信,政府官员能够也必须拥有美德,

---

[40] Bailyn, *Begin the World Anew*, supra 123.

且积极推进公共利益。

226　《联邦党人文集》的作者假定了对律师群体的信任,"他们是没有自身独特利益的群体,超越特殊利益的冲突而为大众福祉工作"。[41] 如前面几章所述,今天追求特殊(及其自身)利益的公共官员越来越多,律师们操纵法律规则和程序以为其当事人、自身经济利益和事业服务。建国者们所提倡的为公共利益服务的理念,如今已经感觉明显过时,几乎已经无人问津。

---

[41] Hamilton, Federalist 35, *Federalist Papers*, supra 200.

第十三章

对合法性的威胁

颇有戏剧性的是,美国的法律体系正处于越来越不像一个法律体系的危险之中。关注裁判过程就会发现,这一论断将被本书好几处地方出现过的两大主题所证实。其一,当达到目标或关注结果成为裁判案件的最高准则时,法律体系受规则约束的本质就会有所减损。其二,法律体系要求法官依据可适用的规则而非依据其个人政治观点或偏好进行裁判。基于某个法官个人观点作出的裁判是与"法治"的观念背道而驰的。在裁判案件时应当如何划分法律和政治之间的界限,这两大主题都产生了同样令人烦扰的问题。当代法律体系的质量——法治的现实状况——将取决于如何运用现存法律处理好上述问题。

"规则约束"和"目的导向"之间的对立

弗里德里希·哈耶克对于法治曾经有过一个著名的定义:"抛开所有术语,(法治)是指政府在采取所有行动时都要受到已经确定的、早已存在的规则约束——这些规则使得人们可以合理地预见政府在特定情形下将会如何运用其强制力,并能够据此合理安排自己的个人事务。"[1]正如本书第七章中详述的

---

[1] F. A. Hayek, *The Road to Serfdom* (Chicago: Univ. of Chicago Press 1994) 80.

那样,在法理学界,这段话被称为对法治的"形式"理解,因为其只专注于法律的形式特征而非其内容。其核心理念是政府必须严格遵守已提前公开的法律规则。

当考虑到与对法律的立法式宣告之间的关系时,形式法治对于工具主义法律观而言是一个补充。形式法治和工具主义观都认为,法律是一个为了实现期望之目的可以填充进任何内容的空洞容器。我们之前曾经提到过,朗·富勒曾说,形式法治"对法律的实质内容漠不关心,而时刻准备以同等的效率服务于各种此类目的"[2]。这恰恰正是工具主义视角中的法律特征:对法律的内容和目的都持一种开放的态度。

但是,当我们把目光从立法转向裁判活动的时候,法官应当努力在裁判案件时实现某种既定的目的的主张——这被视为法律工具主义观中的一个很重要的方面——将和形式法治产生直接的冲突。

从庞德,到唯实论者,到法律程序学派,再到当代法律实用主义者,工具主义观的支持者们始终主张,法官在裁判案件时应当关注社会后果,应当努力实现立法目的和社会政策。听起来多少有些敏感,这一方法对于法治受规则约束的本质会带来损害性的后果。

哈耶克认为,法官在个案中追求特定结果的努力与法治的要求背道而驰。"当我们遵守法律时,不论其在普遍抽象的规则意义上是否适用于我们,我们都不必遵从于另一他者之意志,并因此而获得自由。因为立法者无从知晓该规则将适用于何等个案,也由于适用法律的法官在作出裁判时除了遵守已有的规则体系和案件具体事实之外别无选择,因此我们才可将这

---

[2] Lon Fuller, *The Morality of Law*, 2nd revised ed. (New Haven: Yale Univ. Press 1969) 153.

种情况称为法治而非人治。"[3]亚历山大·汉密尔顿同样写道:"要想避免法庭上出现武断专横的自由裁量,就必须遵循严苛的规则和先例,正是这些规则和先例在他们面对的每个个案中界定并指出了其职责所在……"[4]

遵守规则和实现目的之间的根本张力是无法根除的,因为它是对法律规则核心意义的挑战。法哲学家弗雷德里克·绍尔(Fredrick Schauer)曾写道:"'形式主义'一词的本质,是根据规则进行裁判这一概念。"[5]规则之所以成为"规则",原因就在于:它用普通语言预先设定了一个裁判者必须遵守的命令——在裁判案件时不得考虑任何法外因素。该规则为裁判提供了一个充分且必要的理由。它既不考虑该规则的立法目的,也不考虑适用该规则的法律后果:

> 总而言之,正是由于规则适用的严格性,甚至在适用该规则可能无法实现立法目的时也是如此,才使得它真正成为一个规则。这种严格性源于该规则的字面含义,这种字面含义防止在适用该规则时考虑与个案相关的各种事实和原则……在这种意义上的形式主义因此与"规则主义"难以区分,因为使一项调节性规则成为规则,并使其与所谓裁判理由相互区分的,正是对于这种普遍适用效力的坚持,即使在一些裁判者认为应当具体情况具体分析的个案中,也是如此。[6]

如果为达成某个目的就可以破坏某项规则,那么该规则就已经

---

[3] Friedrich Hayek, *The Constitution of Liberty* (Chicago: Univ. of Chicago Press 1960) 153.

[4] Hamilton, Madison, and Jay, Federalist 78, *Federalist Papers*, supra 478.

[5] Fredrick Schauer, "Formalism", 97 *Yale L. J.* 509, 510 (1988)(强调为原文所加)。关于这一主题还可参见 Schauer's *Playing by the Rules: A Philosophical Examination of Rule Based Decision Making in Law and Life* (Oxford: Clarendon Press 1991)。

[6] Schauer, "Formalism", supra 535.

降格为"经验法则,在无法实现该规则立法目的时,可以被随时废止"[7]。经验法则没有约束力。

法哲学家大卫·莱昂斯(David Lyons)也持相同观点:规范法律体系原则上不可能在遵守规则和实现目的(他称之为"最佳结果")之间统筹兼顾。这并非因为两者的取向正好相反,还因为实现目的的诉求往往会淹没对规则的遵守。"只有在人们可以合理地期待,遵守规则会带来乐观结果的情况下,才会坚持最大限度地提升满意度,并遵守过去的权威判决,这本身就是对法院受制定法和先例微弱约束的否定。"[8]莱昂斯的观点是:如果一名法官能自由决定可适用的法律规则是否需要被遵守,那么该法官已经不受规则的约束了。

努力实现目的或达到某种结果使法律规则的约束力有所降低,除了这一事实之外,还有一些完全不同的任务。法理学家邓肯·肯尼迪(Duncan Kennedy)观察道,致力于实现法律的目标或达到某种结果"包含了对于相互冲突的价值的表达、交互作用和度量,以及对那些极其复杂的事实状态所体现的相互冲突的价值含义的评估"[9]。"与之形成鲜明对比的是:规则适用,包含了确定具体状态下特定事实细节的客观或'认知'的运作过程,然后据此执行对于官方行动的明确指示。"[10]尽管规则适用本身要比上述描述更为复杂,但实现目的或达到某种结果的任务要求法官努力解决价值和社会政策的难题,并判断将来可能出现的结果这一点却毋庸置疑。这一任务要比根据当前状态严格适用法律规则更为复杂、更为不确定。[11]

---

[7] Id.
[8] David Lyons, "Legal Formalism and Instrumentalism—A Pathological Study", 66 *Cornell L. Rev.* 949, 967 (1981).
[9] Duncan Kennedy, "Legal Formality", 2 *J. Legal Studies* 351, 364 (1973).
[10] Id.
[11] See also Unger, *Knowledge and Politics*, supra 89; Unger, *Law in Modern Society*, supra 192—200.

第十三章 对合法性的威胁

对目的和结果的关切会带来许多复杂的非法律问题，也会产生许多与规则相反的判决，产生这些现象的原因是多方面的。有些书本上的法律规则已经过时了，而且并不符合现行政策，故维护社会政策则必将损害法律规则。有些法律本身就是仓促拟就的，或者本身就充满了相互矛盾的目的和政策（政治妥协的产物）。尽管如此，最重要的原因还在于理想法律世界中的法律规则和意志自身的特性。法律规则是预先以一般性语言加以规定的，无法对可能发生的事情做出预期或解释。

让我们来思考一下这种状况：一个教育匮乏、头脑迟钝但并非无行为能力之人签署了一份具有惩罚性条款的有法律约束力的合同。欣然签字却没有意识到自己可能不费吹灰之力就可以得到另外一份好得多的合同的一方当事人，会发现合同的条款被作了严格的解释。一个形式主义的法官会严格按照合同条款判决履行合同义务而不论这会产生何种结果。而一个关注结果的法官则会设法避免对合同条款进行字面解释，即使该合同已经具备了有效成立的全部要件。上述两种方式都有弊端：判决履行合同的法官将会给当事人强加一个严苛的结果；而判决规避合同义务的法官则将忽视法律规则的约束力，并践踏合同权利方的法律权利和履约期待。

实际情况更为复杂，因为在法律文化圈中流传着有关合同法目的的其他观点。在这些场景中，法官容易被公平感的考量所打动，但其他可能的考量因素却能提高经济效率，保持承诺或协议的神圣性，激励合适的商业活动，保护弱势群体，在合同关系中获得确定性，等等。在这些替代性的价值和目的之中，并没有现成的层级关系，也没有解决它们彼此之间冲突的既定套路。同样，在侵权案件中，法官判决时通常会考虑如下因素：威慑效应、对受害者的损害赔偿、侵权行为的道德责任、以消费者能够承受的价格提供的产品的实用性、对经济发展的影响、对社会造成损害的成本、对保险业的影响、诉讼爆炸带来的问题、向法庭资源征税等等诸如此类的问题。对这些因素的分析要考虑可争论的政治、科学、道德以及经济问题,考虑对将来后果的高度推测性的预测,考虑所有能够判断哪些法官不具备特殊的专业知识或可靠信息来源的事项。在适用法律规则时考虑这些目的和结果的法官会在面对无穷无尽的选择时感到束手无策。

然而,这还不是最复杂的,因为在法律程序学派看来,大部分目的性的方法所引发的不仅仅是某一个制定法或普通法条款的目的——这些目的一般很难觉察——还包括法律和法律制度的整体目的。法律规定的概括性每提高一个层级,就有可能产生更多的分歧和更具争议性的选择。在特定目的和一般目的之间也可能产生冲突。而且,明示的目的并不必然会与真实的根本目的一致。以南达科塔州堕胎禁令为例:其表面目的是禁止堕胎,但直接而主要的目的(如其支持者所声明的那样)却是提起诉讼以推翻罗伊案的判决。在存在尖锐分歧的场合,一旦法律主要被看作实现某种目的的手段时,特定法律领域或作为一个整体的法律制度具有某种包罗万象并且具有内在一致性的目的就不太明显了。

最后,我们必须认识到:寻求制定法或普通法原则之立法目的的观念利用了抽象化的概念。因为立法者常常具有不同的动机、意图和目的,而且普通法又是无数法律思流汇聚参与的司法决断之产物,确定立法目的就一直是司法解释的任务[12]——这种对立法目的的解释纯属主观臆测。法律程序学派也认同如下观念:在探求立法目的时,法官应当假定立法是"理性人理性地探求理性目的"的产物。

提倡关注目的和结果的法官承认,这一导向与遵守法律规则之间存在着一种矛盾。不知疲倦的实用主义法官理查

---

[12] See William N. Eskridge, *Dynamic Statutory Interpretation* (Cambridge, Mass.: Harvard Univ. Press 1994) 25—34.

德·波斯纳(Richard Posner)法官也承认:"实用主义的理由听上去似乎并不像法律……"[13]同属实用主义阵营的最高法院斯蒂芬·布雷耶大法官主张,在对宪法或立法文本进行解释时应当根据其立法目的和结果,包括"当时可能会受到影响的社会、工业和政治环境"[14]。布雷耶将目的性解释方法和"文本解释方法"以及"字面解释方法"进行了对比,所得出的大部分结论与斯卡利亚大法官相同[15],文本解释者根据制定当时宪法或法律条款的(公开的)字面含义裁判案件,而不去考虑目的或结果。布雷耶承认,他在特定情境下所使用的方法"将让法官没有清晰的规则可以遵循","关注结果的法院会以一种完全不同于现行法律的方式裁判案件"[16]。

"目的性"审判方法的拥护者和"实用性"审判方法的拥护者并非在所有问题上都观点一致(而且在方法本身也不尽相同),我们应当记住,尽管它们本质上有所重叠,但这里必须被作为一个整体加以看待。它们在使司法判决关注结果、抛开法律规则、引入对非法法律因素的考量、敦促法官对价值和政策以及未来可能的社会和经济后果作出复杂判决等方面具有相同的效果。在这些方面,二者都减少了法官规则导向的裁判思维。

规则基础和目的导向的不稳定结合

尽管法学家们早已提出了不容反驳的论断——规则导向的法官和对目的与结果的关注原则上是无法共存的,但事实上,

---

[13] Posner, "Forward: A Political Court", supra 98.
[14] Stephen Breyer, *Active Liberty: Interpreting Our Democratic Constitution* (New York: Knopf 2005) 18. 关于进一步的论述,参见 Aharon Barak, *Purposive Interpretation in Law* (Princeton: Princeton Univ. Press 2005)。
[15] Antonin Scalia, *A Matter of Interpretation: Federal Courts and the Law* (Princeton: Princeton Univ. Press 1996).
[16] Breyer, *Active Liberty*, supra 129, 119.

这种结合在美国法律文化中作为本书前两部分所介绍的法律发展的产物却实实在在地出现了。1978年,菲利普·诺内特(Philipe Nonet)和菲利浦·萨尔尼科(Philip Selznick)写道:司法判决正处于从强调形式合法性到运用工具理性实现政策和立法目的演化过程之中。同年,法理学家帕特里克·阿蒂亚(Patrick Atiyah)也对司法判决中日益明显的"实用主义导向"发表评论,提到法官开始更多地关注结果的实现。[17] 罗伯托·昂格尔(Roberto Unger)于1975年写道:"法院……已经陷入了有着不同需求的两派法官之间的斗争:一方是恪守传统的形式主义法官,只关心如何对现行法律规则进行正确解释;另一方则是关心效率问题,苦苦思考如何最大效率地实现既定目标……"[18] 60年代末,一项以四个州最高法院法官为受访对象的研究显示:法官对其司法角色的认知主要可以分为三类。大约一半法官视自己为严格的法律适用者,四分之一视自己为立法者,另外四分之一则将自己视为前两者兼而有之的实用主义者——只关注结果和合理政策。[19] 尽管近期研究还比较缺乏,但仍可以从本书前面一些章节的论述进行合理的推论:尽管另外两大阵营也有许多法官,但大部分当代法官仍然属于司法实用主义者。今天的司法判决往往都会援引政策因素,考虑立法背后的目的,并关注法律的社会后果。

正如前述研究所显示的那样,司法判决更为关注目的和结果的明显变化还并没有成为普遍现象。何况,还存在着其他方向上的变化趋势。例如,学者们注意到,合同法中的"新形式主

---

[17] See Atiyah, *From Principle to Pragmatism*, supra.
[18] Unger, *Knowledge and Politics*, supra 99.
[19] K. N. Vines, "The Judicial Role in the American States", in *Frontiers of Judicial Research*, edited by J. B. Grossman and J. Tanenhaus (New York: J. Wiley 1969); see also J. T. Wold, "Political Orientations, Social Backgrounds, and Role Perceptions of State Supreme Court Judges", 27 *Western Pol. Quarterly* 239 (1974).

义"就兼具规则形式主义和实用主义两种特征。[20] 一些法官仍然坚持严格的规则导向,而其他法官则开始变得更加实用主义;即使是同一个法官,在裁决不同案件的时候也可能采取不同的司法哲学。

尽管司法现实如此复杂多样,但官方仍然坚持法官根据规则裁判案件的说法。阿里托在就任最高法院大法官的参议院听证会上发表的公开演讲中说:"法官唯一庄严之职责,乃是实现法律规则。这意味着,法官在每个个案中都必须按法律要求的去裁判案件。"[21] 如斯卡利亚大法官一样,阿里托大法官也宣示了其对(法律)文本的忠诚,也加入了倡导更具有目的性和结果论方法的布雷耶大法官的阵营之中。这种法官之间存在的司法哲学的混同在司法体系的各个层级随处可见。法官本人有时会在不同的司法哲学之间举棋不定。斯卡利亚大法官会尊重那些古老的即便存在错误的先例(根据法律的原初含义做出的裁判),也不愿去破坏已经被广为接受的对法律的理解。斯卡利亚也承认,这对于他的文本主义方法来说是一个"实用主义的例外"[22],故而,即使是极端规则主义论者偶尔也会借助实用主义的考量。

这种不同司法哲学混杂的结果就是使得判决制度一直处于不确定的、变动不居的状态,有些法官得以摆脱僵硬的规则导向的束缚——但还未完全适应这一自由——而另一部分法官则坚持规则导向(尽管并不总是如此)。究竟何时应该按照法律判决,何时又该抛开法律以实现特定结果,并没有一个可以为法官所遵循的共同规则——是否可以构想出这样一个规则其实也并不明确。因为更具目的性和实用主义的论证,法律规则不

---

[20] See Mark L.. Movesesian, "Rediscovering Williston", 62 *Wash. & Lee L.. Rev.* 207(2005).
[21] Transcript of Alito Opening Statement before Senate Supreme Judiciary Committee, *New York Times*, Jan. 10, 2006, A18.
[22] Scalia, *A Matter of Interpretation*, supra 140.

仅更少约束力,而且,由于每个法官都具有不同的裁判哲学,使得法律制度整体也展现出了更大程度的不确定性。

考虑到这一点的法学家们一致认为这一状态对法治是不利的。[23] 上述分析没有涉及的问题是——这些变化是否正在朝好的方向发展。诺内特和塞兹尼克对这一发展进行了正面的解读,尽管他们的评估假定人们可以对何为公共利益的问题能够达成共识。可以想见,法官们可以单独或者共同舒缓上文提到的那些张力,在遵守规则的前提下,以一种不破坏法治、高度确定,平等适用,并且可以预测的方式考虑立法目的。有关司法推理及其后果的信息现在已经很容易获取。

我们应该认识到,这里所探讨的问题是任何一个法律体系都必须解决的永恒问题。在普通法的早期,也曾经出现过法官严格适用法律还是寻求个案正义的对立情形。但是,有两个关键因素是必须记住的,正是这两个因素使得如今的情形不同于英美法传统的早期:第一,当社会高度同质化或存在广泛共识时——法官会认识到这一点——关注结果的司法裁判就会非常确定并且可以预测,因为多数人都会对这些判决结果欣然接受并提出合理的期待。但是,今天的社会却充满分歧。第二,看似细小的转变却完全可能带来巨大的影响。以前,法官明确地严格适用法律,但是他们也并非对结果完全置若罔闻。随着工具主义的兴起,法官被鼓励在关注法律规则的同时要努力实现目的或结果。两种导向都会考虑规则和目的。但是,前者非常明确:规则说了算,除非据此作出的决定极其荒谬或蛮横(发生这一情况的概率非常之低);后者则将对于目的的考量常规化,而正因如此,其对于法律规则适用的影响永远是个威胁。而在司法实务中,这两者之间的距离会更为巨大。

如果法官(单独或者共同)确实找到了规则导向和目标导

---

[23] See Tamanaha, *On the Rule of Law*, supra Chapters 5 and 6.

向两种裁判方式的理想结合,那依然需要维持一种危险的平衡。压力来自越来越多的人认为:相信法官能公正客观、不偏不倚地裁判案件,要么幼稚,要么错误。对司法客观性的怀疑是当今对合法性的最大威胁。

有关司法客观性的现代怀疑论

所有被用以形容法治理念的经典语句——"法治,而非人治";"法治政府,而非人治政府";法律是理性,而非激情;法律是客观的,而非主观的——这些经典语句对法律的界定都以法官的客观性为假定前提。[24] 法官近乎"法律代言人",其只对法律尽忠。他们不偏不倚、居中而立、平直如水,隔绝任何非法律因素的影响。首席大法官约翰·马歇尔坚称"法院只是执行法律的工具,其自身没有独立的目的"[25]。

本书前面各章有一个重大主题:司法裁判(受到法律现实主义者的挑战)怀疑论的传播,得力于1937年的"及时转变"(switch in time)*和沃伦及其继任者所作出的显然出于政治考虑的判决,认为案件背景和法官主观因素不可避免地会影响法官的判断这种后现代主义的观念的渗透也使得当代法律文化日益恶化。在由两位研究司法裁判理论的杰出学者李·爱泼斯坦(Lee Epstein)和杰弗里·A.西格尔(Jeffrey A. segal)合著的一本新书中,作者赞许性地引用了该领域里前辈赫尔曼·朴莱(C. herman Pritchett)的一段话:"法官被自身偏见和司法哲学所影响,将在很大程度上对其要解决的问题先入为主。换句

---

[24] Id. 122—126
[25] *Osborn v. Bank of United States*, 22 US (0 Wheaton) 736, 866 (1824).
* 当时,罗斯福总统已宣布他准备将最高法院大法官人数从9人增至15人,以期克服其对"新政"的阻力。——译者注

话说,个人态度成了公共法则。"[26]波斯纳大法官针对伦奎斯特法院的最后任期写过一篇标题为《政治法庭》的评论,并断言"政策及政治影响判决的证据,在最高法院的宪法裁判中随处可见。"[27]尽管波斯纳的叙述直指最高法院的审判活动,但他十分清楚:法官在断案时,普遍受到个人自身意识形态和非法律因素的影响。[28]在一项对联邦上诉法院判决的全面研究中,杰出的法学家卡斯·桑斯坦(Cass Sunstein)更是坦言:"没有哪个理性的人会真的对这些意识形态提出疑问,人们只是将其理解为多种规范性认同,它们有助于我们对司法判决作出解释。"[29]

由于近年来不断蔓延的法官任命政治化进程的推动,这一观念也开始被公众所接受。"当被问及是否'在很多案件中,法官是否基于其个人信仰作出判决'时,有56%的(普通民众)受访者投了赞成票,而反对者只有36%。"[30]同时,一项在阿里托听证会期间进行的投票发现:69%的公众认为,法官裁判时不应考虑个人观念,这证明,客观判决的理想依然占据着主导地位。[31]

为了讨论的方便,在本书第二部分的讨论中,我们假定,在个案中,法官会客观地解决与法律解释、合适的立法目的、社会政策、正当结果有关的各种问题。但是有关判决主观性的问题

---

[26] Lee Epstein and Jeffrey A. Segal, *Advice and Consent: The Politics of Judicial Appointments* (New York: Oxford Univ. Press 2005) 3.

[27] Richard A. Posner, "Foreword: A Political Court: The Supreme Court 2004 Term", 119 *Harvard L. Rev.* 32, 46 (2005).

[28] See Scherer, *Scoring Points*, supra.

[29] Cass R. Sunstein, David Schade, and Lisa Michelle Ellman, "Ideological Voting on Federal Courts of Appeals: A Preliminary Investigation", 90 *Virginia L. Rev.* 301, 352 (2004).

[30] "Judge and American Public's View of Them", Results of Maxwell Poll, conducted in October 2005, available at www.maxwell.syr.edu.

[31] "Poll: Americans Undecided on Alito", CBS News, Jan. 9, 2006, available at http://www.CBSNews.com.

始终无法脱离法官应当严格遵守规则还是应该考虑目的和结果这一争论。文本主义者批判目的论方法或实用主义方法的主要理由是,这些方法都要在法律规则的解释和适用之外进行大量的调查(如前面所说),这一调查必然会使法官在判决时诉诸自己的主观想法。

对个人司法抉择必要性的类似批判对其他主要的解释学理论也曾经提出过,比如,由罗纳德·德沃金(Ronald Dworkin)和其他人[32]提出的原则导向的裁判方法,这一方法鼓励法官在裁判案件时应考虑某些道德或政治原则。文本主义者(斯卡利亚)和实用主义者(波斯纳)认为,原则导向的裁判方法被那些永无止境的价值争论折磨得精疲力竭。尽管该方法的支持者认为这些问题可以根据某些客观基础加以解决,批评者仍然认为,采取这一方法,价值选择的理由就只不过是用更为宏观原则的术语加以表达而已。[33]

有关司法客观性的问题同样适用于那些声称要严格适用法律规则的文本导向和字义导向论者。法律字面含义的历史资料总是缺乏或者含糊不清,而有关法律条款的其他材料却是可以获得的,他们在全新或未曾预料到的环境下的适用就涉及选择的问题(特别是对那些一百多年前条文而言更是如此),开放式的标准和原则要求必须作出裁判。[34] 此外,即使自命以文本为基础的法官也会有例外。比如斯卡利亚就曾提议:"若确有必要,可以变通。"如前所述,研究已经发现那些自命为文本主义的法官,其个人态度和司法判决之间也存在着某种关联。

因此无论某人是文本主义者还是目的主义者,抑或法律原则支持者,都必须面对一个共同的根本性问题:在对法律规则

---

[32] See Dworkin, *Law's Empire*, supra.
[33] See Posner, "A Political Court", supra 85; Scalia, *A Matter of Interpretation*, supra.
[34] 关于争论双方的进一步观点,参见 Breyer, *Active Liberty*, supra and Scalia, *A Matter of Interpretation*, supra。

的适用过程中,法官究竟在多大程度上让其主观观念影响了其据称是客观的司法判决呢?(而且,如果允许的话,如何正确地识别立法目的和结果呢?)

为了应对这一挑战,许多观察者基于法律现实主义和后现代主义的关系,便推导出上述主观图景和客观图景之间的区别,在深层次上纯属虚幻。在个案中,法官的个人偏好不可避免地会扭曲其对于法律规则的正确解释和对判决结果的准确判断。法官主观上希望获得的结果会影响法官对于法律规则的选择、解释和运用。根据这种观点,真诚期望能够以客观的立场裁判案件,并试图排除各种主观影响的法官,最后仍然会失败,因为他们会下意识地根据其主观因素裁判案件,而自己却浑然不觉。

这一理念对于法治的危害怎么形容都不为过。如果法官实质上就是根据其个人观念来裁判案件的话——不论是单纯地适用法律规则,还是在某种程度上同时考虑规则和结果,法治的理念都只不过是个幌子而已。法官仍然会受到约束,因为他们必须根据能够被接受的法律惯例审理案件,但是这些惯例、法律规则体系以及例外的数量如此庞大,使得法官在大部分情况之下都有足够的余地去得到其所期望的结果。"'法律',……成了一种工具或障碍,法官必须巧妙地加以运用,以实现其事先设置的政治目的。"[35]某个法官的个人意志将起到决定性作用,而不是法律。

此外,一旦法官群体是由各怀异念的个体所组成,则形式法治应体现的稳固性、确定性、可预测性和平等适用将难以为继,因为案件结果将因法官个人观点的不同而不同。所有的法律辩论在事前都是充满风险的,案件结果只有在法官指派完

---

[35] Cornell W. Clayton, "The Supply and Demand Sides of Judicial Policy-Making (Or, Why Be So Positive About the Judicialization of Politics?)", 65 *Law & Contemp. Probs.* 69 (2002).

毕、其个人喜好确定之后才可以预测。最高法院观察者们已经有这种思维习惯,并经常在有关政治路线的表决揭晓前加以运用。[36]

如此看来——一个充满主观判断和任意裁判的法律体系——对于法治的威胁当然是非常可怕的。但是,一项更为细致的研究揭示,事情似乎并没有看上去那么糟。起码暂时还没有。这些复杂理念给法治带来的威胁,并非使法官无法客观断案,恰恰相反,真正的威胁是——法官开始相信客观断案是不可能的,或者大多数法官都没有这么做。这种怀疑论如果在律师、法官和公众之间蔓延开来,法治状态就会自行消失。

这种怀疑论源于对法律现实主义和后现代主义的普遍误读,二者都承认——"引导法官客观决断、听从法律指引"和"引导法官作出其自认为正确的决断"之间存在真实且有意义的区别。

现实主义者和客观司法的可能性

对于规则形式主义的现实主义批评有两种版本。激进规则怀疑论者,如杰罗姆·弗兰克,在其最极端时期(成为法官之前),否认法律规则对司法判决的决定性作用。法官先作出其主观上倾向的判决,然后再回过头去操纵法律规则以为这些预先设计好的结果提供依据。与之形成对比的是,较为温和的现实主义批评对法律规则并没有持完全否定的态度,而只是针对某些不切实际的要求提出批评。他们提出一种否定性的论断——否认规则适用是一个纯粹的机械过程,否认在法律规则中不存在矛盾和冲突这种形式主义的论断,法官通常都会在法

---

[36] See McDonough, "Pitching to a New Lineup: Supreme Court Practitioners Will Aim Their Arguments At Different Justices", *ABA Journal Report*, February 3, 2006, at http://www.abanet.org/journal/report/f3sct.html.

律规则和例外之间留有一定的余地,他们也经常需要而且有能力作出抉择。与激进规则怀疑论者的观点不同,较为温和的批评者并没有否认法官依法裁判,但也没有主张法官裁判案件全凭其个人偏好。

卡尔·卢埃林和费利克斯·科恩断言,在法律解释和法律辩论之间存在着一种共通的技能,可使司法判决成为相对稳固并可预测的行动,而并不完全是法官个人观念的产物。科恩批判了(弗兰克和哈奇森创建的)司法裁判的"直觉"理论,因为该理论不恰当地否定了"控制司法裁判过程的那些重要的、可预测的、社会决定因素的相关性"[37]。他补充说:"实际经验揭示了法院行为之间大量可以预测的一致性。"[38]科恩坚持认为,我们不能仅仅将司法裁判看成"法官个性的展现"[39];它们是一整套为确保一致性而设的制度性法律语境下的产物。科恩猜想——姑且称之为"臆测"吧——法官的裁判也许会受到其所属阶层观念的影响,但他同时坚称"法官是具有美学理想的工匠,关心判决的美感——律师界和法学院会判断他们的行为及理论是娴熟还是笨拙、是和谐还是不和谐、是受人欢迎还是令人厌恶"[40]。法对于法律辩论的共同理解和实践对法官而言是个约束。在认为法律材料的模棱两可允许法官"任意裁判"之后,卢埃林认识到——"尽管从大量相同案例中总结出许多不同的逻辑推理,并借助这些逻辑重新审视旧有的论题是有可能实现的,但却并没有这么多东西可以总结。"[41]他的这一认识对上述激进的观点可以说是一种缓和。

现实主义者所敬仰的约翰·奇普曼·格雷(John Chipman

---

[37] Cohen, "Transcendental Nonsense and the Functional Approach", supra 843.
[38] Id.
[39] Id.
[40] Id. 845.
[41] Llewellyn, "The Bramble Bush", supra 73.

Gray)认识到,"有没有相关的先例存在,法官裁判案件的结果是不一样的"[42]。现实主义者的偶像霍姆斯也曾说:"维系那些我认为已经很糟糕的法律的合宪性给了我莫大的快乐,因为我由此可以分清我所禁止和宪法允许两者的界限。"[43]他还认为,即使有自由裁量权的存在,司法裁判依然可以也必须遵从法律。[44] 霍姆斯对洛克纳案中多数意见的批判恰恰正是——法官以其个人(及其所属阶层)的自由主义观念作为宪法裁判的根据是不合适的。霍姆斯写道:"我坚信,我个人同意与否,并没有影响多数派法官表达他们对法律的意见的权利。"[45]当被呼唤作出能够产生政策的裁判时,霍姆斯感觉到,法官的责任在于发现正确的社会政策,而非简单推行其个人喜好。[46]

本杰明·N.卡多佐大法官,这位现实主义者欣赏的另一个重要人物曾说:

> 在大量的诉讼中,法律都明确到了法官全无自由裁量余地的程度。他们有权在边缘地带造法,不过常常没有边缘地带。如果我们只盯着废弃之地而拒绝审视已然丰饶的土壤,那得出谬论实属必然……当然,法官有权力(而非权利)无视法令授权,不管不顾地作出判决。他们有权力(而非权利)越过裂隙及由先例和习惯所设下的藩篱。但是,这样的权力滥用仍属违法……[47]

卡多佐承认:法官的个人观念对裁判结果的确有所影响,但并没有到能够决定最终结果的程度:"不应夸大自由意志因

---

[42] John Chipman Grey, *The Nature and Sources of the Law* (New York: Columbia Univ. Press 1909) 34.
[43] Quoted in Menand, *Metaphysical Club*, supra 67.
[44] See M. Cohen, *Law and the Social Order*, supra 213.
[45] *Lochner v. New York*, 198 U.S. 90 (霍姆斯的反对意见)。
[46] See White, *Social Thought in American*, supra 208—209.
[47] Benjamin N. Cardozo, *The Nature of the Judicial Process* (New Haven: Yale Univ. Press 1921) 129.

素的影响。它忽视了那些能够限制选择范围的决定论因素。"[48]"法官即便在自由时,也并非完全自由。"[49]

大部分现实主义者都采取了中间立场,避免陷入极端机械推理和规则怀疑论中的任何一端,哲学家莫里斯·科恩(Morris Cohen)在这一点上表述得十分明确:

> 法官关于对错之感觉必须经过逻辑和科学的训练。这种经过训练的头脑能在一闪念间发现未经训练者必须踏过若干痛苦步骤之后方能成功发现的东西。那些嘲笑法官不过是适用法律的逻辑机器的人,有陷入一种完全相反的夸张境地之倾向,正如他们认为偏见和成见的力量无法抗拒一样。但相比于那些坚信只要当上了法官就可以马上成为永不犯错的人而言,认识到听取案件之前所有人都会带有偏见的法官更有可能作出公正的裁决。[50]

现实主义者提醒法官会受潜意识的影响,这有助于帮助他们提高警觉并克服这些影响,而并不是让法官默认这种影响从而无所作为。

前面引述过乔姆伦斯基的一段声明,他认为现实主义者"打破了法官可以不受其个人观念和意识形态影响进行裁判的神话",但乔姆伦斯基并没有运用更为精细的视角评价这一现象。现实主义者相信并倡导:司法裁判绝不应该完全是法官个人观念和意识形态的产物,而且他们并不认为这是一个毫无希望的要求。

后现代主义和司法客观性

当然,现实主义者们在这件事情上并没有决定权,他们生

---

[48] Id. 170.
[49] Id. 141.
[50] M. Cohen, *Law and the Social Order*, supra 182—183.

活在后现代主义对社会和法律文化中是否具有客观性这一点表示深切怀疑的20世纪后期之前。后现代主义者认为:"人类主体是一种具体化的代理人,在一种永远无法完全客观化的环境中活动和审判,并带着永远无法完全掌握或控制的导向和动机。"[51]在这种观点看来,法官会下意识地戴着意识形态的有色眼镜看待法律,无论其多么真诚积极地试图进行客观的裁判。

　　本书并非对后现代主义者作出详细回应的适当场合[52],但我们可以作出一个简单的回应:可以接受后现代主义的基本命题,但同时反对其怀疑的观点。法官的确是从其个人观念立场出发接近法律。但是,他们更为迅速地根据其所受到的法律传统的熏陶以及亲身参与的法律实践和裁判习惯来重新审视法律。作为一个总体的法律传统——法律语言、法律规则、概念、原则和理念的汇编、法律程序和实践、阶层式法律组织、律师执业技能——都具有稳定法律意义和对主观观念的影响加以限制的作用。法律是一种社会产物和各方共同参与的行动,参与者并无随心所欲的自由。如果某些不可接受的行为和解释与法律传统中关于法律规则的通说不相一致,它们就根本不会"被写在法律之中"。任意曲解法律的法官会面对被陪审团成员排斥或上诉审法院责难的风险。这些就是保证法律解释一致性的社会和制度机制。

　　这种解释体现了观念背景如何影响人们看待世界的方式这一后现代主义视角,它不过是进一步提醒我们,法律传统本身就是这样一组已经成为法官自身立场的观念背景。[53] 现实主义者们在其对律师执业技能的强调中也有同样言论。根据这种解释,个人潜意识的影响并未被完全抑制,但必须经过过滤。

---

[51] Tarnas, *The Passion of the Western Mind*, supra 396.
[52] See Generally Tamanaha, *Realistic Socio-Legal Theory*, supra.
[53] See Id. Chaps. 7 and 8.

这依然留下了足够的弹性空间,有意为之的法官永远可以按其所欲之目的操纵法律规则(即使冒着被推翻的危险)。然而,多数法官在多数场合似乎都在努力客观地裁判案件,而且在法律传统中存在行之有效的稳固和限制手段使该过程有意义。

除了最高法院,这种主张已经被大量意识形态观念各异的法官们所作出的一致裁判所证实。[54] 大量有关司法裁判的经验主义研究表明,"意识形态价值观念在下级联邦法院所扮演的角色并没有那么显著"[55]。对于上诉法院裁判的研究发现,尽管政治考量在决策中有所体现,但法律原则看上去仍然起着决定性的作用。[56] 法官通常会遵循有约束力的先例。[57] 波斯纳法官说得更为直白:"一个技艺娴熟的法律工作者几乎可以为所有司法判决披上专业的外衣。"[58]但是,他对司法判决的研究已臻圆熟,并非常认真地为其怀疑设定了条件(原文此处为斜体):"毋庸置疑,当法律呈现出不确定状态,各种情绪沉渣泛起的时候,意识形态就会在下级法院的判决中发挥非常重要的作用。"[59]在许多案件中,法律都相对较为清晰,法官也没有将个人情感带入判决。桑斯坦(Sunstein)、施卡德(Schkade)

---

[54] See Harry T. Edwards, "Collegiality and decision-making on the D. C. Circuit", 84 *Virginia L. Rev.* 1335 (1998); Patricia M. Wald, "A Response to Tiller and Cross", 99 *Columbia L. Rev.* 235 (1999).

[55] D. Songer and S. Harie, "Integrating Alternative Approaches to the Study of Judicial Voting: Obscenity Cases in the US Court of Appeal", 36 *Am. J. Pol. Sci.* 963, 964 (1992). 有关20世纪90年代中期司法决策的政治学研究,参见 Tamanaha, *Realistic Socio-Legal Theory*, supra Chap. 7。

[56] See Frank B. Cross, "Decisionmaking in the U. S. Circuit Courts of Appeals", 91 *California L. Rev.* 1457 (2003); Frank B. Cross and Emerson H. Tiller, "Judicial Partisanship and Obedience to Legal Doctrine: Whistleblowing on the Federal Courts of Appeals", 107 *Yale L. J.* 2155 (1998).

[57] Gregory C. Sisk, Michael Heise, Andrew P. Morriss, "Charting the Influence on the Judicial Mind: An Empirical Study of Judicial Reasoning", 73 *NYU L. Rev.* 1377 (1998).

[58] Posner, "A Political Court", supra 52.

[59] Id. 48.

和埃尔曼(Ellman)所做的一项全面研究,验证了民主共和两党任命的联邦上诉法院法官在投票方式中与意识形态关联程度的差异,但依然发现在他们的判决中存在大量的共识:"我们可以从这些数据中得出结论,大部分情况下,法律才是最重要的判决依据,而不是意识形态。"[60]

但这并没有否认,在联邦最高法院的层级上,有非常强有力的证据证明法官的个人观念对判决结果有实质性的重大影响。[61] 但是,这可是独一无二的法院,不能由此推论其他法院也是如此。危险在于最高法院的示范效应,以及当下环绕着所有法官任命的政治化趋势,也许已经开始影响其他法院。研究显示,过去数十年中,下级联邦法院系统的法官任命已经变得更加意识形态化,下级法院法官的投票行为也开始日益呈现出党派色彩。[62]

自觉的规则导向之重要性

尽管后现代主义声称,对于观念的主观影响是普遍存在且并非完全不可抑制的,但其仍不会怀疑,行为者的意识导向对个体或社会行为都会产生实际的后果。意识导向是行为的基础起因。社会现实本质上是由我们基于理念和信仰的共同行为所构建的,这一理论是建立在意识导向的因果效应基础之上的。我们每个人都可以从平常有意识的行为中证实这一点,但通常都不会加以反思。因此,即使接受潜意识的确会对观念和判决产生影响,判决中的客观性仍是真实存在并可以通过法官

---

[60] Sunstein, Schkade, Ellman, "Ideological Voting on Federal Courts of Appeals", supra 336.
[61] See Spaeth and Seagal, "Attitudinal Model and the Supreme Court Revisited", supra.
[62] See Scherer, *Scoring Points*, supra.

有意识的立场和动机中得以实现的。法治的现状和未来正在这些立场和动机之中。

我们可以想象这么两位法官：两人都具有保守派个人政治观。其中一位凭意识导向断案，每个案件都努力遵循可适用法律的约束性规定，以找出最正确的法律解释（自觉接受规则约束的法官，简称 CB——consciously bound judge）；另一位法官也凭意识导向断案，每个案件都努力达到更为符合其意识形态的目的，并以实现预期目的所需要的程度解释和操控法律规则〔自觉的结果导向的法官（Consciously Ends-Oriented judges, CEO）〕。

我们可以往这一剧本中再加入四个现实条件。第一，尽管存在着这种意识导向，CB 派法官在潜意识里仍然受到了个人背景观念的影响，并据此看待法律；CB 派法官的法律解释也因此并未完全脱离其由潜意识思维而带来的政治影响。第二，CEO 派法官无法完全抛开传统法律理解而实现其预期目的，因为判决必须在法律上具备合理性，并且维系其受规则约束的外在表象。因此，CEO 派法官的法律解释并非全无法律约束。第三，在大量（但并非全部）案例中，法律规则允许存在不止一个合理的裁判结果——尽管其中某个结果可能要比其他结果在法律上更有说服力、更有道理。第四，在某一组案例中，法律规则是开放的，促使法官基于非法律因素作出裁断。需要注意的是：以上情形承认法律现实主义者和后现代主义者提出的全部主要观点。

现在，让我们想象一个特定案例：两组法官都恰好得出了同一判决结果，也都作出了同样的书面判决，如果他们一起审理该案，一定会支持对方的判决意见。他们得出同一结论、使用同一种推理的原因在于：双方法官都适用了同一套宪法解释理论。区别仅仅在于：CB 派法官是在对宪法进行了真实而详尽的研究之后，将该理论作为解释宪法的正确方法加以运用

第十三章 对合法性的威胁 341

的；而 CEO 派法官运用该理论的原因则在于，该理论支持了法官个人所期待的判决结果，并且，CEO 派法官还会在特定案件中为实现特定目的的需要而背离或调节该理论。

我们会对这两组法官分别作出的判决给予相同的评价吗？从字面上看，无论是从外在形式还是最后结果上，两份判决都没有任何区别。但是，会有一个有力的质疑：对这些外表相同的判决并不能等而视之：CB 派法官的判决是严格遵守法律的结果，而 CEO 派法官的判决则是披着法律外衣行滥用权力之实。

设计这样的场景，目的是发现潜意识对于判决和任意判决影响的关键区别。法官的背景观念会在某种程度上下意识地影响其对于法律的解释，这一复杂的现代认识是正确的。有时，法律会驱使甚至是诱使法官制造判决，这也是事实。但是，人们经常从这些前提直接得出如下结论：在法官声称自己是在依法裁判时，是天真的、被欺骗的或者本身就是在撒谎。如果一个法官在作出裁判的过程中能够自觉地遵守规则，他在力所能及时声称自己是受规则约束的法官就当之无愧。既然裁判是一种人类行为，那么设立一套完全不可能达到的标准，并以此来评价作出决策的裁判者，就显然是荒谬的了。一个适当的判决尚有其他评判标准，如不偏袒任何一方，但是自觉遵守规则确实是法治的核心要求。在这个意义上，CB 派法官的判决是由法律决定的，而 CEO 派法官的判决则不是。

诚然，潜意识会对人们如何看待法律产生影响，带有保守观念的 CB 派法官的司法判决多少有别于那些带有自由观念的 CB 派法官，但大体上还是相同的（如桑斯坦的研究显示的那样）。相反，保守的 CEO 派法官和自由的 CEO 派法官之间的分歧就要显著得多，仅有很少地方是相同的（当可适用的法律和惯例允许进行微调时）。正如这种对比所显示的那样，一个完全由 CB 派法官组成的体制将受规则的约束，并且由于建立在

243

法律因素的考量之上,因而大体上都具有可预测性。这一分析得出了一个也许比较奇怪(但具有内在一致性)的结论——所有CB派法官的判决都是根据法律作出的客观结论,即使在他们的判决存在分歧时也是如此。

现在,想象一个完全由CEO派法官组成的体制。那将是一个仅仅在外在形式上"合法"的制度,与CB派法官体制有着明显的不同。这一场景下的法官将在每个个案中努力实现目的,根据需要操纵法律规则(即使出于善意理由),只是在隐隐感觉到那些无法回避的法律惯例有时会妨碍做出特定判决时,才会接受法律的约束。像波斯纳法官这样的怀疑论者和无视那些遵守规则的法官意识导向重要性的政治学家们,失去了在由CB派法官组成的体制和由CEO派法官组成的体制之间进行实质对比的更为宏观的视野。

政治学家所揭示的法官判决和他们个人意识形态之间的统计学上的关联,在某种程度上,正是无法抑制的潜意识影响的反映,同时在某种程度上也反映了法律的开放性——要么是因为法律答案本身的不明确而带来的开放性,要么是由于法律要求法官作出一项非法律判决而体现出的开放性(在高级别的法院中,这些非法律的考虑因素更为普遍)。然而,这些统计学意义上的关联性却从不能反映整体情况,而且,对于某些法官而言,这些关联程度显然要比其他法官感觉到得更高。[63] 至于那些在其个人态度和法律判决之间——相比于其他身处同样情形下的法官——显示出更高关联性的法官(在特定类型的案件中,伦奎斯特和道格拉斯的关联度都超过了90%)[64],我们可以公允地推测:他们的意识导向并未如他们的同事那般受规则约束。站在法治的立场来看,他们完全可以因此遭到谴责。

---

[63] 有关下级联邦法院此类研究的汇总,参见 Scherer, *Scoring Points*, supra。
[64] See Tamanaha, *Realistic Socio-Legal Theory*, supra Chap. 7.

一位专注于结果的实用主义法官更像一个 CEO 派(尽管他在面对法律规则时并不必然有同样的不受限制的操控式导向)。波斯纳说:"我处理案件的方法是,首先扪心自问:什么才是一个普通人心中了解的合理而明智的判决?回答完这一问题之后,再查看该结果是否为明确的宪法或法律文本、相关判例或者其他对司法裁量权的传统限制所禁止。"[65] 这并非"依法裁判",而是依据法官的对错观,考虑所有相关因素进行裁判,除非法律明文禁止。如果一份判决与法律不符,因此只有像波斯纳这种思维的法官才能接受的话,它就不是最理想的判决结果。相反,一位自觉接受规则约束的法官会感觉有义务作出最为理想的司法判决。

这并非不会产生任何后果的抽象观点。波斯纳提供了一份在有关布什政府以对抗恐怖主义为由施行未经授权的监控程序之合法性的判决评述。安全专家和社会公众在该程序的价值观、重要性和隐私权/自由利益等方面的分歧巨大。寻求"普通人能理解的""合理"结论的实用主义法官会轻易倒向其中任何一方,并抛出一个表面合理的法律论点以为自己得出的任何一种判决结果进行辩护。但这并不意味着依法裁判得出两种结果的机会是均等的。一旦定位于某个目标,法官的实用主义推理可能会对双方的争议焦点避重就轻,因为较为次要的争点不会被直接排除。在此情形下,恰好担任法官的这个人而不是法律将决定最后的结果。这个例子说明了实用主义方法论的反对者们关于合法性的关切,毕竟,该方法引导法官作出了一系列争议性的判决,破坏了法律适用的平等性,并使法律产生不确定性。

法治的必要条件(sine qua non)就是努力做到依法裁判。

---

[65] Richard A. Posner, "Tap Dancing", *The New Republic Online*, at http://www.tnr.com/doc.mhtml? i = w060130&S = heymanposner013016.

久而久之,波斯纳式的实用主义者法官,就像CEO派法官一样妄图操控法律之人,与那些按照法律要求(而非仅仅是法律并未禁止)进行裁判的法官,两者所作的判决也将呈现出更多不同。

还是回到本文重点,当下对法治的威胁,与其说是法官裁判时无法自觉地受规则约束、努力将主观喜好弃之一旁并遵循法律规则,毋宁说是源于其相信自己不可能做到这一点或有意选择不依法裁判。在当前这种氛围之下,带着对于现实主义立场和后现代主义内涵的普遍误读,法官可能开始认识到,根据法律规定进行判决简直就是一种奇怪而幼稚的想法。他们会认为,其他法官都将法律作为工具,以操控其实现个人目的——即使法官们坚决否认——将其个人喜好掩盖于法律逻辑之中。在法官认识到个人意识形态观念是保障其获得法官职位任命的重要考量因素时,这样做的诱惑又被进一步放大,进而使得所有相关的人都认为这些观念会影响其司法判决。

面对潜意识对人类活动的影响,任何妄图对其加以改变的尝试都将无功而返。无可改变的是,法官会通过真诚的努力找出法律的要求(尽管这一要求非常不确定),改变当初遵守法律的立场,转而工具性地运用法律以实现特定目的,这一点非常类似律师为当事人服务时的场景。一个法官只有在他相信遵守法律是可能的时候,并且将作出符合法律要求的、确定的判决视为自己神圣义务的时候,才会选择遵守法律。持有这种信念是裁判者的美德。

我们无法确定,本书前面各章所描述的法律工具主义观的传播和渗透,其累积效应究竟有多大:好几个世代以来的法律教育都极力向法科学生们灌输对法律规则的纯工具主义态度,然后,充斥着工具主义导向的日常法律实践对其加以固化,一个政治化的最高法院的榜样及劝说法官在裁判时考虑后果的法律实用主义等理论又对其加以鼓动,在法官选择和任命过程

第十三章　对合法性的威胁

中公开的各种工具主义观念再进一步对其加以恶化。所有这些因素,都在煽动法官轻视法律规则的约束力,转而采取工具主义的方法,允许他们个人的观念左右裁判结果。如法官屈从于此,他们所作的判决将被其个人偏好而非法律决定,这会促进他们当选或连任法官这一群体目标的实现。之后,法官将成为又一个斗士群体,将法律作为武器,投身战斗。

结　语

为了防止对本书的根本性误读——一个人很容易陷入从非工具主义法律观堕落到工具主义法律观的意外后果——我必须首先澄清,这根本不是我要讨论的问题。我并不是赞成重新回到之前法律非工具主义观的时代,那显然是不可能的。我也并非一名具有非工具主义法律观并对现实抱有乌托邦情怀的法律浪漫主义者。我更不会拍着胸脯担保,法律一定体现了原则、理性以及社会的习俗和秩序。的确,我非常清楚,普通法声称自己代表古已有之的习俗,但那多是一种幻想,我注意到,被视为自然法原则的那些东西,更多只不过是对现状的一种反映和支持。非工具主义法律观酿成了很多恶果。两个世纪以前以及更早些时候,法律都服务于强者的利益,往往非常残酷,容不得异己。在这个意义上,根据非工具主义法律观,和法律的公开冲突很少发生,社会内部有着更为明显的共识。在某种程度上,这是在抑制并排除异议团体的社会—法律秩序中强制推行同质化的结果,这些团体极少得到甚至完全无法得到社会的承认。

如本书导论(第二章中再次提及)中极端怀疑论者所主张的,自称具有非工具化属性的法律曾以其独有的方式被作为工具加以利用。在一项对于18世纪英国财产法的详尽研究中,马克思主义史学家 E. P. 汤普森(E. P. thompson)确认了基本的

工具主义的存在:

> 我们不再固守自由学院派的传统阵地了,该学派使得整个18世纪成为一个具有广泛共识的社会,受家长主义和尊敬顺从的因素所规制,并实行趋近于公正(尽管并非完美)的"法治"。我们从没有经历过这样一个社会;也没有见识过一个充满共识的社会;我们只见过在统治力量的压力下,法律以或直接或**工具化**的方式被设计和利用。[1]

这个时期的普通法是由忠于有地贵族(landed gentry)的法官们造就的,他们宣称法律是民众习俗、理性和原则的体现,从而保护其财产利益不受王室权力随意伤害。"因此法律……在调和和强化现有阶级关系、并在意识形态层面使其合法化的场合,难免被当作工具加以看待。"[2]

承认非工具主义的法律也具有某些工具性的层面似乎有违本书主旨。单纯指出从非工具主义向工具主义的转变看来是十分肤浅的,但也提出了更多可供思考的问题。"如果法律明显既不公平也不公正,那么它什么都掩饰不了,也不能使任何事物合法化,更无助于任何阶级的统治,"汤普森写道,"就其意识形态功能而言,法律效力的关键前提是其应当展示出不受操纵摆布的独立性,并且至少应该看似正义,不失却对其内在逻辑的坚持和认知公平的标准。的确,有时候,这其实就是正义本身。"[3]汤普森的意思是,我们经常挂在嘴边的法律非工具主义主张,最初是掌权人物们用以保障法律的可信性而为其加上的光环,并在其中加上了自己的意图和要求。让掌权者们也没有想到的是,这些主张反让其他人获益,并使得那些希望能

---

[1] E. P. Thompson, "The Rule of Law" (from *Whigs and Hunters*: *The Origin of the Black Act*), in *The Essential* E. P. Thompson (N. Y.: The New Press 2001) 435 (强调为引者所加)。

[2] Id. 436.

[3] Id.

够运用法律使自己得到好处的掌权者经常事与愿违。"法律，无论在形式上还是在传统中，都承载着那些必然会拓展到所有族群和所有层级人类的平等和普适性的原则。"[4]

正是因为这一原因，即使认识到法律并不符合其理想标准，将传统的非工具主义法律观视为单纯的修辞而不加理会也是致命的错误。"一个社会的修辞和规则绝不仅仅是掩饰而已。它们同时还以更为复杂的方式装点着强者的行径，使无力者倍感困惑。它们或许会掩盖权力的真相，但同时也限制了权力并防止其入侵。"[5]汤普森的结论具有某种额外的意义，因为他感觉到是被证据推动着得出的这一结论，尽管它与法律纯粹是统治阶级的工具这一教条主义的马克思主义假设并不一致，这激起了失望的马克思主义信徒的愤怒情绪。一切质疑汤普森关于法治益处的结论的人，只需要看看那些没有实行法治的国家是个什么状况就可以了——都必须好好看看世界上那些缺乏规则的国度——那些强者无所顾忌、横行霸道而弱者毫无保障的社会，毁灭只是时间问题。

汤普森的结论直接影响了本书的重点。本书勾勒了数个世纪以来法律主要特征转变的寓意，这一转变抛弃了不仅仅是掩饰的对于法律的美化修辞。有些人可能认为，揭开非工具主义的面纱是件好事，因为这样就可以使所有人看清何为法律，并允许通过公开的竞争以掌握对法律的控制权。这种探索提出了一个新的问题：抛弃对于法律的非工具主义的要求，解除之前对法律工具主义运用中的种种限制，使法律变成纯粹的强者的工具，我们是否应该承担这些行为带来的不可预料的代价？

答案是模棱两可的，在本书中您可以看到两个版本的说法。

主流说法是：法律只不过是达到目的的一种手段，这种观

---

[4] Id. 437.
[5] Id. 438.

念在过去两个世纪中持续地传播和渗透,并达到顶峰。伴随而来的,是不断增强的团体意见的分歧,对于至高无上的公共利益是否存在或者能否形成共识这一点的深刻怀疑进一步加剧了这种分歧。我曾经提过,这些理念和事件相互结合的后果,就是每一场法律冲突都在那些试图控制和运用法律,并将其当作打击对方武器的团体之间展开。这些组织试图影响(通过经济利益)立法者制定出有利于自己的法律,影响行政官员颁布执行他们期望的管理制度,往法院填充更多支持他们立场的法官,积极地向这些法官提起诉讼以获得促进他们目标实现的判决。通过这些多元化的手段,他们试图按自己所好改变法律,并利用法律改变社会,经济和政治制度。在很多这些例子里,法律的公共强制力都因某种党派或者个人目的而获得支持。在所有这些场合,有着相反立场的各个团体彼此对立。这些团体都有严密的组织、充足的财富,在其与法律的战争中优势尽显。我还曾提到过,通过鼓励各种法律人和公民看到法律规则和程序是如何作为工具被操控,如何作为武器被利用以达到期待结果,而不是作为能够促进公共利益实现的、值得遵守和尊重的义不容辞的公众要求,由此产生的频繁冲突和作为这一现象之土壤的完全的工具主义法律观,会破坏我们的法治。

但我们同时听到了另一种说法。团体间的冲突本就是美国法律文化中司空见惯的现象。随着时代的潮起潮落,于世纪之交再度抬头,在当下达到一个新的高峰。这说明美国的团体和执法官员们将法律作为工具加以认知和利用——尤其是立法活动——以达到其目的已经有很长时间了。因此未来发展也不会有什么新鲜或者特别让人感到担心的事情值得本书特别讨论的。说句实话,这些冲突非常麻烦,但它却是法律在社会冲突情境中的常态,而其破坏性也不是不可避免的。本书所记载的发展仅仅是用崭新的语言对古老故事的一种复述而已。第二种说法表明,尽管存在着这样的冲突,美国社会和法律文化依然存在基本的底线共识。法律制度仍然在不断工作,充分满足平民大众的要求,运转有效并广受尊敬。此外,法律组织和理念是一个社会统一的组成部分,是社会和经济交流的基石,是巨大的惯性存在,深入到灾难性事件妄图击垮的文明和社会的每个角落。美国法律文化中的法治传统根深蒂固。前面提到的冲突尽管是真实的,但也包含着广为人知的底线,即不要破坏大部分常用法律。

由于环境条件还没有充分具备,以至于我们难以判断这两种说法(或者其他说法)哪一个是正确的。那些倾向于更具安慰性的第二种说法的人必须考虑的是,美国法律文化的早期,当时整个环境还没有充斥着法律工具主义观,对公共利益也没有普遍的怀疑。不论之前的非工具主义观起到了多大的缓和效应(Tempering effects),既可以是对法律设置界限也可以是弱化对个人或团体利益的追求,都不可避免地分崩离析了,至少在某种程度上是如此。这是一个必定会产生影响的真实变化。因此,认为这不过是很普通的社会——法律现象的重现,这种看法未免过于乐观了。

本书所记载的最为不妙的发展便是对法律和政府体系至关重要的那些理念的不断堕落:法律是有原则的正义守护神;法律服务于公共利益;法律规则对政府官员具有约束力(而非仅仅是民众);法官必须依据法律作出客观裁判。如果能够被结合进一个更大的制度之中,而该制度又极力保障这四种理念的实现,则"法律乃达到目的之手段"这一观念就会在其中发挥积极的作用。如果法律被看作是一件没有这些理念滋养的工具的话,那么,什么都将无法阻止法律堕落为方便之门。由于现代相对主义的逐渐侵蚀,法律拥有核心原则这一理念是上述四个理念中变化最大的。公共利益理念也在逐渐变质,除了上述原因之外,还由于政府官员间非常盛行的犬儒主义的影响。第三种和第四种理念虽然目前尚未发生变化,但它们也承受着巨大的压力,尤其是来自司法机构政治化的压力,变化早晚都会到来。所有这四种理念,又进一步被以下事实所破坏:法学教育、法律实践都在传导并强化这样的信息——法律是一个空洞的容器,法律规则只是被用来实现目的的工具。这样的观念在律师心中已经彻底内化——而这一群体正在社会、商业、政治、政府和法律中扮演着领导者的角色。

为了限制法律工具主义的滥用,司法机构正是不二之选。过去,人们将法官视为制约那些将立法和政府权力工具化以谋取私利之徒的防护栏,但这种形象在20世纪初再也无法取得人们的信任,也难以再现。尽管如此,通过架构设计,司法机构仍然维持了确保其他政府机构依法行事的最后防线,同时它也是公民、单位和团体之间冲突的最后解决方法。的确,美国法律体系深受法官职位的困扰(有段时间,只有不到2%的联邦民事案件最终走上法庭,愈来愈多的纠纷是靠仲裁解决的),但那是缘于立法上的原因。法官成了法律象征式的缩影。当法官在政治斗争中纠缠不清,或者作出赤裸裸的政治性判决时,他们就成了那些期望利用法律达到个人目的之人争取的目标。如果在法律适用中,工具主义方法充斥着司法判决——法官们操控法律规则以为判决提供正当化理由,而非遵守法律指示行事——则法律本身作为约束性规则的最后阵地必将失守。因此,即将到来的司法制度政治化,将是整个法律制度的悲惨结果。

这些最后的观察之所以冠以"结语"之名,是因为上述两种说法孰对孰错还有待时间的检验。它取决于我们是否能够共同应对这场战争,调和不断蔓延的、为达个人目的而对法律的工具式操纵,这样,对合法性而言难以理解但又非常关键的共同保障就不会受到有遭受破坏之危险了。

展望未来,有三点是可以明确的,它们虽然简单但也许显而易见。首先,立法者必须真诚地以公共利益为导向制定法律。这些存在巨大分歧的争议没有神谕可以告知我们何为终极真理,这一事实使得立法者永远不要忘记这一导向的至高地位变得更加关键。其次,政府官员们必须发自内心地遵守法律,视其为一项庄严义务,这项义务要求官员不能操纵法律以谋取私利。最后,在作出判决时,法官必须承诺寻求最有说服力、最为正确的法律答案,他们必须抗拒屈服于权力、去发掘法律的内在不确定性以产生它们所要的结果这一诱惑。这三点并没有为立法者、政府官员和法官履行日常职责时所要面对的难题提供现成的答案,不过,它们却是一个有效运转的法律体系的最低要求。此外,它们也是通过理性构建的法律体系所能达到之极致——这已经很不错了。

唉!这本书提出了那么多问题,最后再提出这三点看起来挺愚蠢的。本书努力揭示出那些潜藏的原动力,并引起大家的关注,正是这些动力产生、构成和约束了我们当前的境况。我们正在迈向一片急流险滩,必须提高警惕。

译 后 记

终于，到了写译后记的时候了。

十年前，在研读强世功教授的《法制与治理》一书时曾经读到的一段话至今仍然印象深刻："和许多读书人一样，我在看书之前总是习惯于先看看后记，仿佛这里隐藏着关于书、知识和真理的秘密，……我们也许都属于那些追求知识和真理还不够彻底和纯粹的读书人，关心生活甚过关心知识。"

我想，我也是这类读书人。关心人性远甚关心政治，关心生活远甚关心知识，关心真理远甚关心职称。知识和其他在我这里并不具有终局性的意义，它只是我获得有意义生活的一种工具。这种工具对于生活而言，并无任何害处。相反，我们往往从这种工具之中获益良多。

然而，法律却并非如此。一旦当它成为某种外在目标的工具，则法治就会受到威胁。这正是本书的主旨，也是5年前我决心翻译本书的原初动机。在转型期的中国，书本上的"以法律为准绳"早已被实践中的"三个效果"所取代，优秀法官的判准早已不是作出"正确的"判决，而是作出"适当的"判决，"为了正义哪怕天崩地裂"的法律信仰亦早已让位于对天崩地裂后果的精明算计和巧妙规避。

在某种程度上，我们都是边沁的追随者。这种将法律视为实现社会目标工具，甚至进而将程序法视为实体法工具的理论，在西方日益分化为法律经济分析、实用主义等精致的司法哲学流派，而在我国，却日益成为"法律要为经济发展保驾护航""司法判决要兼顾法律效果和社会效果"等话语。两者虽然同为工具论,但对法治的影响却有程度之别。因此,本书的译介显得十分必要。

所幸,依我自己乐观的预言,中国已经开始为实现真正的法治创造各种支撑条件。司法公开的倒逼机制也将在未来的十年深刻地形塑中国法治的初始面貌。法律虽然仍为实现外在目标的工具,但随着这些外在目标逐渐被法律内化,法律本身也会逐渐获得尊重。也许,2015年的今天,预言春天已经来临似乎为时过早,但至少,中国的冬天已经不再寒冷却是实情。

感谢我的合作者杨洁女士,2010年在美国考察时,一次餐馆聊天让我们彼此熟悉和认同,后来我们陆续有过很多交流,在很多关于中国的法治问题上,我们有着高度的一致和共鸣。我们选择以合作翻译的方式纪念这段友谊。希望年华老去之后,不至于无法回答"时间都去哪儿了"的追问。在本书中,我负责本书导论、第一、二、三、十、十一、十二、十三章和结语的翻译,杨洁女士则负责第四、五、六、七、八、九章的翻译。

最后必须提及的是,本书的翻译和已经离开我们的邓正来教授有着不可分割的渊源。早在5年前,我就在邮件里向邓老师推荐这本书,他收到邮件后立即热情回复并推荐给了北京大学出版社,感谢白丽丽老师将此书纳入北京大学出版社的出版计划、感谢王琳琳等编辑认真仔细的校对编辑,5年后,近30万字的译稿杀青,而邓公却已身在另一时空,法治未竟,斯人已去。吾辈谨以著书立说、教育后学为承继遗愿之最佳方式。我想,套用萧伯纳当年的一句话来形容我们这一代法律人所做的一切似乎最恰当不过了:"我只是希望,这个世界在我去世的时候要比我出生的时候更美好。"

一定会的。等我们年华老去。

陈虎　代译者记于武汉寓所
2015年2月24日